世界贸易组织发展报告

2018—2019

World Trade Organization Development Report 2018-2019

屠新泉　等　著

对外经济贸易大学出版社

中国·北京

图书在版编目（CIP）数据

世界贸易组织发展报告. 2018—2019 / 屠新泉等著
. —北京：对外经济贸易大学出版社，2020.12
ISBN 978-7-5663-2235-7

Ⅰ. ①世… Ⅱ. ①屠… Ⅲ. ①世界贸易组织–研究报告–2018–2019 Ⅳ. ①F743.1

中国版本图书馆 CIP 数据核字（2020）第 270026 号

世界贸易组织发展报告 2018—2019
World Trade Organization Development Report 2018–2019

屠新泉 等 著
责任编辑：高 卓

出版发行：对外经济贸易大学出版社
社　　址：北京市朝阳区惠新东街 10 号
网　　址：www.uibep.com
资源网址：www.uibepresources.com
邮政编码：100029
邮购电话：010－64492338
发行部电话：010－64492342
E-mail：uibep@126.com

成品尺寸：170mm×230mm
印　　张：18.75
字　　数：326 千字
ISBN 978-7-5663-2235-7
印　　刷：北京九州迅驰传媒文化有限公司
版　　次：2020 年 12 月北京第 1 版
印　　次：2020 年 12 月第 1 次印刷
定　　价：68.00 元

内 容 提 要

世界贸易组织（World Trade Organization，WTO）是三大国际经济组织之一，是中国参与全球经济治理的重要平台。本报告内容共分三篇：第一篇为宏观经贸形势，主要内容有 2017—2018 年全球经济贸易发展回顾与展望、2017—2018 年中国经济贸易发展回顾与展望；第二篇为 WTO 发展，详细分析了 2017—2018 年 WTO 新发展，货物贸易协议，贸易救济措施，服务贸易、投资与知识产权，争端解决，贸易政策审议，区域贸易协定；第三篇 WTO 改革专题，主要内容包括 WTO 取得的成就和面临的挑战、WTO 改革的特殊背景与重点领域。

Abstract

The World Trade Organization (WTO) is one of the three major international economic organizations and an important platform for China to participate in global economic governance.The content of this report is divided into three parts.The first part is the macro economic and trade situation, mainly including the review and prospect of global economic and trade development in 2017–2018, and the review and prospect of China's economic and trade development in 2017–2018.The second part is the development of WTO, which analyzes in detail the new development of WTO, goods trade agreements, trade remedy measures, trade in services, investment measures, intellectual property rights, dispute settlement mechanism, trade policy review mechanism, regional trade agreements. The third part is about WTO reform, which mainly includes the achievements and challenges of WTO, the special background and key areas of WTO reform.

前 言

WTO是根据乌拉圭回合谈判达成的《建立WTO协定》于1995年1月1日成立，取代1948年1月1日临时实施的关税与贸易总协定（General Agreement on Tariffs and Trade，GATT），并以乌拉圭回合谈判达成的一整套协定和协议条款作为国际法律规则，对各成员之间在经济贸易关系方面的权利和义务进行监督、管理的正式国际经济贸易组织。它是世界上唯一的专门从事制定和管理国际贸易规则的国际机构，是多边贸易体制的法律基础和组织基础；它是各成员政府讨论和解决相互间贸易议题的场所，核心是由世界贸易伙伴谈判、签署并经其立法机构批准的一系列WTO协定、协议；它规定了各成员对协定、协议的义务，以决定各成员政府如何制定和实施其贸易法律规章和制度，目的是利于货物和服务生产者、出口者和进口者管理其商务，并允许政府努力实现其社会和环境目标。WTO的建立标志着一个完整的、更具活力和永久性的多边贸易体制的诞生，它在监督、协调、管理世界经济秩序和多边贸易法律关系方面起到了十分重要的作用。

自1995年1月1日正式成立以来，WTO在削减全球贸易壁垒，促进国际贸易发展方面取得了巨大的成就。当前，WTO正面临发展的挑战，多哈回合谈判发起以来出现的困境提醒人们，世界需要一个更加包容、均衡和持久的，能造福于全体人类的和平与发展的全球化。作为经济全球化的重要载体，WTO需要加大自身改革，才能更好地实现其设立时的目标与宗旨。

为持续跟踪研究WTO的发展演变情况，了解主要成员对WTO的态度和政策调整，为中国更好地参与全球经济治理提出应对之策，在教育部哲学社会科学研究发展报告项目的支持下，由教育部人文社科重点研究基地——对外经济贸易大学中国世界贸易组织研究院组织撰写年度《世界贸易组织发展报告》。在撰写过程中，课题组力求做到“国际视野、中国立场、和谐发展”，强调理论联系实际，不断改进科研之风，形成相对稳定的研究团队，建立动态专题数据库，发布高水平咨询性专家建议。报告的突出特点是：以服务于国家重大战略需要和重大现实问题为导向；以数据库建设为支撑，做到定量与定性结合；强化应用性、研究性，避免年鉴化和学理化。

本报告在体系结构设计上基本上按照主报告、分报告框架展开，每年包括1～2个专题研究。《世界贸易组织发展报告 2018—2019》内容共分三篇，主要包括宏观经贸形势、WTO 发展、WTO 改革专题。

“世界贸易组织发展报告 2018—2019”课题组由对外经济贸易大学中国世界贸易组织研究院院长屠新泉教授领衔，李杨教授负责统稿，各篇参与人如下：第一篇，周念利、李杨、吴希贤、黄希雅、徐坚、尹紫伊、黄家新、曹诗媛、陈濛濛；第二篇，杨荣珍、刘斌、吕越、杜映昕、孙娜、石晓婧、王元瑞、杨丹宁、白颖、陈泳昌、王梦圆、田琳、李美玉、单晓燕、吕冠群；第三篇，李思奇、戴臻、王千。

在撰写过程中，本报告得到教育部社科司、商务部世界贸易组织司、商务部政策研究室、商务部贸易救济调查局、商务部条约法律司以及商务部国际贸易经济合作研究院等有关部门领导和专家的指导和大力支持，在此表示感谢。课题组每位成员都本着认真负责的态度，力争精益求精，然能力所限难免有谬误之处，还请各位读者批评指正。

对外经济贸易大学中国世界贸易组织研究院院长
屠新泉

目　录

第一篇　宏观经贸形势

第二篇　WTO 发 展

第三篇 WTO 改革专题

第一篇

宏观经贸形势

第一章

2017—2018 年全球经济贸易发展回顾与展望

第一节　2017—2018 年全球经济发展回顾与展望

一、2017—2018 年全球经济发展回顾

2017—2018 年全球经济活动继续稳步扩张，但同时经济扩张势头已经下降，全球经济下行风险正在上升，增长快于预期的可能性已经下降。世界经济增长面临一系列的挑战，政治不确定性加剧，国际金融市场出现动荡。总体而言，全球经济增速已经放缓。

（一）全球经济增速出现下行

进入 2017 年，世界经济持续温和复苏，但市场需求依然低迷不振，宏观经济政策空间依然有限，世界经济低增长高风险局面没有得到根本改观。发达经济体中，美国经济继续稳定增长。美国商务部数据显示，2017 年美国经济增长率为 2.3%。2017 年第一季度和第二季度美国供应管理协会（the Institute for Supply Management，ISM）制造业采购经理人指数（PMI）均值分别为 57.0、55.8，表明美国制造业继续保持温和增长。欧元区经济增长表现稳健。根据欧盟统计局数据，2017 年欧元区国内生产总值（GDP）增速为 2.5%，创下十年以来最高增速。2017 年上半年，欧元区综合 PMI 呈增长态势，6 月制造业 PMI 初值创 2011 年 4 月以来新高，达到 57.3，反映出欧元区企业活动呈扩张态势。[①]日本经济持

① 姜跃春，张玉环．2017 年上半年世界经济形势评析［J］．瞭望，2017（32）：53－55．

续温和扩张。2017 年，日本 GDP 实际增长率为 1.6%。日本工业生产保持良好势头，2017 年上半年制造业和服务业 PMI 均位于荣枯线以上。[①]主要新兴经济体经济增长有所分化。俄罗斯和巴西逐步走出衰退，南非经济增长相对缓慢，印度经济受到“废钞令”的冲击，中国经济发展稳中向好。[②]

2018 年，全球经济扩张均衡性开始下降，全球各主要经济体“同步复苏”局面不再出现，世界经济增长协同性出现明显下降，不仅危机的深层次影响尚未消除，保护主义又卷土重来，给全球经济带来新的压力。

美国经济增长持续强劲。在特朗普政府减税、放松监管等措施刺激下，美国的经济复苏保持强劲势头，2018 年前三季度，美国 GDP 环比增速分别为 2.2%、4.7%和 3.5%，尤其是第二季度 GDP 增速创 4 年来最高。2018 年美国 GDP 增长 2.9%（同比提高 0.7 个百分点）。美国制造业整体保持活跃发展态势，前三季度美国 ISM 制造业 PMI 均值分别为 57.7、58.7 和 58.7，仍然处于高位。根据美国劳工部报告，美国就业市场表现良好，2018 年 9 月至 11 月失业率连续 3 个月维持在 3.7%，处于 1969 年以来的最低水平。美国工人的名义工资出现 10 年来最大涨幅。然而，2018 年美国股市出现多次震荡，上半年表现良好，下半年标普 500 指数、纳斯达克指数和道琼斯指数均出现大幅回调。

欧元区经济呈放缓趋势。2018 年前三季度，欧盟 28 国 GDP 环比增速分别为 0.4%、0.5%和 0.3%。2018 年欧元区 GDP 增长 2.0%（同比下降 0.4 个百分点）。欧洲的劳动力市场在持续改善。2017 年 9 月至 2018 年 9 月，欧盟整体失业率从 7.5%降到 6.7%，欧元区失业率从 8.5%降到 8.1%。但欧元区制造业不振，2018 年 11 月，欧元区制造业 PMI 为 51.8%，创 2016 年 8 月以来新低，这主要是受到出口需求疲软拖累。除出口需求疲软、制造业表现低迷外，欧洲经济还面临政治局势动荡带来的影响，法国“黄马甲”运动加剧欧洲政局乱象、英国脱欧进程生变、意大利民粹政府预算僵局等因素都在一定程度上影响了欧洲经济增长。

2018 年，日本 GDP 增长 1.7%（同比下降 0.6 个百分点）。日本经济呈现波动走势。受极端天气和地震等因素影响，日本游客人数骤减、个人消费呈下降趋势、内需持续萎缩，日本经济增长面临较大压力。2018 年前三季度，日本 GDP 环比增速分别为 −0.2%、0.5%和 −0.3%。受原油价格上涨影响，2018 年上半年日本贸易顺差同比下滑 57%，10 月贸易进口额大幅增加，并出现贸易逆差，增

① 姜跃春，张玉环. 2017 年上半年世界经济形势评析［J］. 瞭望，2017（32）：53－55.

② 中国国家统计局. 中国 2017 年上半年经济运行情况［EB/OL］. http://www.tjcn.org/jjfx/35223.html. 2017－11－10.

加日本经济下行压力。但日本属于发达经济体中失业率最低的国家。2018 年 9 月，其经季节调整后的失业率下降到 2.3%，再创 2000 年以来最低值。

2018 年，新兴经济体和发展中国家经济增长也有所分化，且面临的风险不断加剧。2018 年，亚洲新兴经济体 GDP 增长 6.5%，仍保持世界最高增长率。除印度等极少数国家外，其他主要亚洲新兴经济体的经济增速均有所回落。印度 GDP 增长率从 2017 年的 6.7%上升到 2018 年的 7.3%，中国 GDP 增长率从 6.9%下降到 6.6%左右，东盟五国 GDP 增长率基本持平。

新兴与发展中地区的经济增速，从 2017 年的 6.0%大幅降至 2018 年的 3.8%。其中，土耳其因受经济制裁和货币危机影响，GDP 增长率从 7.4%降至 3.5%。拉美和加勒比地区从 1.3%下降到 1.2%，其中，阿根廷从 2.9%降到－2.6%，委内瑞拉从－14.0%降至－18.0%，巴西从 1.0%提高到 1.4%。中东、北非地区的 GDP 增长率从 2.2%上升到 2.4%。俄罗斯从 1.5%升到 1.7%（受石油价格回升影响）。伊朗因受美国制裁，GDP 增长率从 2017 年的 3.7%降至 2018 年的－1.5%。[①]

（二）通货膨胀率稍有提升

2017 年，美国价格指数涨幅有所扩大。其中，消费者价格指数（CPI）同比上升 2.1%，生产者价格指数（PPI）同比上升 2.4%，均为 5 年来最大涨幅。[②]欧元区消费价格平稳上涨。2017 年，欧元区 CPI 上涨 1.5%，涨幅较 2016 年增加 1.3 个百分点，通货紧缩风险大为缓解，但核心通货膨胀仍然低迷。[③]在能源等国际大宗商品价格上涨带动下，2017 年日本通货膨胀水平趋于好转。剔除生鲜食品后，1—3 月 CPI 同比分别增长 0.1%、0.2%和 0.2%。4—6 月通货紧缩局面进一步得到缓解，CPI 分别同比增长 0.3%、0.4%和 0.4%。7 月、8 月 CPI 持续走强，9 月 CPI 同比上涨 0.7%，连续第九个月上升。[④]新兴经济体通货膨胀水平趋于适中。2017 年 11 月、12 月，新兴经济体消费价格微幅涨跌，继续趋于适中。从全年来看，新兴经济体通货膨胀压力明显低于 2016 年。[⑤]

---

① 姚枝仲．2018—2019 年世界经济形势分析与展望［J］．经济导刊，2019（2）：12－19．

② 中国国家统计局释经组．世界经济加速增长积极因素与风险并存——2017 年世界经济回顾及 2018 年展望［J］．全球化，2018（4）：54．

③ 中国国家统计局释经组．世界经济加速增长积极因素与风险并存——2017 年世界经济回顾及 2018 年展望［J］．全球化，2018（4）：55－56．

④ 张晓兰．2017 年日本经济形势分析与 2018 年展望［J］．中国物价，2018（2）：16．

⑤ 中国国家统计局释经组．世界经济加速增长积极因素与风险并存——2017 年世界经济回顾及 2018 年展望［J］．全球化，2018（4）：58．

2018年，受能源价格上涨影响，美国CPI同比涨幅一直在2%以上，略超通货膨胀率目标（2%），6月美国联邦储备系统（简称美联储）将2018年美国私人消费支出通货膨胀率的预测值上调至2.1%，12月该预测值下降至1.9%，这为美联储继续推进货币政策正常化提供了依据。美联储用于设定通货膨胀目标的个人消费支出（PCE）价格指数同比增长率，从2017年7月的1.5%上升到2018年7月的2.4%，2018年9月PCE价格指数和核心PCE价格指数同比增长率均为2.0%。欧元区通货膨胀压力有所加大，2018年6月，欧元区调和消费者价格指数（HICP）同比涨幅攀升至2%以上，10月达2.2%的高点，11月略下降至1.9%。欧洲总体物价水平稍有上升，主要是由能源和食品价格上升引起的，其核心通货膨胀率相对稳定且略有下降。欧元区核心HICP月度同比增长率同期在0.9%～1.1%之间波动，2018年10月同比增长1.1%。日本经济处于上升区间，通货膨胀率一直在2%以下徘徊，11月降到0.8%。日本物价水平继续回升。2018年1月至9月，CPI各月同比增长率均保持在0.5%以上。其中2018年2月曾达到1.5%，此后有所回调，并在1.0%左右波动。2018年9月，其CPI同比增长率为1.2%，比2017年同期上升0.5个百分点。主要新兴市场和发展中经济体的通货膨胀率均有小幅上升。从2017年9月到2018年9月，俄罗斯的CPI同比增长率从3.0%上升到3.5%，同期巴西从1.6%上升到4.0%，印度产业工人CPI同比增长率从2.9%上升到5.6%，南非基本持平。①

（三）世界经济增长面临挑战

政治不确定性仍然存在。2017年以来，全球经济增长面临多种地缘政治风险。一是东亚地区朝核问题朝美分歧仍在。朝核问题引发东亚地缘战略博弈加剧，对全球宏观经济和金融形势也构成威胁。二是欧洲地区右翼民粹主义势力崛起。长期以来，欧洲面临经济增长乏力、难民危机、恐怖主义等问题，右翼势力逐步崛起，挑战欧洲政治生态，为经济增长增加不确定性。三是中东地区局势日趋紧张。2017年以来，卡塔尔断交危机、沙特阿拉伯内政跌宕、美俄大国博弈升级、恐怖袭击频发等地缘政治冲突持续上演，仍是经济增长的潜在风险。

贸易保护主义蔓延。2018年，美国向包括中国、欧盟等在内的贸易伙伴发起的贸易摩擦，特朗普政府大力实施贸易保护主义政策，拖累全球贸易增速，影响世界经济平稳增长。特朗普上任以来，美国单月货物贸易逆差持续走高，

① 中国宏观经济研究院对外经济研究所形势分析课题组. 2018年世界经济形势分析与2019年展望[J]. 中国物价，2019（1）：17.

从2016年12月的634.85亿美元扩大至2018年10月的770亿美元。随着美国财政赤字扩大、私人储蓄下降、利率水平和美元汇率上升，美国贸易逆差仍将继续扩大。受特朗普政府贸易保护主义政策影响，全球贸易限制措施快速增加。根据世界贸易组织（WTO）统计，2018年5—10月，二十国集团（G20）成员共实施40项新贸易限制措施，受影响贸易额达4 810亿美元，创2012年有G20贸易记录以来新高。其中，3/4的新贸易限制措施是提高进口关税，而且大部分是对美国钢铝实施的报复性加征关税措施。贸易限制措施的扩散对国际贸易和世界经济增长都带来了巨大风险。根据WTO的世界贸易展望指标，2018年第三季度和第四季度世界贸易增长连续放缓，出口订单下降成为贸易增速下滑的重要原因。由于全球关税的增长，WTO下调2018年和2019年的世界贸易增长预期，预测2018增长3.9%，2019年增长3.7%，增幅均低于2017年的4.7%。[①]

（四）国际金融市场出现动荡

2017年，国际金融市场基本稳定。一是债市平稳。美国、日本、德国和英国的10年期国债收益率小幅波动，表现平稳。二是汇市分化。美元指数全年下挫11.0%。欧元和英镑兑美元继续走强，全年分别上涨15.9%和11.2%。日元兑美元微幅下跌，全年上涨3.8%。[②]三是股市创新高。2017年12月，标普500波动率指数微幅波动，全年下跌了21.4%，基本处于低位震荡，反映出金融市场全年比较稳定。美国三大股指道琼斯、纳斯达克和标普500创历史新高，全年分别上涨25.1%、28.2%和19.4%；日经225指数全年上涨19.1%；英国FTSE100指数全年上涨7.6%；德国DAX指数全年上涨12.5%。新兴经济体和发展中经济体全年股指上涨接近30%，远超过发达经济体市场涨幅。[③]

2018年国际金融市场全球股市震荡。截至2018年11月20日，以摩根士丹利资本国际公司编制的明晟指数（MSCI指数）来衡量，全球股指从年初以来下跌5.71%，其中新兴市场股市指数下跌14.69%，发达市场股市指数下跌4.46%。全球股票价格震荡与世界经济中隐含的风险有密切关联。发达经济体与新兴经济体金融状况的差异在增大。全球经济继续扩张，为加强资产负债表和重建缓冲提供了机会，但一些主要经济体的增长似乎已经触顶。发达经济体的金融状况依然宽松，特别是在美国，利率按历史标准衡量仍然很低，风险偏好强劲，

① 姜跃春，张玉环．2018年全球经济回顾与展望［J］．海外投资与出口信贷，2019（1）：4－5．

② IMF．世界经济展望［R］．IMF，2018－10．

③ 中国国家统计局释经组．世界经济加速增长积极因素与风险并存——2017年世界经济回顾及2018年展望［J］．全球化，2018（4）：61．

主要市场的资产价格上涨。相比之下，多数新兴经济体的金融状况自 2018 年 4 月中旬以来有所收紧。2018 年 4 月以来，随着美国利率上升、美元升值以及贸易紧张局势加剧，一些新兴市场经济体经历了证券投资流入的逆转。但在全球风险偏好高涨的环境下，市场压力仅集中于那些外部失衡严重、政策框架薄弱的国家。对新兴市场经济韧性和政策可信度的担忧加剧，可能导致进一步的资本外流以及全球避险情绪增加。更广泛的贸易行动升级可能削弱投资者信心，从而损害经济扩张。政治和政策不确定性可能对市场情绪产生不利影响，导致避险情绪激增。最后，随着通胀企稳回升，中央银行可能加快货币政策正常化步伐，这可能造成全球金融状况突然收紧。总体而言，市场参与者对于金融状况大幅收紧的风险似乎掉以轻心。

从积极的方面看，国际社会制定的广泛监管议程帮助增强了全球银行体系。危机之前形成的某些有害的影子银行业务形式得以缩减，多数国家目前设立了宏观审慎管理机构，并具备一些用来监督和控制金融体系风险的工具。然而，一些因素可能导致融资和市场流动性在一定程度上处于分割状态。监管机构越来越重视国际银行集团内的单个实体的流动性。将流动性采取更多“隔离措施”具有好处，特别是在压力期间处置有问题机构的情况下，但是，这样做可能导致国际银行集团的流动性碎片化。[①]

二、全球经济发展展望

全球经济经历了 2017 年 3.7%的产出增长后，2018 年增速虽然与 2017 年持平，但大多数国家出现经济增速回落。对于 2019 年全球经济发展的展望，世界主要经济组织和机构均表示不太乐观，均不同程度地下调了 2019 年世界经济增速预测值。这主要是由于 2019 年世界经济将面临更多的不确定性因素，下行风险不断增大。

（一）全球经济增速小幅回落

2019 年，世界经济面临的不确定因素增多，经济格局出现较多调整。国际货币基金组织（IMF）2019 年 10 月的《世界经济展望》将 2019 年世界经济增速调低至 3%，预测 2019 年发达经济体经济增速为 1.7%，较 2018 年下降 0.7 个百分点；其中，美国经济增速为 2.5%，较 2018 年下降 0.4 个百分点，美国实施贸易保护主义对自身经济的影响在 2019 年进一步显现。欧委会认为，2017 年欧

① IMF．全球金融稳定报告［R］．IMF，2018－10．

元区经济增长达到高点后，未来欧元区经济仍将保持增长态势，但经济增速将放缓，并且存在众多不确定因素，如国际贸易关系紧张、海外需求疲弱、新兴国家市场动荡以及英国脱欧意见分歧等。因此，经济合作与发展组织（OECD）在2019年9月的经济展望中将欧元区2019年经济增长率的预测值下调至1.8%。高盛预测2019年发达经济体经济增速为2.2%，新兴市场经济增速高达5.2%。亚洲大型新兴经济体增长态势依然稳定，成为经济增速贡献大国。OECD在2019年9月的经济展望中预计2019年印度、中国与印度尼西亚经济增速为前三名，分别为7.3%、6.3%与5.2%。拉美国家如巴西、墨西哥等经济发展前景良好。①欧元区增长率将下降到2019年的1.8%和2020年的1.7%。许多经济体的增长率被下调，特别是德国（原因是私人消费疲软，实行新的汽车排放标准后工业生产下滑，外部需求不振）、意大利（原因是国内需求疲弱，主权债券收益率居高不下导致借款成本上升）以及法国（原因是抗议活动和工业行动带来的负面影响）。日本经济2019年将增长1.1%。预测的调整主要反映了日本对经济提供的进一步财政支持，包括采取措施缓解计划于2019年10月实行的提高消费税税率措施的影响。实施缓解措施后，2020年增长率预计将下降到0.5%。新兴市场和发展中经济体2019年的总体增长率预计将小幅降至4.5%，2020年将升至4.9%。②

（二）全球经济下行风险加大

全球经济增长面临的风险偏于下行。贸易紧张局势的升级可能超出增长预测已经体现的程度，这仍是经济前景面临的一个主要风险。金融状况自2018年秋季以来已经收紧。除贸易紧张局势升级外，其他一系列触发因素可能引起风险情绪的进一步恶化，对经济增长产生不利影响。③

一是美国政府保护主义的消极影响将继续显现。IMF预测，2019年全球货物出口量增速在2018年已经明显下降的基础上，将进一步降至3.76%。二是美联储持续加息或推动美国货币政策步入紧缩区间。2018年12月，美国公开市场委员会预测，2019年联邦基金利率中值将达2.9%，超过2.8%的长期中性利率水平。这意味着，此前美联储虽在加息和缩表，但联邦基金利率一直位于长期中性利率之下，货币政策并未根本改变宽松态势，而一旦联邦基金利率高于长期

① 刘喜梅．2018年世界宏观经济形势分析与2019年展望［J］．海外投资与出口信贷，2019（1）：11－12．

② IMF．世界经济展望［R］．IMF，2019－01．

③ IMF．世界经济展望［R］．IMF，2019－01．

中性利率，货币政策将真正步入紧缩态势，对全球流动性的影响将发生质的变化。三是新兴经济体大面积爆发金融风险的可能性上升。随着货币贬值和资本外流向越来越多发展中国家扩散，新兴市场的金融风险正在从单体性向系统性演变，少数国家金融市场崩盘导致新兴市场大面积发生问题的可能性不容忽视。①

（三）全球货币政策宽松

货币政策周期通常与经济周期反向变动。2017—2018 年，随着全球经济形势好转、通缩风险下降，全球货币政策开始向正常状态转变。但目前全球经济复苏动力逐渐弱化且同步性下降，国际贸易增速放缓，外商直接投资连续三年下滑，导致各国货币政策正常化节奏开始放缓。

美国方面。美国资本市场在 2018 年第四季度大幅波动后，美联储对于收紧货币政策进程的态度出现了明显转变，“耐心”成为美联储在公开场合谈话最常提及的词语之一，多位“鹰”派官员态度明显转“鸽”。2018 年 12 月，美联储公开市场委员会（FOMC）将 2019 年加息次数从 3 次下调至 2 次。欧元区方面。欧洲央行在 2018 年 12 月采取货币政策正常化的第一步——结束了四年的债券购买。与此同时，在时隔三年之后，还再次启动向银行提供低息贷款——“定向长期再融资操作（Targeted Longer-Term Refinancing Operations，TLTRO－III）”，以加强信贷刺激。这意味着欧元区不但没有完全启动货币紧缩，还在 2019 年实施新一轮的货币宽松政策。新兴经济体方面。进入 2019 年后，由于全球经济增速放缓、外需疲软、主要发达经济体暂缓货币政策正常化进程，部分新兴经济体货币政策也跟随调整。为刺激经济，2 月印度央行已意外降息 25 个基点，这是近 17 个月以来首次下调利率。②

第二节　2017—2018 年全球贸易发展回顾与展望

一、2017—2018 年全球贸易发展回顾

（一）全球贸易增速放缓

全球贸易在 2008 年金融危机以后经历了一个回暖又降速的过程。2016 年全

① 中国宏观经济研究院对外经济研究所形势分析课题组. 2018 年世界经济形势分析与 2019 年展望[J]. 中国物价，2019（1）：18.

② 中国银行国际金融研究所全球经济金融研究课题组. 全球货币政策面临拐点——中国银行全球经济金融展望报告（2019 年第二季度）[J]. 国际金融，2019（4）：44－45.

球贸易增速跌落谷底后，随着世界经济复苏，国际贸易形势有所改善，2017 年年全球贸易表现出良好的增长态势，全球贸易量价齐升。WTO 统计数据显示，无论是数量还是价值，全球贸易在 2017 年都创下了 6 年来的最高增长率。以进出口平均数衡量的商品贸易量增长了 4.7%，明显高于世界经济 3.8%的增速，是 2011 年以来首次超过 3.0%的年度增长。①2017 年，世界商品出口额从 2016 年的 16.03 万亿美元增至 17.73 万亿美元，增长了 10.6%，贸易额的增速大幅高于贸易量的增速，主要是出口商品价格出现较大幅度上涨所致；服务贸易出口的增长态势与商品出口一致，2017 年世界商业服务出口达 5.28 万亿美元，增长了 8%。②旺盛的个人消费和企业投资是全球贸易增长的主要动力，原油等商品价格上涨是助推因素。其次，2017 年商品贸易量的增长部分源于前两年贸易疲软，这为后来的扩张奠定了基础。

2017 年世界贸易的强劲增长与 20 世纪 90 年代末和 21 世纪初的贸易扩张步伐特征类似，但这种增长并没有持续。随着贸易局势和经济政策不确定性急剧上升，2018 年世界贸易面临新的阻力，贸易增长再次放缓。2018 年总体贸易增长率为 3.0%，仅略高于 2018 年全球 GDP 的增长速度（2.9%），增幅较 2017 年回落 1.6 个百分点。但这一数字仍高于自 2008 年以来贸易增长的平均水平（2.6%）。2017 年的贸易增长是产出的 1.6 倍，而 2018 年贸易增长仅略高于 2018 年的产出。2018 年世界商品出口总值为 19.48 万亿美元，高于 2017 年的 17.33 万亿美元，增长了 12.4%，以价值计算的贸易增长强于数量增长的事实反映了商品的数量增加和价格上涨，主要是由高能源价格尤其是油价上涨驱动的。2018 年世界商业服务出口总值达 5.77 万亿美元，增长了 7.6%，高于 2017 年的 5.36 万亿美元。③

2018 年全球贸易增长放缓主要源于以下几个方面的因素：一是主要经济体产出增长疲软，这在下半年尤其是第四季度表现最为明显。例如，G20 国家在 2018 年下半年的总体 GDP 增长率平均为 3.5%，低于上半年的 3.9%。二是紧缩的货币政策，金融波动加剧以及主要经济体对多数贸易商品的关税提高，贸易增长放缓与政府宣布或预期采取的贸易行动（如提高关税）相吻合。三是紧张

---

① 何七香，田丰．2017 年世界贸易与投资形势回顾与展望［J］．国际经济合作，2018（1）：28－32.

② WTO.World Trade Statistical Review 2018［EB/OL］. https://www.wto.org/english/res_e/statis_e/wts2018_e/wts18_toc_e.htm.

③ WTO.World Trade Statistical Review 2019［EB/OL］. https://www.wto.org/english/res_e/statis_e/wts2019_e/wts19_toc_e.htm.

的贸易局势尤其是中美经贸摩擦加剧了经济放缓。2018 年，中国是世界第一大出口国和第二大进口国，美国是世界第二大出口国和第一大进口国，这两个国家总的进出口量分别占全球贸易进口的 24%和出口的 21.3%，作为世界前两大经济体和世界进出口贸易额前两位的国家，中美贸易摩擦对全球贸易的影响是巨大的，并且这种影响会部分地辐射到其他国家和地区。四是进入 2018 年后，在 2017 年有所抬头的贸易保护主义正式走到台前，随即令原本较为强劲的世界贸易动能逐渐减弱。①

（二）全球贸易结构差异

1. 商品价格上涨助推商品贸易价值

2017 年全球商品贸易量的增速从 2016 年的 1.8%增长到 4.7%，高于金融危机后的 3.0%的平均水平。按市场汇率计算，世界商品贸易量与世界实际 GDP 的增速比从 2016 年的 0.8 倍反弹至 1.5 倍左右，恢复到历史常态。以价值计算的贸易增长强于数量的事实反映了商品贸易的量价齐升，商品价格上涨助推商品贸易价值，尤其是矿产（26%）和有色金属（26%），同时农业原材料的进口价格和食品的价格上涨也保持稳定。且 2017 年商品贸易增长的复苏在各地区广泛共享，对于出口尤其如此，在北美洲、南美洲、中美洲以及加勒比海、欧洲和亚洲都实现了强劲的增长。②

由于数量和价格变化的共同作用，2018 年贸易的名义价值上升。2018 年世界商品出口总额为 19.48 万亿美元，比 2017 年增长 10%，所有主要产品类别均呈现增长态势。燃料和采矿产品的增长率最高（23%），其次是制成品（8%）和农产品（5%）。③燃料和矿产品的前十大出口商在 2018 年的出口额显著增长的主要原因是燃油价格上涨了 27%。但由于负面的经济新闻和经济不确定性降低了对能源的预期需求，石油价格在 2018 年 10 月至 12 月下跌了 25%。在制成品出口行业，欧盟位列榜首，占世界份额的 39%，出口额为 5.09 万亿美元，增长了 9.3%；其次是中国，中国所占世界份额为 18%，出口额为 2.32 万亿美元，增长了 9.1%；美国位居第三，占比 9%，出口额为 1.18 万亿美元，增长率为 5%；日

① WTO.World Trade Statistical Review 2019［EB/OL］. https://www.wto.org/english/res_e/statis_e/wts2019_e/wts19_toc_e.htm.

② WTO.World Trade Statistical Review 2018［EB/OL］. https://www.wto.org/english/res_e/statis_e/wts2019_e/wts19_toc_e.htm.

③ WTO.World Trade Statistical Review 2019［EB/OL］. https://www.wto.org/english/res_e/statis_e/wts2019_e/wts19_toc_e.htm.

本和韩国分别保持在第四位和第五位；其后依次是中国香港和墨西哥；中国台湾超越新加坡升至第八位；瑞士也成功跻身工业制成品十大出口国（地区）。农产品中，排名前十的农产品出口国（地区）的出口额占了 2018 年世界农产品出口额的 72%，可见农产品全球贸易的集中与不平衡，欧盟、美国、巴西、中国、加拿大、印度尼西亚和泰国仍保持前七的位置，印度上升到第八位，澳大利亚下降到第九位，墨西哥上升到第十位，阿根廷则跌出前十。在前十出口国（地区）中，农产品出口增幅最大的是中国（9%）、巴西（6%）和墨西哥（6%），澳大利亚（－10%）和印度尼西亚则出现了下降。2018 年，所有地区商品贸易增长均保持强劲态势，欧洲和亚洲仍然是最主要的贸易区，分别占世界总贸易的 38%和 34%，其次是北美洲的 14%。①

2. 服务贸易保持强劲增长

近年来，汇率已大大影响了商业服务贸易的价值和增长率，部分原因是美元的强势升值，相比之下，2017 年商业服务贸易的增长在很大程度上反映了实际增长，因为美元相对稳定，按实际有效汇率计算，全年升值幅度不到 4%。在服务贸易方面，2017 年世界服务贸易完成了复苏，全球所有地区都为服务贸易的增长做出了贡献。在服务贸易结构上，运输服务增速全面回升，知识产权服务引领着“其他商业服务”的增长。②

2018 年，世界服务贸易连续两年保持强劲增长，平均增长 8%。电信、计算机和信息服务（ICT）在 2018 年恢复了其最具活力的服务行业的地位（增长了 15%），其次是保险和养老金服务（增长了 8%），增长最弱的是运输业，增长了 7.1%。2008—2018 年，ICT（除 2009 年）以及保险和养老金服务（除 2010 年）出口每年都保持增长。ICT 服务始终以计算机服务为主导，由于电信传输成本下降，电信服务份额下降，但包括数据库开发、数据处理和软件设计在内的计算机服务收入价值却增长了一倍以上，它在 ICT 贸易中所占份额从 2008 年的 65% 增加到 2018 年的 78%。从 2017 年开始，世界几乎所有地区的其他商业服务都在增长，2018 年“其他商业服务”增速加快，增至 3.1 万亿美元以上；2018 年世界运输服务贸易总额超过 1 万亿美元，增长 7%，其中独联体增长最高（11%），其次是欧洲（9%），欧洲在 2018 年占全球运输出口的近一半。世界旅游出口连

① WTO.World Trade Statistical Review 2019［EB/OL］. https://www.wto.org/english/res_e/statis_e/wts2019_e/wts19_toc_e.htm.

② WTO.World Trade Statistical Review 2018［EB/OL］. https://www.wto.org/english/res_e/statis_e/wts2018_e/wts18_toc_e.htm.

续两年保持上升趋势，2018 年旅游服务继续保持增长，国际旅游人数达到 14 亿，世界所有地区都受益于旅客人数增加和旅客支出增加，特别是独联体和非洲，它们的旅游出口分别增长了 16%和 12.5%。[①]

2018 年第四季度，欧盟以外的其他商业服务出口同比增长放缓至 0%，而在 2018 年上半年曾达到两位数增长，第一季度为 15%，第二季度为 10%。美国其他商业服务出口下降幅度不大，从第一季度的 7%下降到第四季度的 3%。日本第四季度其他商业服务出口萎缩了 4%，同比下降 4.5%。中国第四季度商业服务出口增长了 19%。独联体国家出口增长最高（12%），服务进口在非洲增长得最快（13%）。非洲服务贸易在出口方面也表现出色，这主要归功于埃塞俄比亚和埃及服务贸易出口快速增长，尤其是在运输和旅行服务方面。2018 年亚洲经济体服务出口增长了 10%，是 2011 年以来的最高增速。在其他商品服务的带动下，中国服务出口增长了 17%，其中计算机服务、建筑、其他商业服务和知识产权相关服务出口尤为强劲。亚洲其他国家服务出口表现良好，印度出口增长了 11%，韩国出口增长了 10%；欧洲商业服务贸易进出口增长率均为 8%，保持稳健增长，IT 服务出口是欧洲出口增长的主要驱动力，其他商业服务、运输、旅游、金融和保险服务以及与知识产权相关的服务也很强劲，唯一一个增长缓慢的行业是从 2017 年开始下滑的建筑业。由于主要服务贸易商阿联酋、沙特阿拉伯和卡塔尔等经济体的增速放缓，中东服务贸易表现低于世界平均水平，运输和旅行出口额下降。由于其他商业服务迅速增长，以色列成为该地区唯一增长超过世界平均水平的国家。美洲服务业增长滞后，虽然美国服务出口与进口分别增长 4%和 3%，但在南美洲、中美洲和加勒比地区，服务贸易增长乏力，仅增长了 1%，巴西和阿根廷服务贸易在下降。[②]总体而言，北美洲服务贸易已经是连续第二年增长缓慢。

虽然大多数服务贸易不受商品贸易措施的直接影响，但这些措施所产生的经济不确定性仍可能通过阻止企业与新客户接触以及减少服务支出而产生影响，同时贸易紧张局势的缓解可能会有助于促进服务贸易。

（三）全球贸易发展地区差异

1. 欧洲和亚洲仍为全球贸易增长的主要力量

在经历连续两年温和增长后，2017 年按地区分布全球商品贸易额中增长最

---

① WTO.World Trade Statistical Review 2019［EB/OL］. https://www.wto.org/english/res_e/statis_e/wts2019_e/wts19_toc_e.htm.

② WTO.World Trade Statistical Review 2019［EB/OL］. https://www.wto.org/english/res_e/statis_e/wts2019_e/wts19_toc_e.htm.

快的是亚洲，出口增长率达到 6.7%，进口增长率为 9.6%。在出口方面，2017 年亚洲对全球出口的增长贡献率为 51%，在进口方面，亚洲占世界进口总体增长（4.8%）的 60%，同时，欧洲贸易继续以适度的速度增长，2017 年出口增长 3.5%，进口增长 2.5%。①

2018 年所有地区出口量和美元价值均出现增长，进口方面也是如此，唯一例外是中东，中东进口量减少了 3.3%，但以当前美元计算却增加了 0.9%，主要是原油等燃料价格上升。从进出口份额来看前三仍然是欧洲、亚洲和北美洲，2018 年，在进出口方面，欧洲占世界商品贸易的 37%，出口额为 7.11 万亿美元，进口额为 7.15 万亿美元。亚洲出口额为 6.91 万亿美元，占世界出口总额的 34%，进口额为 6.76 万亿美元，占世界进口总额的 33%。北美洲进、出口总额分别为 2.56 万亿美元和 3.56 万亿美元，分别占世界进、出口总额的 14%和 18%。由于欧洲和亚洲在世界进口中所占份额较大（分别为 37%和 33%），2018 年总体贸易减速主要是因为欧洲和亚洲贸易增长放缓。但贸易增长放缓在 2018 年第四季度表现得尤为突出，尤其是欧洲和亚洲地区，在截至第三季度的相对强劲增长后，亚洲第四季度进口量比上一季度下降了 1.9%，亚洲出货量在第三季度增长了 1.8%后，第四季度增速降至 0.3%；同时，欧洲进口下降更缓慢，第四季度同比下降了 1.3%；在北美洲，美国经济蓬勃发展促进了进口强劲增长，第四季度美国进口同比增长了 4.0%；包括非洲、中东和独联体在内的“其他地区”进口增长缓慢但稳定，截至 2018 年第三季度，南美洲进口量一直在回升。但受全球贸易环境不确定性的打击，第四季度所有地区出口均比第三季度疲软，北美洲和欧洲分别环比下降为 0.8%和 0.4%。②

2. 发展中经济体在全球贸易中的地位上升

发展中经济体参与世界贸易在过去几年中仅取得了稳定进展，在经历了两年的低迷后，全球出口贸易呈现出增长回升的趋势，全球五大洲的发展中经济体商品出口均实现了两位数增长。2017 年发展中经济体商品出口总计 7.43 万亿美元，增长了 12%，在世界出口中所占份额从 2016 年的 42.7%略增至 43.2%。在服务贸易方面，2017 年发展中经济体商业服务比 2016 年上升了 6%，占全球商业服务贸易总量的 59.2%。③

① WTO.World Trade Statistical Review 2018［EB/OL］. https://www.wto.org/english/res_e/statis_e/wts2018_e/wts18_toc_e.htm.

② WTO.World Trade Statistical Review 2019［EB/OL］. https://www.wto.org/english/res_e/statis_e/wts2019_e/wts19_toc_e.htm.

③ WTO.World Trade Statistical Review 2018［EB/OL］. https://www.wto.org/english/res_e/statis_e/ wts2018_e/wts18_toc_e.htm.

2018 年，发达经济体在进口方面全年增长缓慢，发展中经济体商品出口在 2018 年增长了 11%（8.22 万亿美元），进口增长了 12%（7.97 万亿美元），继 2015—2016 年下降之后，继续保持 2017 年以来的正增长，虽然进口在 2018 年第四季度下降了 2.1%，但全年整体表现强劲。非洲和中东的发展中经济体在 2018 年表现出最强劲的出口增长，主要是与燃料价格的增长显著相关。在商品进口方面，拉丁美洲、非洲和亚洲发展中经济体在 2018 年实现了两位数的增长，但欧洲发展中经济体的进口额略微下降了 1%。发展中经济体在服务贸易的表现上也可圈可点，2018 年发展中经济体服务出口达到世界总量的 30.9%，是有史以来的最高水平，进口总额占比为 38.2%，在过去 10 年里提高了近 7 个百分点。① 总体而言，发展中经济体进出口增长快于发达经济体和世界增长。

3. 最不发达经济体在全球贸易中的份额上升

在经历了三年的下降后，2017 年最不发达经济体商品出口增长了 13%。高于 2017 年世界商品出口增长的 11%，这主要得益于能源价格的上涨。最不发达经济体在世界商品出口中所占份额从 2016 年的 0.93%微升至 0.95%，商品进口增长了 12%，在世界总份额中占 1.4%。在服务贸易方面，在经历了两年的负增长后，最不发达经济体商业服务贸易在 2017 年的出口额恢复至 342 亿美元，增长 7%。所有服务业均实现了增长，但最不发达经济体在 2017 年对世界服务出口的贡献仍然远远低于 1%（0.6%），这一数据自 2005 年以来仅增长了 0.3 个百分点。②

2018 年，最不发达经济体在世界商品出口中的份额超过 1.02%，这是从 2014 年以来首次超过 1%，而进口则保持与 2016 年和 2017 年相同的水平，仍为 1.4%。2008—2018 年，最不发达经济体的商品出口额从 1 530 亿美元增加到 1 930 亿美元，平均而言，出口每年增长 2.4%，比世界出口的增速（年均 1.8%）快。2018 年，最不发达经济体的出口增长了 13%，而世界出口增长了 10%。最不发达经济体的出口表现良好主要是受世界能源价格上涨的影响，因为它们的出口往往集中在燃料和采矿产品上。所有最不发达经济体出口在 2018 年均有增长，其中石油出口国增幅最大（20%），而非燃料矿物出口国的增长率最低（6%）。最不发达经济体的商品贸易逆差在 2018 年略有增加（至 800 亿美元），但仍低于 2015

① WTO.World Trade Statistical Review 2019［EB/OL］. https://www.wto.org/english/res_e/statis_e/wts2019_e/wts19_toc_e.htm.

② WTO.World Trade Statistical Review 2018［EB/OL］. https://www.wto.org/english/res_e/statis_e/wts2018_e/wts18_toc_e.htm.

年创纪录的逆差（890 亿美元），2018 年的逆差主要是由于最不发达经济体中制成品出口经济体的逆差大幅增加造成的。[①]

2018 年，最不发达经济体的商业服务出口额达到 398 亿美元，是这些经济体有记录以来的最高水平，增长了 16%，是世界其他地区的两倍，对世界服务出口的贡献上升至 0.69%。其中，运输出口增长了 22%，最不发达经济体对全球运输出口的贡献首次达到 1%；随后是其他商业服务，虽然在 2018 年，最不发达经济体的其他商业服务增长了 12%，但对全球其他商业服务出口的贡献仍保持在 0.27%的水平，与 2008 年持平，考虑到包括发达经济体在内的其他经济体在金融服务等其他商业服务上的迅速发展，最不发达经济体能保持其在这一领域的份额已经能够证实其在渗透高价值服务市场方面的努力。在服务进口方面，最不发达经济体一直是服务净进口经济体，其服务贸易赤字自 2008 年来仅略有下降，2018 年，最不发达经济体服务进口额达到 736 亿美元，增长了 9%，继 2015 年和 2016 年连续下降之后出现了复苏迹象，其中有一半左右来自运输业。[②]

4. 全球贸易主要领导者地位不变

2017 年和 2018 年全球十大主要商品交易商保持不变，在全球贸易份额中排在前十位的经济体分别为中国、美国、德国、日本、荷兰、法国、中国香港、英国、韩国和意大利。尤其是全球贸易的前五个经济体在全球贸易中占据着绝对领导者地位，这些经济体在 2017 年占世界贸易总额的 38.2%，2018 年维持着 38.1%的水平。除日本的贸易量由于前期大幅降低在增速反弹后仍低于 2012 年的水平以外，其他四个经济体已从 2014—2016 年出口和进口疲软的表现中恢复过来。[③]

尽管全球贸易紧张局势不断加剧，但中国仍连续两年保持领先地位。2018 年，中国出口额为 2.49 万亿美元，占世界总出口额的 13%，位列世界第一，是世界前十大经济体中增长最强劲的国家（17%）；进口额为 2.14 万亿美元，占世界总进口额的 11%，位列世界第二，增速是自 2012 年以来最快的，同时贸易顺差连续第三年收缩。中国出口增长主要是由原油、计算机零件和电子集成电路

① WTO.World Trade Statistical Review 2019［EB/OL］. https://www.wto.org/english/res_e/statis_e/wts2019_e/wts19_toc_e.htm.

② WTO.World Trade Statistical Review 2019［EB/OL］. https://www.wto.org/english/res_e/statis_e/wts2019_e/wts19_toc_e.htm.

③ WTO.World Trade Statistical Review 2018［EB/OL］. https://www.wto.org/english/res_e/statis_e/wts2018_e/wts18_toc_e.htm.

拉动的，在过去 10 年中，中国已将其出口转移到具有更高附加值的产品上。在服务贸易方面，中国已从 2008 年的第七大服务贸易国跃升至第二大服务贸易国，其中，服务出口位居世界第五，信息和通信技术在 2018 年的增长率甚至高达 69%，服务进口位居世界第二，这主要来源于高额的出国旅行支出。美国保持着其作为商品贸易最大进口国的地位，2018 年美国进口总额为 2.61 万亿美元，增长 8.5%，出口总额为 1.66 万亿美元，增长 8%，这反映出私人消费和固定投资的持续势头。美国在商业服务贸易方面仍保持着世界领先地位，2018 年美国的服务出口总额为 8 082 亿美元，占世界服务出口的 14%；美国服务进口总额为 5 362 亿美元，占世界服务进口的 9.8%，其中最关键的是与知识产权有关的服务，旅行和其他商业服务在进出口中所占的份额也在增加。[①]

二、全球贸易展望

2018 年以来，由于贸易保护主义政策的实施及其他风险，贸易增速放缓，国际组织下调世界贸易增长率预测。2019 年，由于影响贸易全球化、自由化的因素仍未消除，贸易保护主义风险尚存，世界贸易仍面临严峻挑战，增速可能会进一步放缓。

（一）贸易政策不确定性导致全球贸易增速放缓

贸易政策不确定性导致全球贸易形势恶化，是拖累全球经济增长的主要原因之一。数据显示，2019 年上半年，全球贸易额增速已降至 1%，是 2012 年以来最低水平。[②]随着贸易紧张局势和关税上涨继续对进出口造成压力，全球跨境商品流动迎来金融危机以来最慢的增速。由于贸易摩擦和英国脱欧等贸易环境和政策的波动带来的不确定性，当前贸易紧张局势仍未得到解决，贸易疲软的态势仍在延续，WTO 多次下调世界贸易展望指标，2019 年 2 月 19 日 WTO 更新的世界贸易景气指数（WTOI）为 96.3，是自 2010 年 3 月以来的最低值，并且低于该指数的基准值 100，表明贸易增长的下降趋势。这种持续的动力丧失凸显了缓解贸易紧张局势的紧迫性，持续的政治风险和金融动荡可能预示着更严峻的经济下滑。在贸易争端升级和信贷市场状况趋紧的情况下，WTO 于 2018 年 9 月下调了贸易预测，预计贸易增长将从 2018 年的 3.9%放缓至 2019 年的

① WTO.World Trade Statistical Review 2019［EB/OL］. https://www.wto.org/english/res_e/statis_e/wts2019_e/wts19_toc_e.h.

② IMF. World Economic Outlook. October 2019［EB/OL］. https://www.imf.org/en/Publications/WEO/Issues/2019/10/01/world-economic-outlook-october-2019.

3.7%，但如果贸易条件继续恶化，则可能继续下调这些估计。相反，如果贸易政策的确定性能提高或者政策环境能够得到改善则可能会带来贸易增长的迅速反弹。①

根据媒体报道中与不确定性相关短语的使用频率，截至2019年4月，经济政策不确定性指数为203.8，虽然低于2019年1月创下的341.3的峰值，但远高于从1997年到2015年的“平均”不确定性水平的基线值100。②341.3这个峰值是和美国与中国的贸易谈判同时出现的，原因是经济的不确定性阻碍了投资，对贸易产生了负面影响，因为投资支出往往依赖于进口。相反，贸易紧张局势的缓解预计将同时刺激投资和贸易。

（二）贸易保护主义影响更为显著

2018年，在2017年有所抬头的贸易保护主义正式走到台前，随即令原本较为强劲的世界贸易动能逐渐减弱。最主要的代表是美国，美国以“公平贸易”为借口，对中国及其他贸易伙伴加征关税，令全球贸易关系复杂化。同时由于特朗普贸易政策的多变性，极大增加了全球经济运行的紧张气氛，导致投资者信心大减，从而可能推迟或减少对外投资活动，对国际贸易带来进一步的负面影响。IMF的调查显示，出口订单增长疲软，出口相关行业情绪渐趋悲观。主要发达经济体的资本品生产部门增长趋缓，资本支出减弱。主要发达经济体对进口商品的需求下降。2018年第二季度德国制造业订单额下降6.5%，7月下降近1%。③这导致2018年没有重现2017年所创造的高额回报的强劲贸易增长。在经济政治环境不确定的情况下，跨境投资的增长也将减弱。除美国外各国也纷纷采取各种贸易保护政策和措施，严重阻碍了贸易复苏的进程。除反倾销、反补贴、关税壁垒等传统贸易保护手段外，非关税壁垒、知识产权保护等形式的贸易保护手段更加频繁，出口鼓励政策、政府补贴以及本地化要求等新型贸易保护手段和措施层出不穷，贸易保护主义的盛行已成为全球贸易进一步发展的重大阻碍。

（三）诸边贸易协定成为更灵活的选择

当前各国对争端解决机制的有效性、补贴的范围以及对国有企业的待遇等问题看法各不相同。WTO的传统是所有成员必须在所有问题上达成一致，但当

---

① WTO. https://www.wto.org/english/news_e/news19_e/wtoi_19feb19_e.htm.

② WTO. World Trade Statistical Review 2019［EB/OL］. https://www.wto.org/english/res_e/statis_e/wts2019_e/wts19_toc_e.htm.

③ 张鹏，王灏晨. 2018年世界贸易形势分析与2019年展望［J］. 中国物价，2019（1）：30－32.

前 WTO 已有 164 个成员，各成员利益诉求差异较大，成员间达成共识难度越来越大。从积极的方面来看，这一挑战将促使各国寻求更灵活的方法，包括在一组目标相同的国家之间达成诸边协议。在多边协议中，所有 WTO 成员都必须参与，但诸边协议仅涉及部分成员，并允许成员选择新的规则。虽然 WTO 仍偏爱多边协定，但当这些措施不可行时，诸边协议可能会提供次优的选择。与双边或区域性交易相比，诸边协议具有的优势是，如果 WTO 其他成员在以后决定加入原则上也是适用的，因此，它们在不破坏多边主义基本原则的情况下克服了与多边谈判有关的潜在惯性。诸边协议的发展是很有前景的，如最初于 1996 年签署并于 2016 年扩大的《信息技术协议》，最开始有 53 个成员同意削减关税，然后将扩大至所有 WTO 成员。另外，WTO 寻求通过达成多边协议来增加灵活性，这些协议能利用更广泛的倡议解决具体问题，2013 年达成的旨在规范和改善海关管理的《贸易便利化协议》就是一个很好的例子。①

第三节 2017—2018 年全球直接投资发展回顾与展望

一、2017—2018 年全球直接投资概况

外国直接投资（Foreign Direct Investment，FDI），是现代资本国际化的主要形式之一，是指在投资人以外的国家所经营的企业拥有持续利益的一种投资，其目的在于对该企业的经营管理具有发言权。全球 FDI 流量在 2017 年下降了 23%，从 2016 年的 1.87 万亿美元降至 1.43 万亿美元，2018 年进一步降至 1.3 万亿美元，较 2017 年下降了 9%。

（一）全球 FDI 持续下滑

2017 年，全球 FDI 出现下滑，其中，跨国并购（Cross-Border Merger and Acquisitions，M&A）净值从 8 870 亿美元下降至 6 940 亿美元，绿地投资额也下降了 14%。流向发达经济体和转型经济体的 FDI 急剧下降，流向发展中经济体的 FDI 保持稳定。②

① https://www.imf.org/external/pubs/ft/fandd/2019/06/the-future-of-global-trade-goldberg.htm.

② UNCTAD.World Investment Report 2018: Investment and New Industrial Policies［EB/OL］. https://unctad. org/en/PublicationsLibrary/wir2018_en.pdf.

2018 年，全球 FDI 继续下滑，主要是由于美国在 2017 年底实行税制改革，取消跨国公司外国收入所累计的税收负债引发跨国公司并购热潮，2018 年上半年这些跨国公司又将大量留存在海外的收益汇回美国。尽管跨境并购增长了 18%（从 2017 年的 6 940 亿美元增至 2018 年的 8 160 亿美元），绿地投资增长了 41%（从 6 980 亿美元增至 9 810 亿美元），但仍然无法遏制 FDI 下滑的趋势。即使忽略一次性交易、跨国公司内部资金流动、税制改革和跨境并购增加对 FDI 的影响，FDI 仍然是下行的。10 年前的 FDI 平均年增长率超过 10%，但此后一直停滞在不足 1%的水平。①

（二）发展中经济体 FDI 保持相对稳定

2017 年，发展中经济体和转型经济体 FDI 平均回报率较高。2018 年，虽然流入发达经济体和转型经济体的 FDI 急剧下降，但流入发展中经济体的 FDI 保持相对稳定，相比 2017 年增长了 2%，流向最不发达经济体的 FDI 与 2017 年相比略有上升，达到 240 亿美元，回到近十年来的平均水平。②

（三）不同地域投资概况

1. FDI 资本流入

2017 年，流入发达经济体的 FDI 减少了三分之一，降至 7 120 亿美元。部分是因为 2015—2016 年产生了大量的跨境并购和企业重组，但 2017 年这两类交易的价值大幅下降，导致美国 FDI 流入量减少了 40%（从 2016 年的 4 570 亿美元降至 2017 年的 2 750 亿美元）。此外，英国 FDI 流入量也急剧下降，仅为 1 012 亿美元。发达经济体中，尽管股权投资流量和公司内部贷款有所下降，但再投资收益却增长了 26%，占发达经济体 FDI 流入量的一半。③

相比 2017 年，2018 年流入发达经济体的 FDI 下降了 27%，降至自 2004 年以来的最低点。其中，流向欧洲的 FDI 减少了一半以上，跌至 1 720 亿美元；流向北美洲的 FDI 下降了 4%，跌至 2 910 亿美元。对于欧洲国家，如爱尔兰和瑞士，FDI 分别出现了 660 亿美元和 870 亿美元的负流入，流入英国的 FDI 减少了 36%，跌至 644 亿美元，其中新的股权投资减少了一半；美国 FDI 流入量下降了

---

① UNCTAD.World Investment Report 2019: Special Economic Zones［EB/OL］. https://unctad.org/en/PublicationsLibrary/wir2019_en.pdf.

② UNCTAD.World Investment Report 2019: Special Economic Zones［EB/OL］. https://unctad.org/en/PublicationsLibrary/wir2019_en.pdf.

③ UNCTAD.World Investment Report 2018: Investment and New Industrial Policies［EB/OL］. https://unctad.org/en/PublicationsLibrary/wir2018_en.pdf.

9%，跌至 2 520 亿美元。[①]

2017 年，流入发展中经济体的 FDI 与 2016 年相近，为 6 710 亿美元。流入亚洲发展中经济体的 FDI 稳定在 4 760 亿美元，在全球 FDI 疲软的背景下，其在全球 FDI 流入量中的份额从 2016 年的 25%上升到 2017 年的 33%，重新恢复了其最大 FDI 接受地的地位。流入拉丁美洲和加勒比地区的 FDI 增长幅度不大，流入非洲的 FDI 呈现下降趋势，其中流入南非的 FDI 减少了 41%。[②]

2018 年，流入发展中经济体的 FDI 保持相对稳定，增长了约 2%，达到 7 060 亿美元，但各地区 FDI 流入情况存在较大的差异。亚洲是发展中地区最大的 FDI 接受地，几乎所有亚洲发展中地区的 FDI 都实现了增长，2018 年增长了 4%，达到 5 120 亿美元。其中，中国是发展中国家中最大的 FDI 接受国，2018 年 FDI 流入量增长了 4%，达 1 390 亿美元；东南亚的 FDI 流入量增长了 3%，达到 1 490 亿美元，该地区 FDI 流入量已经连续 3 年保持正增长。流入非洲的 FDI 增加了 11%，达到 460 亿美元，但仍低于非洲近 10 年的年均水平（约 500 亿美元）；拉丁美洲和加勒比地区的 FDI 流入量减少了 6%，跌至 1 470 亿美元；美洲中部地区 FDI 流入量保持稳定。[③]

2. FDI 资本流出

2017 年，发达经济体 FDI 流出量下降了 3%，降至 1 万亿美元，在全球 FDI 流出量中所占的份额不变，仍为 71%；发展中经济体 FDI 流出量下降了 6%，为 3 810 亿美元；转型经济体的 FDI 流出量上升了 59%，达到 400 亿美元。欧洲的 FDI 流出量下降了 21%，跌至 4 180 亿美，其中荷兰 FDI 流出量减少了 1 490 亿美元，仅为 230 亿美元；瑞士 FDI 流出量减少了 870 亿美元，降至 150 亿美元。[④]

总体而言，2018 年，发达经济体 FDI 流出量减少了 40%，降至 5 580 亿美元，导致其在全球 FDI 流出量中的比例下降至历史最低的 55%。仅就单个国家或地区而言，仅 2018 年上半年，美国跨国公司再投资收益净下降了 3 670 亿美

① UNCTAD.World Investment Report 2019: Special Economic Zones［EB/OL］. https://unctad.org/en/PublicationsLibrary/wir2019_en.pdf.

② UNCTAD.World Investment Report 2018: Investment and New Industrial Policies［EB/OL］. https://unctad.org/en/PublicationsLibrary/wir2018_en.pdf.

③ UNCTAD.World Investment Report 2019: Special Economic Zones［EB/OL］. https://unctad.org/en/PublicationsLibrary/wir2019_en.pdf.

④ UNCTAD.World Investment Report 2018: Investment and New Industrial Policies［EB/OL］. https://unctad.org/en/PublicationsLibrary/wir2018_en.pdf.

元，急剧跌至约–2 000 亿美元（2017 年同期为 1 680 亿美元），尽管下半年再投资收益恢复正值，但全年从美国 FDI 流出量仍大幅下降至 640 亿美元（2017 年为 3 000 亿美元）；此外，欧洲跨国公司的 FDI 流出量增长了 11%，达到 4 180 亿美元；日本跨国公司 FDI 下降了 11%，降至 1 430 亿美元，但日本跨国公司仍是世界最大的投资者。①

2017 年，发展中经济体跨国公司的海外投资总额增长了 10%，升至 4 617 亿美元。其中，亚洲发展中经济体 FDI 流出量上升了 3%，升至 4 119 亿美元；拉丁美洲和加勒比地区的 FDI 流出量增长了 1.27 倍，达到 363 亿美元；非洲的 FDI 流出量增加了 40%，达到 133 亿美元。受经济衰退的影响，转型经济体 FDI 流出量回升了 59%，达到 385 亿美元。②

2018 年，发展中经济体跨国公司 FDI 流出量下降了 10%，降至 4 180 亿美元。亚洲发展中经济体的 FDI 流出量下降了 3%，降至 4 015 亿美元。其中，由于中国政府出台了限制海外投资的政策，加之美国和欧洲对外国投资的审查力度加大，中国 FDI 流出量下降了 18%，跌至 1 298 亿美元，尽管如此，中国仍是仅次于日本的世界第二大 FDI 流出国；西亚地区 FDI 流出量达创历史新高的 492 亿美元；沙特阿拉伯的 FDI 流出量增加了近两倍，达到 212 亿美元；拉美地区的 FDI 流出主要受巴西和智利 FDI 流出量减少的影响，降至 65 亿美元，创历史新低。③

（四）不同行业的跨境并购和绿地投资

2017 年，FDI 绿地项目和跨境并购净值均大幅下降（前者下降 14%，降至 7 200 亿美元；后者减少 22%，降至 6 940 亿美元），过去几年全球并购交易总体表现强劲，并购交易数量仍呈上升趋势，2017 年达到近 7 000 桩，但 2017 年跨境并购净值有所减少。2017 年，第一产业的项目投资净值大幅下降，仅为 240 亿美元。从行业层面看，采掘业、食品饮料和电子产品的净值下降幅度最大，相比之下，机器和设备、商业服务以及信息和通信行业的净交易额大幅度增加。FDI 绿地项目的价值在服务业和农业分别下降 25%和 61%，在制造业却增加了

① UNCTAD.World Investment Report 2019: Special Economic Zones［EB/OL］. https://unctad.org/en/PublicationsLibrary/wir2019_en.pdf.

② UNCTAD.World Investment Report 2018: Investment and New Industrial Policies［EB/OL］. https://unctad.org/en/PublicationsLibrary/wir2018_en.pdf.

③ UNCTAD.World Investment Report 2019: Special Economic Zones［EB/OL］. https://unctad.org/en/PublicationsLibrary/wir2019_en.pdf.

14%。此外，绿地项目价值在建筑业、公用事业、商业、服务业、运输业、储存和通信业均出现下降趋势。①

2018 年，跨境并购净额和 FDI 绿地项目价值总体增加。其中，跨境并购净值增长了 18%，增至 8 160 亿美元，但实际交易数量却在下降。绿地项目价值上涨 41%，增至 9 810 亿美元，价值增长主要集中在采掘业和加工业以及建筑业。其中，绿地项目投资规模的增长是绿地投资增长的主要动力，因为绿地项目数量仅增长了 7%。②

二、全球直接投资展望

（一）FDI 预期增长规模有限

对 2019 年全球 FDI 的预测结果显示，全球 FDI 将增长 10%，达到近 1.5 万亿美元，但可能仍低于过去 10 年的平均水平。发达经济体的 FDI 可能会触底反弹，其中，美国跨国公司的外国收入汇回量可能会发生下降，此后，发达经济体的 FDI 流入量可能会恢复到原来的水平。尽管有这些积极的预期，但长期以来 FDI 的趋势仍然是下降的。2019 年前 4 个月的跨境并购价值约 1 800 亿美元，较 2018 年同期仍下降了 10%，估计未来 FDI 的增长规模相对有限。此外，许多其他风险因素会进一步削弱 FDI 增加的可能性，例如地缘政治风险、贸易紧张局势、保护主义政策等都可能对 2019 年 FDI 增长产生负面影响。

预计发达经济体 FDI 流入量增长率将会是最高的，欧洲的增长率将超过 60%；鉴于发展中经济体正在经历经济增长和区域一体化阶段，流入发展中经济体的 FDI 预计将保持稳定，增长幅度在 5%左右。其中，非洲的 FDI 流入量可能增加 15%；东南亚和南亚地区，由于有着有利的经济前景和不断改善的投资环境，FDI 流入量将略有上升；预计流入拉丁美洲和加勒比地区的 FDI 将保持相对稳定，下降幅度在 5%以内；对转型经济体来说，2019 年的 FDI 流入情况可能会出现好转，达到 500 亿美元左右。③

---

① UNCTAD.World Investment Report 2018: Investment and New Industrial Policies［EB/OL］. https://unctad.org/en/PublicationsLibrary/wir2018_en.pdf.

② UNCTAD.World Investment Report 2019: Special Economic Zones［EB/OL］. https://unctad.org/en/PublicationsLibrary/wir2019_en.pdf.

③ UNCTAD.World Investment Report 2019: Special Economic Zones［EB/OL］. https://unctad.org/en/PublicationsLibrary/wir2019_en.pdf.

（二）FDI 增长的压力主要来自政策、经济和商业因素

预计 2019 年全球 FDI 相对温和增长，与近年来缓慢增长的趋势相一致。除税收改革、大型交易和 FDI 中不稳定的资金流动等一次性因素所造成的影响，FDI 增长仍然较为乏力，主要压力在于政策、经济和商业因素。

政策因素方面：经济全球化在一定程度上刺激了 FDI 的增长，但在 21 世纪却未能推动 FDI 增长。过去几年中，各国基于国家安全、战略技术方面的考虑，再次收紧了对外国企业所有权的限制，国际贸易的动荡和投资政策发展的不确定性也在一定程度上削弱了跨国投资者的投资动力。

经济因素方面：FDI 回报率下降是造成长期经济放缓的一个关键因素。2018 年，全球 FDI 回报率从 2010 年的 8%降至 6.8%。尽管发展中经济体和转型经济体的平均回报率仍然较高，但大多数地区平均回报率并不高。以非洲为例，投资回报率从 2010 年的 11.9%降至 2018 年的 6.5%。①

商业因素方面：全球生产结构方面的变化也对 FDI 产生了一定影响。许多行业的全球供应链都采用了数字技术，进入全球市场和跨境业务不再需要重资产，这导致企业资产逐渐向无形资产和轻资产转变。从主要国际生产指标的差异中可以看出这一变化趋势，虽然 FDI 和货物贸易的增长趋势基本一致，但服务贸易和无形资产国际支付（包括特许权使用费和许可费）的增长速度更快。

（三）投资促进机构对未来 FDI 的展望

2018 年，全球 FDI 已经连续三年减少，且仍呈下降趋势。UNCTAD 对投资促进机构的调查显示，投资促进机构对全球 FDI 和其所在国的 FDI 持不同态度，投资促进机构仍对 2021 年其所在国的 FDI 流入量持积极态度，预期仍较高；但只有 45%的投资促进机构预计全球 FDI 流量会增加，这表明其已经认识到在当前投资环境下吸引 FDI 存在着一定的困难。

投资促进机构认为美国和中国最有可能对其所在国进行投资，两者不分上下；三大欧洲经济体（英国、德国和法国）被认为是第二大 FDI 来源地；印度和阿联酋也被列入 2019 年至 2021 年期间最重要的 10 个 FDI 来源地。②

发达经济体的投资促进机构预计，大多数 FDI 投资将流向信息和通信行业，其次是专业服务业、金融和保险业。对发展中经济体和转型经济体而言，FDI

① UNCTAD.World Investment Report 2019: Special Economic Zones［EB/OL］. https://unctad.org/en/PublicationsLibrary/wir2019_en.pdf.

② UNCTAD.World Investment Report 2019: Special Economic Zones［EB/OL］. https://unctad.org/en/PublicationsLibrary/wir2019_en.pdf.

将首先流向农业，其次是食品饮料行业、信息通信行业。当今，越来越多的经济体都希望吸引针对数字技术创新方面的投资，以此作为经济增长的关键驱动力。发展中经济体和转型经济体的投资促进机构认为大多数 FDI 流入将仍与自然资源有关，如农业和粮食加工行业。

（四）对外国投资的限制与监管将不断加强

2018 年，近 55 个经济体出台了至少 112 项影响外国投资的政策。其中三分之二的政策旨在促进新的投资，并且实现新投资的自由化和便利化，限制或监管 FDI 的新政策占 34%，达到 2003 年以来限制性政策所占的最高比例。

投资自由化举措涉及若干行业，如农业、媒体、采矿、能源、零售贸易、金融、物流、交通运输、电信和互联网等行业。亚洲发展中国家推出的此类投资自由化举措大约占举措总数的 60%。一些国家也正在推进国有企业的私有化进程。此外，外国投资行政管理流程正在朝更精简的趋势发展，例如废除审批要求、成立申请网站等，有许多国家已给某些行业或地区提供新的财政激励以刺激投资。

在新推出的限制和监管 FDI 的举措中，发达国家主要考虑的是国家安全问题，发展中国家主要考虑的是在某些行业设立新的外国所有权上限、限制收购住宅类资产、企业本地化或雇用本地员工等，包括将上述要求纳入公共采购规则。

由于政府的干预，2018 年，许多交易额超过 5 000 万美元的跨境并购交易以失败告终。其中，至少有 22 桩交易是因为监管或政治原因受阻或取消，是 2017 年的两倍，其中，9 桩交易因为国家安全问题，3 桩交易因为反垄断问题，3 桩交易因为其他监管原因，7 桩交易因为东道国行政部门审批延误。

（五）国际投资政策的展望

2018 年，全球共签署了 40 个新的国际投资协定（IIA），包括 30 个双边投资协定（BIT）和 10 个包含投资条款的协定（TIP）。最积极致力于签订国际投资协定的国家是土耳其，共签署了 8 个 BIT；其次是阿联酋（签署了 6 个 BIT）和新加坡（签署了 5 个，其中包括两个 BIT 和 3 个 TIP）。一些新协定的产生使 IIA 总数升至 3 317 个（2 932 个 BIT，385 个 TIP）。截至 2018 年底，至少 2 658 个 IIA 已经开始实施。①

① UNCTAD.World Investment Report 2019: Special Economic Zones［EB/OL］. https://unctad.org/en/PublicationsLibrary/wir2019_en.pdf.

与此同时，终止的 IIA 数量也在上升。2018 年至少有 24 个终止生效，其中 20 个为单边终止，4 个是签署了替代协定。其中，包括厄瓜多尔终止的 12 个 BIT 以及印度终止的 5 个协定。截至 2018 年底，正式终止的协定达到 309 个（其中 61%是 2010 年以来终止的）。许多国家正在研究新的协定模式，并且为未来的协定制定指导原则，这将对全球国际投资协定体系产生重大影响。

第二章

2017—2018 年中国经济贸易发展回顾与展望

第一节 2017—2018 年中国经济发展回顾与展望

一、2017—2018 年中国经济政策

（一）2017—2018 年中国的财政政策

1. 从“积极”转为“积极有效”

2017 年和 2018 年中国继续坚持稳中求进工作总基调，财政政策从“积极”转变为“积极有效”，预算安排更加向降低企业税费负担、保障民生的方向倾斜。2017 年和 2018 年为实施“十三五”规划的两年，进一步提出“坚持以推进供给侧结构性改革为主线，适度扩大总需求，加强预期引导，深化创新驱动”。

更加“积极”，表现在中国财政政策持续推进减税降费政策，进一步减轻了企业负担。一是完善增值税制度。降低增值税税率水平，重点降低制造业、交通运输、建筑、基础电信服务等行业及农产品等货物的增值税税率。二是实施个人所得税改革。落实全国人大常委会关于修改个人所得税法的决定，自 2018 年 10 月 1 日起，将个人所得税基本减除费用标准由每月 3 500 元提高到 5 000 元。三是加大对小微企业的税收支持力度。将享受减半征收企业所得税优惠政策的小型微利企业年应纳税所得额上限由 50 万元提高到 100 万元，将符合条件的小微企业和个体工商户贷款利息收入免征增值税单户授信额度上限由 100 万元提高到 1 000 万元。还表现在赤字规模随国内生产总值增长而相应增长，将赤

字率提升到3%左右。

更加“有效”，表现在财政政策更加注重发挥“结构性”优势，突出了保障重点，提高了支出的有效性和精准度。财政预算安排向补短板、惠民生倾斜。增加均衡性转移支付和困难地区财力补助，增加对地方一般性转移支付规模。压缩非重点支出，减少对绩效不高项目的预算安排。

2. 从“需求侧总量”调控转为“供给侧结构性”调控

2017—2018年财政政策越来越侧重“供给侧”，中国的财政政策逐步实现了从侧重“需求侧”到侧重“供给侧”的转变。“十二五”时期，财政政策的重点是“需求侧”，强调“扩大财政赤字规模”“加大财政资金统筹使用力度”等，2017—2018年财政政策致力于供给侧结构性改革的深化。一是推进科技创新能力建设。2017年与2018年中央一般公共预算中科学技术支出同比增长分别为18%、14.5%。支持开展中央财政科研项目资金管理改革督察，实施国家科技重大专项，在优化科研项目和经费管理、减少报表和过程检查、推进科研项目绩效评价等方面推出一系列新举措。二是推动制造业转型升级。推动智能制造、工业强基、绿色制造和工业互联网发展，支持制造业创新中心加强能力建设。2018年首台（套）重大技术装备保险补偿试点政策得到落实，累计支持推广1 087个项目，涉及装备价值总额1 500多亿元。三是激发创业创新活力。支持国家级、省级实体经济开发区打造特色载体，助推中小企业升级。设立国家融资担保基金，提升服务小微企业和“三农”等的能力。对扩大小微企业融资担保业务规模、降低小微企业融资担保费率成效明显的地方予以奖补激励。四是落实“三去一降一补”重点任务。出台推进去产能和“僵尸企业”债务重组相关政策，继续支持钢铁、煤炭行业化解过剩产能，“十三五”期间钢铁、煤炭去产能的主要目标任务基本完成，中央企业处置“僵尸企业”和治理特困企业工作取得积极进展。

3. 推动三大攻坚战取得明显成效

（1）加强地方政府债务风险防控。出台地方政府债务信息公开办法，指导地方有序公开债务限额余额、债券发行和资金使用安排、债务还本付息等信息。进一步完善地方政府隐性债务风险监管政策，加强资金供给端、项目建设源头风险防控。强化监督问责，配合建立终身问责、倒查责任机制，组织核查部分市县和金融机构违法违规举债行为，并公开通报曝光。健全统计监测机制，及时警示债务风险。督促地方落实属地管理责任，牢牢守住不发生系统性风险的底线。

（2）大力支持脱贫攻坚。2017 年与 2018 年中央财政补助地方专项扶贫资金分别为 860.95 亿元与 1 060.95 亿元，2018 年增加的 200 亿元资金重点用于“三区三州”等深度贫困地区。探索建立财政扶贫资金动态监控机制，制定财政扶贫项目资金绩效管理办法，绩效目标管理基本实现全覆盖。

（3）加大对环境污染的防治力度。2017 年与 2018 年中央财政支持污染防治攻坚战相关资金分别为 2 243 亿元、2 555 亿元。2018 年，大气、水、土壤污染防治投入力度为近年来最大。实施促进长江经济带生态保护修复奖励政策，建立长江流域重点水域禁捕补偿制度。启动城市黑臭水体治理示范，支持中西部地区城镇污水处理提质增效。

（二）2017—2018 年中国货币政策

2017 年，中国人民银行坚持稳中求进工作总基调，贯彻落实新发展理念，实施好稳健中性的货币政策，做好稳增长、促改革、调结构、去杠杆、惠民生、防风险各项工作。2018 年，国内外经济金融形势更加复杂多变，中国人民银行继续实施稳健的货币政策，并根据形势变化，前瞻性地采取了一系列逆周期调节措施，做到松紧适度，保持流动性合理充裕，保持货币信贷和社会融资规模合理增长，促进经济金融良性循环，为供给侧结构性改革和高质量发展营造了适宜的货币金融环境。

1. 灵活开展公开市场操作，减少逆回购操作额

2017 年 2 月 3 日和 3 月 16 日，公开市场操作利率先后两次上行，幅度均为 10 个基点，主要反映了市场资金供求状况和利率走势的变化，也有利于引导市场预期。公开市场操作利率小幅上行可适度收窄其与货币市场利率的差距，有助于理顺货币政策传导机制。2018 年引导货币市场利率中枢下行。2018 年第一季度，中国人民银行公开市场 7 天期逆回购操作利率在美联储加息后上行 5 个基点，其他操作品种利率相应上行。第二季度以来，美联储连续加息三次，中国人民银行保持公开市场操作利率稳定，巩固货币市场利率下行逐步传导至债券市场和信贷市场的效果，为稳定实体经济融资需求、降低民营小微企业融资成本创造适宜的货币金融环境。

2017 年，中国人民银行累计开展逆回购操作 21.2 万亿元，其中 7 天期操作 10.8 万亿元，14 天期操作 6.1 万亿元，28 天期操作 3.7 万亿元，63 天期操作 6 300 亿元。①2018 年灵活开展短期逆回购操作。以 7 天期逆回购为主搭配不同期限品

① 中国人民银行货币政策分析小组．中国货币政策执行报告［R］．2018-02-14．

种灵活开展公开市场操作，及时对冲税收、节日现金投放、季末监管考核等因素对流动性的冲击，弥补短期流动性缺口，将银行体系流动性总量保持在合理充裕水平。同时，针对金融体系结构性去杠杆过程中市场流动性内生波动阶段性加大的实际情况，适当增厚关键时点的流动性缓冲垫，维护金融市场平稳运行。

2. 适当减少中期借贷便利和常备借贷便利操作

2017 年，中国人民银行累计开展中期借贷便利操作 53 295 亿元，期末余额为 45 215 亿元，比年初增加 10 642 亿元。为满足金融机构中长期流动性需求，主要开展期限为 1 年期的中期借贷便利操作，稳定市场预期。中期借贷便利采取招标方式，2017 年中标利率有所上行。2018 年，中国人民银行累计开展中期借贷便利操作 49 510 亿元，均为 1 年期。中期借贷便利操作的期末余额为 49 315 亿元，比年初增加 4 100 亿元。第二季度中期借贷便利利率上行 5 个基点，此后保持稳定，2018 年最后一期操作 1 年期利率为 3.30%。4 月和 10 月，部分金融机构使用降准释放的资金置换中期借贷便利共 13 515 亿元。

2017 年，中国人民银行累计开展常备借贷便利操作共 6 069 亿元，各季度分别开展操作 2 300 亿元、769 亿元、1 168 亿元和 1 832 亿元，期末余额为 1 304 亿元。2018 年在春节期间和月末、季末等货币市场利率易发生波动的时点，及时开展常备借贷便利操作，满足中小金融机构短期流动性需求。2018 年，中国人民银行累计开展常备借贷便利操作共 4 385 亿元，四个季度分别开展常备借贷便利操作 1 069 亿元、1 425 亿元、519 亿元、1 372 亿元，期末余额为 928 亿元。探索发挥常备借贷便利利率作为利率走廊上限的作用，促进货币市场平稳运行。

3. 降低金融机构存款准备金率，加大对小微企业、民营企业支持力度

为加强对小微企业、民营企业等实体经济的信贷支持力度，2017 年 9 月中国人民银行宣布将原有对小微企业和“三农”领域实施的定向降准政策拓展并延伸至脱贫攻坚和“双创”等其他普惠金融领域。同时，优化原有定向降准政策标准，聚焦真小微、真普惠。2018 年，中国人民银行四次下调金融机构存款准备金率。1 月，普惠金融定向降准全面实施，释放资金约 4 500 亿元。普惠金融定向降准是将原有定向降准政策拓展和优化为统一对普惠金融领域贷款达到一定标准的金融机构执行较低的存款准备金率。4 月和 10 月，中国人民银行两次下调大型商业银行、股份制商业银行、城市商业银行、非县域农村商业银行和外资银行人民币存款准备金率各 1 个百分点，并置换部分中期借

贷便利，净释放资金约1.15万亿元。7月，中国人民银行下调大型商业银行、股份制商业银行、城市商业银行、非县域农村商业银行和外资银行人民币存款准备金率0.5个百分点。[①]

二、2017—2018年中国经济发展状况

2017年，中国经济稳中向好，实现了平稳健康发展，经济结构不断优化。消费需求对经济增长的拉动作用保持强劲，投资增长稳中略缓、结构优化，进出口较快增长。工业生产加快发展，第三产业增加值占GDP的比重为51.6%，高于第二产业11.1个百分点。就业稳中向好，消费价格温和上涨。全年GDP为82.7万亿元，按可比价格计算，同比增长6.9%。全年居民消费价格指数（CPI）同比上涨1.6%，贸易顺差为2.9万亿元。

2018年，中国经济运行保持总体平稳，经济结构继续优化。服务业保持平稳较快增长，消费对经济增长的贡献上升，国际收支基本平衡，价格形势保持稳定。全年国内生产总值90万亿元，按可比价格计算，比上年增长6.6%，实现了6.5%左右的预期发展目标，四个季度分别同比增长6.8%、6.7%、6.5%和6.4%。全年居民消费价格指数同比上涨2.1%，工业生产者出厂价格指数（PPI）同比上涨3.5%。

（一）工业、服务业生产总体平稳，产业结构持续优化

2017年，中国三次产业增加值占GDP比重分别为7.5%、39.9%、52.6%。2018年三次产业增加值占GDP的比重分别为7.1%、40.7%和52.2%。

2017年，农业生产形势较好。全年全国粮食总产量为61 791万吨，比2016年增加166万吨，同比增长0.3%。工业生产加快发展，结构优化效益提升。2017年，全国规模以上工业企业增加值同比实际增长6.6%，增速比2016年加快0.6个百分点。工业向中高端迈进，全年高技术制造业和装备制造业增加值同比分别增长13.4%和11.3%。2018年，中国农业生产形势保持稳定。猪牛羊禽肉产量为8 517万吨，比2017年略降0.3%。工业生产总体平稳，结构持续优化。2018年，全国规模以上工业企业（年主营业务收入在2 000万元以上的工业企业）增加值比2017年实际增长6.2%，增速缓中趋稳。高技术制造业、战略性新兴产业和装备制造业增加值分别比2017年增长11.7%、8.9%和8.1%，增速分别比规模以上工业快5.5个、2.7个和1.9个百分点。2018年全国规模以上工业企业利润

① 中国人民银行. 2018年第四季度中国货币政策执行报告［R］. 2019-02-21.

同比增长 10.3%；主营业务收入利润率为 6.49%，比 2017 年提高 0.03 个百分点。

2018 年全年三大产业对经济增长的贡献率分别为 4.4%、35.9%和 59.7%，与 2017 年同期相比，第一产业贡献率下降了 0.4 个百分点，第二产业和第三产业贡献率分别提高了 0.2 和 0.1 个百分点，第三产业对经济增长的贡献率比第二产业高出 23.8 个百分点，服务业对经济增长的拉动作用不断增强。其中，在第三产业中增速最快的是交通运输、仓储、信息传输、租赁和商务服务，它们对第三产业发展起到了巨大的拉动作用。信息技术服务、租赁和商务服务业也是新经济的重要组成部分。

（二）消费对经济增长贡献持续上升，网上零售额增长迅速

2017 年，城乡居民收入增长较快，消费增长稳健。2017 年，全国居民人均可支配收入 25 974 元，同比增长 9.0%，扣除价格因素实际增长 7.3%，增速同比上升 1.0 个百分点。消费成为经济增长的主要驱动力，全年最终消费支出对国内生产总值增长的贡献率为 58.8%。2017 年，社会消费品零售总额为 36.6 万亿元，同比增长 10.2%。乡村消费品零售额增长继续快于城镇，全年乡村消费品零售额同比增长 11.8%，比城镇高 1.8 个百分点。网上零售增势强劲，线下消费持续回暖，全年全国网上零售额为 7.18 万亿元，同比增长 32.2%。

2018 年居民人均可支配收入为 28 228 元，比 2017 年增长 8.7%，扣除价格因素实际增长 6.5%，快于人均 GDP 增速。收入分配结构持续改善，农村居民收入增速持续高于城镇。2018 年社会消费品零售总额为 38 万亿元，比 2017 年增长 9.0%，最终消费支出对经济增长的贡献率为 76.2%。乡村消费品零售额同比增长 10.1%，比城镇高 1.3 个百分点。网上零售增势强劲，全年网上零售额为 9 万亿元，比 2017 年增长 23.9%。

（三）固定资产投资规模稳定，投资结构不断优化

2017 年，全国固定资产投资（不含农户）631 684 亿元，同比增长 7.2%。2018 年，全国固定资产投资（不含农户）635 636 亿元，同比增长 5.9%。2018 年，全国房地产开发投资 12.03 万亿元，比上年增长 9.5%，比上年同期提高 2.5 个百分点。全国住房库存持续下滑，房屋新开工、施工面积增速持续回升，使房地产投资保持韧性。

2017—2018 年，全国固定资产投资结构不断优化，化工、纺织等传统制造业投资增速低于互联网、电气机械等新兴制造业投资增速。制造业投资回升强劲，2018 年全年增速为 9.5%，远高于总投资增速，改变了连续多年对总投资的拖累。民间投资增速持续回升，2018 年的增速达到 8.7%，民营企业逐渐成为稳

投资的首要动力。一些短板领域投资也持续保持增长，显示投资结构不断优化。2018 年第一产业投资增长较快，与 2017 年相比增长 12.9%，增速高于全部投资 4.7 个百分点；文化、体育和娱乐投资增长 21.2%。

（四）居民消费价格保持温和上涨，工业生产价格涨幅回落

2017 年，CPI 同比上涨 1.6%，涨幅比 2016 年回落 0.4 个百分点。从食品和非食品分类看，食品价格有所下降，非食品价格上涨较快。食品价格下降 1.4%，涨幅比 2016 年回落 6.0 个百分点。非食品价格上涨 2.3%，涨幅比 2016 年提高 0.9 个百分点。2018 年，CPI 同比上涨 2.1%，其中，各季度涨幅分别为 2.2%、1.8%、2.3%和 2.2%。食品价格涨幅由负转正，非食品价格温和上涨。

2017 年，工业生产价格上涨较快，PPI 同比上涨 6.3%，涨幅比 2016 年提高 7.7 个百分点。其中，生活资料价格涨幅大体稳定，生产资料价格涨幅大幅提高。生活资料价格同比上涨 0.7%，涨幅比 2016 年高 0.7 个百分点；生产资料价格同比上涨 8.3%，涨幅比 2016 年高 10.1 个百分点。2018 年工业生产价格涨幅回落，PPI 同比上涨 3.5%，涨幅比 2017 年回落 2.8 个百分点，各季度涨幅分别为 3.7%、4.1%、4.1%和 2.3%。其中，生活资料价格涨幅相对稳定，生产资料价格涨幅明显下降。生活资料价格同比上涨 0.5%，涨幅比 2017 年回落 0.2 个百分点；生产资料价格同比上涨 4.6%，涨幅比 2017 年回落 3.7 个百分点。工业生产者购进价格同比上涨 4.1%，涨幅比 2017 年回落 4.0 个百分点，各季度涨幅分别为 4.4%、4.4%、4.7%和 3.0%。

（五）就业形势基本保持稳定，居民就业感受指数上升

2017 年，中国城镇新增就业 1 351 万人，同比多增 37 万人。中国人民银行储户问卷调查显示，居民四个季度就业感受指数分别为 41.8%、41.9%、42.6%和 44.9%；第四季度居民收入感受指数为 53.6%，比上季提高 0.8 个百分点，比 2016 年同期提高 1.7 个百分点。

2018 年，全年中国城镇新增就业 1 361 万人，比 2017 年多增 10 万人。12 月，全国城镇调查失业率为 4.9%，与 2017 年同月相比下降 0.1 个百分点。2018 年外出农民工 17 266 万人，增长 0.5%。中国人民银行 2018 年储户问卷调查显示，居民四个季度就业感受指数分别为 45.18%、45%、44.2%和 45.5%；第四季度居民就业预期指数为 53.3%。①

① 中国财政部统计数据，http://gks.mof.gov.cn/zhengfuxinxi/tongjishuju/.

三、中国经济发展展望

展望未来，中国经济保持平稳发展存在较多的有利因素。全球经济总体上仍延续复苏态势，IMF 对 2019 年经济增速的预测与前几年均值基本持平。中国发展仍处于并将长期处于重要战略机遇期。三大攻坚战开局良好，供给侧改革深入推进，改革开放力度加大，人民生活持续改善，保持了经济持续健康发展和社会大局稳定，经济增长具有潜力和韧性。内需对经济的拉动不断上升，新兴产业蓬勃发展，传统产业转型升级态势良好，经济结构继续优化，就业形势保持稳定。金融对实体经济的支持力度较稳固，出台的一系列逆周期调节措施效果在逐步显现。同时，金融风险防控成效显现，宏观杠杆率趋于稳定，2018 年中国广义货币供应量（M2）与 GDP 的比值较 2017 年下降 3 个百分点。

经济发展面临的国际环境和国内条件正在发生深刻而复杂的变化，经济运行稳中有变、变中有忧。2019 年中国经济下行压力仍然很大，IMF 于 2018 年 10 月发布的《世界经济展望》预测 2019 年中国经济增长率为 6.2%。一是金融去杠杆可能带来一些风险。2018 年以来，在一系列金融去杠杆和强监管的综合措施作用下，各类表外业务蔓延势头有所收敛，但同时带来金融市场利率上升，企业融资渠道收窄，使得部分实体经济企业的融资成本有所上升。二是地方政府债务风险仍需警惕。虽然地方政府隐性债务风险得到有效控制，但债务总规模依然庞大。债务利息的迅速增长对未来的财政保障能力和服务提供能力形成了压力。三是中国民营企业和中小企业融资取得了一定程度的改善。但是民营企业和中小企业的融资环境并未取得根本性改善。

全球经济仍存在许多不确定性冲击。一是全球经济走弱。2018 年以来，美国、德国、日本等发达国家经济增长呈现疲弱态势，全球经济疲软将给中国稳增长带来不利影响。二是中美贸易摩擦带来的不确定性和变数。如果全球贸易摩擦进一步升级，将直接对中国贸易进出口、人民币汇率及世界政治格局产生巨大影响，这将给中国经济转型升级带来阻力。三是中国经济增速的放缓形成负向反馈环削弱中国外需增长。中国具有庞大的国内市场，中国的经济表现直接影响世界经济表现。中国市场需求疲软会导致世界经济增长乏力，世界经济乏力就会加剧贸易摩擦等，从而进一步弱化中国的外需。

第二节 2017—2018年中国对外贸易发展回顾与展望

一、2017—2018中国对外贸易政策与方向

近年来在习近平新时代中国特色社会主义思想指导下，中国致力于建设开放型经济新体系，积极推动贸易投资自由化和便利化，为世界做出了表率。中国一直以来都推崇以讨论和协商的方式实现世界贸易共同发展的目标，中国将与各方共同努力推进“一带一路”倡议，努力使这一倡议成为与经济全球化的历史潮流接轨的广泛的国际合作平台。与此同时积极参与全球经济治理，坚决维护多边贸易体制，反对单边主义和保护主义，进一步推进自由贸易区建设，不断加强南南合作。中国将不遗余力地使经济全球化更加开放、包容和平衡，以使所有人受益。

（一）推进贸易政策的可持续化发展

1. 进一步降低关税

自2016年以来，中国加快简化进口管理程序，降低进口关税的步伐。截至2017年11月，中国已对152个消费品关税税目应用临时关税税率，比最惠国税率平均降低50%，涉及年进口额109亿美元。自2017年12月1日起，中国进一步降低了187项8位HS消费品关税细目的进口关税。关税税率平均从17.3%下降到7.7%，涵盖食品和补品、药品、日用化工产品、服装和鞋类、家用电器、文化和休闲用品等。2017年，中国进口推动全球进口增长近2个百分点，占全球进口增长的15%以上。2018年，中国多次下调部分商品的进口关税（5月1日实施药品关税降税政策、7月1日实施汽车整车及零部件及日用消费品关税降税政策等），总体关税水平由9.8%降至7.5%，平均降幅达23%。

2. 促进贸易便利化进程

2017年2月22日《贸易便利化协议》正式生效，此协议的诞生表明中国在推动贸易自由化层面上的决心。2016年3月，部际贸易便利化联合委员会诞生，以通过相关政府机构之间富有成效的合作促进贸易便利化。截至2017年底，全国各省市已经积极响应中央政府号召，设立了省级贸易便利化联合委员会，推动各地区未来的贸易便利化工作。对中国而言，除在单一窗口、确定和公布平

均放行时间、出境加工货物免税复进口、海关合作等少量措施设定了过渡期外，包括简化单证手续、规范进出口费用等方面的措施将在协议生效后立即实施。

2017 年 7 月 1 日，中国建立了国家海关风险预防和控制中心以及关税征收和管理中心，清关业务开始遵循“一次性申报和分阶段处理”的方式。中国的所有入境口岸都采用标准格式的单一窗口，并且为了进一步提高透明度，中国所有海关都为企业引入了在线集成平台。此外，中国在外汇管理方面也采取了一系列实质性措施，例如，进一步完善跨境融资的审慎宏观管理政策。稳步推进备案外债管理改革，满足企业融资需求。外汇市场也进一步开放，允许银行间债券市场的外国投资者参与中国的外汇衍生品交易。

3. 调整贸易开展的模式

中国一直在努力寻找替代驱动力，调整经济结构，并已开展和扩大了跨境电子商务和市场购买贸易模式的试点模式。新型贸易模式的开展促进了杭州市及其他城市跨境电商试点区的发展，有利于形成跨境电子商务发展的政策框架。国内进行跨境电商试点有国务院牵头的“跨境电商综合试验区”和海关总署牵头的“跨境电商试点城市”，其中，“跨境电商综合试验区”自 2015 年 3 月启动开始至 2018 年 6 月共有 13 个城市获批；“跨境电商试点城市”自 2012 年 10 月启动以来，已经拓展至 20 多个城市。杭州作为全国首个获批的“跨境电子商务综合试验区”，2017 年跨境电商进出口总额为 99.36 亿美元，增长 22.5%。其中，出口额为 70.22 亿美元，增长 15.9%；进口额为 29.14 亿美元，增长 42.0%。宁波跨境电商试点企业已近 700 家，不仅聚集了全球龙头电商平台亚马逊、美国第二大零售商好市多以及天猫国际、京东全球购、网易考拉等一批国内外电商巨头，还引进了菜鸟网络、嘉里大通、百世物流、顺丰速运、海航云商等一批国内外知名物流企业。

4. 建立高标准自由贸易试验区

建立自由贸易试验区是中国政府在新的发展形势下推进改革开放的一项重大举措。在原有的上海、广东、福建、天津自由贸易试验区的基础上，2017 年 3 月 31 日，国务院批复成立辽宁、浙江、河南、湖北、重庆、四川、陕西 7 个自由贸易试验区。2018 年 10 月 16 日，国务院批复同意设立海南自由贸易试验区，自由贸易试验区的扩大使中国进一步加快了对外开放的步伐。上海自由贸易试验区开始探索建立准入前国民待遇加负面清单的外国投资管理模式，并于 2013 年取代传统的逐案审批模式发布了首个外国投资准入负面清单，从那时起，试点自由贸易试验区的负面清单就已缩减了四分之三。

5. 首届进博会加快开放步伐

作为全球第一个大型的进口博览会，中国国际进口博览会是一项重要的政策举措，也是中国自发承诺向世界进一步开放市场的承诺。2017 年 5 月，习近平主席在第一届“一带一路”国际合作论坛上宣布中国国际进口博览将会自 2018 年起承办。2018 年 11 月 5 日至 10 日，首届中国国际进口博览会在上海成功举办，吸引 151 个国家和地区的 3 617 家企业参展，包括 75 家世界 500 强企业和 145 家行业龙头企业，现场意向成交金额达 578.3 亿美元。

（二）着力构建开放型双边、区域关系，促进贸易自由化

近年来建设开放型经济新体制是国家一直强调的重点问题，完善双边、区域贸易关系对中国贸易自由化以及推动更高水平对外开放有着重要意义。在此基础上，中国以“一带一路”建设为重点，坚持引进来和走出去并重，形成陆海内外联动、东西双向互济的开放格局，在构建开放型经济新体制方面迈出了新步伐。

1.“一带一路”建设成果颇丰

中国一直是建立国际经济新平台的推动者和倡议者，“一带一路”建设成果颇丰。2013 年，习近平主席在哈萨克斯坦和印度尼西亚分别提出建设丝绸之路经济带和 21 世纪海上丝绸之路，即“一带一路”倡议。如今，“一带一路”建设得到全球 100 多个国家和国际组织的大力支持和积极参与。

2017 年，中国企业共对“一带一路”沿线的 59 个国家非金融类直接投资 143.6 亿美元，占同期总额的 12%，较上年提升了 3.5 个百分点，主要投向新加坡、马来西亚、老挝、印度尼西亚等国家。对“一带一路”沿线国家实施并购 62 起，投资额 88 亿美元，同比增长 32.5%，中石油集团和中国华信投资 28 亿美元联合收购阿联酋阿布扎比石油公司 12%股权为其中最大项目。对外承包工程方面，中国企业在“一带一路”沿线的 61 个国家新签合同额为 1 443.2 亿美元，占同期中国对外承包工程新签合同额的 54.4%，同比增长 14.5%；完成营业额为 855.3 亿美元，占同期总额的 50.7%，同比增长 12.6%。

2018 年，中国企业在“一带一路”沿线对 56 个国家非金融类直接投资 156.4 亿美元，同比增长 8.9%，占同期总额的 13%，主要投向新加坡、老挝、越南、印度尼西亚等国家。对外承包工程方面，中国企业在“一带一路”沿线国家新签合同额为 1 257.8 亿美元，占同期中国对外承包工程新签合同额的 52%，同比下降 12.8%；完成营业额为 893.3 亿美元，占同期总额的 52.8%，同比增长 4.4%。

2. 加强自由贸易区建设

近年来中国还进一步推进了自由贸易区发展。2017 年中国与马尔代夫签署自由贸易协定，2018 年中国与格鲁吉亚自由贸易协定正式生效。截至 2018 年 12 月 31 日，中国与 21 个国家和地区签署了 13 个自由贸易协定，其中 90%以上的关税将降至零。同时多个自由贸易协定正在进行谈判或升级谈判，分别是区域全面经济伙伴关系（RCEP）、中国—日本—韩国自由贸易协定、中国—海湾合作委员会、中国—斯里兰卡自由贸易协定、中国—以色列自由贸易协定、中国—挪威自由贸易协定、中国—摩尔多瓦自由贸易协定、中国—毛里求斯自由贸易协定、中国—巴拿马自由贸易协定、中国—巴基斯坦自由贸易协定（第二阶段）、中国—韩国自由贸易协定（第二阶段）、中国—新加坡自由贸易协定（升级）和中国—新西兰自由贸易协定（升级）。此外，2018 年内地与香港、澳门分别签署《CEPA 货物贸易协议》，并设立了粤港澳大湾区便利化措施专章，两者均于 2019 年 1 月 1 日起实施。

3. 金砖国家峰会巩固既定伙伴关系

金砖国家峰会使“金砖国家”合作机制的逐渐形成，全球新兴经济体的国际影响力也日益增强，新兴国家的经济联系也更加紧密。2017 年 9 月，第九届金砖国家峰会在厦门举行，主题为“更牢固的金砖国家伙伴关系，共创美好未来”。金砖国家领导人签署了《金砖国家经贸合作行动议程》，并制定了《金砖国家投资便利化纲要》，金砖国家一致认为，在全球经济增长动力不足和保护主义抬头的背景下，金砖国家应进一步完善合作机制，扩大合作领域，促进产业技术升级，充分发挥金砖国家的互补性和多样性。

2018 年 7 月，第十次金砖国家峰会在南非约翰内斯堡举行，主题是“金砖国家在非洲：在第四次工业革命中共谋包容增长和共同繁荣”。在中非会议论坛成功举办三年后，中国和非洲再次聚首南非。中国为非洲开辟了一条发展新道路，双方的合作也在共同协议和愿景下如火如荼地开展。

4.“16+1”助力中欧两地经贸发展

加强与欧洲地区贸易往来，共享政策融通便利是中国的贸易目标，“16+1”合作搭建了政策沟通平台，提供了一次贸易往来的机会。中国—中东欧国家合作（“16+1 合作”），是中国与阿尔巴尼亚、波黑、保加利亚、克罗地亚、捷克、爱沙尼亚、匈牙利、拉脱维亚、立陶宛、马其顿、黑山、波兰、罗马尼亚、塞尔维亚、斯洛伐克和斯洛文尼亚 16 国于 2012 年共同建立的新型合作平台。2017 年 11 月 27 日，第六次中国—中东欧国家领导人会晤于布达佩斯举办，国务院总理李克强与会指出中方建议以产能、能源、物流、农业为重点，按照商业原则，探讨“16+1”产业园区合作模式。2018 年 7 月 5 日，第七次中国—中东欧国家领导人会晤于保加利亚举办，达成涵盖农业、教育、公共卫生等领域共计 42 项成果，对促进中欧两地经贸务实发展有着深刻意义。

（三）坚决维护多边贸易体制，积极参与全球经济治理

贸易是主要的增长引擎，WTO 为维护经济全球化提供了重要的制度保障。鉴于当前多边贸易体系面临的严峻挑战，中国呼吁 WTO 所有成员继续致力于 WTO 开放、透明、包容、非歧视和基于规则的基本原则，坚决反对单边主义和保护主义，为世界经济的恢复和增长以及共同发展做出贡献。

中国在各类多边贸易谈判中一直积极参与讨论，发挥建设性作用。中国与多个发展中成员携手建立了“投资促进发展之友”组织，在尼日利亚作为东道国的支持下，2017 年 11 月成功举办了促进投资促进发展高级别论坛。中国在会议期间推动了约 70 位部长签署的《关于促进投资促进发展的联合部长声明》。与此同时中国将继续支持 WTO 成员进行对话和讨论，并促进将投资便利化问题纳入 WTO 框架。

在 WTO 框架内，中国高度重视和支持与电子商务有关的工作。中国积极参加讨论，提出重要建议，并加入了电子商务促进发展之友（FED）。在第十一届部长级会议期间，中国对电子商务工作计划部长级决定的最终协议发挥了重要作用。2018 年 5 月，在中国举办了多边贸易体制下电子商务促进发展的讲习班，邀请了十几个发展中成员就电子商务促进经济和发展的经验进行分享和讨论。

加入 WTO 以来，中国切实履行谈判中广泛的市场准入承诺，认真履行作为负责任成员的各项义务。除支持 WTO 日常工作以外，中国还积极响应 WTO 贸易援助倡议。2017 年 3 月和 2017 年 12 月，中国的最不发达国家和加入 WTO 计划（中国计划）分别赞助了在柬埔寨举行的第五次圆桌会议和在阿根廷举行的第六次圆桌会议。中国又向该计划捐款 100 万美元，以帮助更多的最不发达国家加入 WTO。在阿根廷第十一届部长级会议期间，中国与 WTO 签署了一项向贸易便利化协议基金（TFAF）捐赠 100 万美元的备忘录。在 2017 年 5 月于北京举行的“一带一路”国际合作论坛期间，中国与 WTO 签署了经济合作协议，提供 800 万美元用于支持 WTO 与发展中成员在国际贸易能力建设方面的研究和相关活动。

二、2017—2018 年对外贸易发展情况

（一）2017—2018 年总体贸易情况

两年来面对复杂的外部环境，在习近平同志为核心的党中央坚强领导下，中国主动扩大对外开放，多措并举稳外贸，着力推进外贸高质量发展。中国对外贸易总体平稳，保持增长态势，同时贸易结构持续优化，质量效益稳步提升，巩固了世界贸易大国的地位。

2017 年全球经济逐渐回暖，与 2016 年相比，经济处于稳定增长的态势。2017 年中国进出口总额为 41 045 亿美元，增速 11.4%。其中，出口额为 22 635.2 亿美元，增长 7.9%；进口额为 18 409.8 亿美元，增长 15.9%。中国抓住机遇出台了一系列促进外贸稳增长调结构政策，使得 2017 年对外贸易取得显著进步并超出预期，为世界贸易发展做出了贡献。改革开放以来，中国对外贸易额从 1978 年的 206 亿美元增长到 2017 年的 4.1 万亿美元，增长了 198 倍，年均增长 14.5%。对外贸易对中国经济发展的重要性日益突出，某种程度上也是中国产业转型升级和结构调整的重要支撑。

2018 年国际形势动荡不安，但中国贸易增长始终较为稳定。2018 年中国进出口总额为 46 230.4 亿美元，增速 12.6%。其中，出口额为 24 874 亿美元，增长 9.9%；进口额为 21 356.4 亿美元，增长 15.8%。在贸易保护主义盛行，中美贸易关系紧张的环境下，中国出台了一系列稳外贸政策措施，实施贸易强国行动计划，着力推进“五个优化”，加快“三项建设”，全年对外贸易稳中有进、稳中向好，质量效益进一步提升，货物贸易与服务贸易仍处于世界前列。

（二）2017—2018 年货物贸易总体情况

2017 年和 2018 年进出口实现较快增长，中国在全球货物贸易领域的影响力逐年增大。2017 年，中国货物贸易进出口总额为 27.80 万亿元，比 2016 年增长 14.2%。其中，出口额为 15.33 万亿元，增长 10.8%；进口额为 12.47 万亿元，增长 18.7%；贸易顺差 2.86 万亿元，收窄 14.5%。中国货物贸易扭转了连续两年负增长的局面，增速创 6 年来新高。分月度看，各月进出口均实现同比增长，除 12 月受高基数影响仅增长 4.5%外，其余月份当月进出口均增长 10%以上，外贸回稳向好态势持续巩固[①]。

2018 年，中国货物贸易进出口总额为 30.5 万亿元，比 2017 年增长 9.7%。

① 中国商务部，http://zhs.mofcom.gov.cn/article/cbw/201805/20180502740111．shtml.

其中，出口额为16.4万亿元，增长7.1%；进口额为14.1万亿元，增长12.9%；贸易顺差2.3万亿元，收窄18.3%。全年进出口总额、出口总额、进口总额均创历史新高。分季度看，各季度进出口规模分别为6.76万亿元、7.36万亿元、8.18万亿元和8.21万亿元。2018年，中国出口数量指数和进口数量指数分别为103.6和106.4，出口数量和进口数量的增长对出口额和进口额增长的贡献度均超过50%，外贸进出口增长动力更为扎实①。

1. 贸易伙伴更加多元

两年来中国国际市场布局更加多元化，与“一带一路”沿线国家的贸易往来更加紧密，促进了新兴市场的共同繁荣。2017年，中国与欧盟、美国的贸易情况有所缓和，进出口分别增长15.5%和15.2%，二者合计占中国进出口总额的29.3%。另一方面，“一带一路”建设自开始至2017年一直在稳步进行，中国对“一带一路”沿线国家进出口增长17.8%，高出进出口总体增速3.6个百分点。其中，对俄罗斯、波兰和哈萨克斯坦等国进出口分别增长23.9%、23.4%和40.7%。新兴市场开拓取得积极成效，中国对东盟进出口增长16.6%，对金砖国家进出口增长24.9%。②

在此基础上，2018年中国贸易对象布局更加综合化。2018年，中国对前四大贸易伙伴欧盟、美国、东盟、日本进出口分别增长7.9%、5.7%、11.2%和5.4%，合计占进出口总额的48.3%。其中，对欧盟、美国、东盟、日本的出口分别增长7.0%、8.6%、11.3%和4.4%。对“一带一路”沿线国家、非洲、拉丁美洲进出口分别增长13.3%、16.4%和15.7%，增速分别高于进出口总体增速3.6、6.7和6.0个百分点，分别占进出口总额的27.4%、4.4%和6.7%。中国与“一带一路”沿线国家贸易往来不断得到发展，不仅使各国人民收入福利有所提高，也使双方贸易结构得到了优化。其中，对俄罗斯、沙特阿拉伯和希腊进出口分别增长24.0%、23.2%和33.0%。③

2. 国内区域布局均衡化发展

随着加工贸易的转型发展以及逐渐向中西部地区转移，中国外贸发展的国内区域布局两极分化现象得到了改善。2017年，中西部地区出口增长18.1%，快于全国总体增速7.3个百分点，占中国出口总额的16.2%，比2016年提高了

① 中国商务部，http://zhs.mofcom.gov.cn/article/cbw/201905/20190502866408.shtml.

② 中国商务部，http://zhs.mofcom.gov.cn/article/cbw/201805/20180502740111.shtml.

③ 中国商务部，http://zhs.mofcom.gov.cn/article/cbw/201905/20190502866408.shtml.

1.0 个百分点。

2018 年，西部 12 省（自治区、直辖市）、中部 6 省、东北 3 省进出口分别增长 16.1%、11.4%和 14.8%，分别高于全国整体增速 6.4、1.7 和 5.1 个百分点。东部 10 省市进出口增长 8.8%。总体来说全国各省市均有进步，东部仍处于领先地位，但中西部逐渐缩短差距，逐步解决地区间贸易不平衡问题。

3. 出口商品结构持续优化

2017 年、2018 年中国出口结构中机电产品仍占最大比重，部分高附加值的机电产品出口增长快于整体，在此基础上出口结构进一步升级，高新技术产品占比越来越大。2017 年中国对外主要出口商品中，机电产品仍占比最多，其次是七大类劳动密集型产品，农产品占比最少。其中机电产品出口额为 8.95 万亿元，增长 12.1%，占中国出口总额的 58.4%，比 2016 年提高 0.7 个百分点。高技术含量、高附加值的高新技术产品出口增长 13.3%，快于总体增速 2.5 个百分点，占比提高 0.6 个百分点至 29.4%。汽车、计算机、手机出口分别增长 27.2%、16.6%和 11.3%。纺织品、服装、鞋类、箱包、玩具、家具、塑料制品七大类劳动密集型产品出口额为 3.08 万亿元，增长 6.9%，占出口总额的 20.1%，比 2016 年下降 0.7 个百分点。

2018 年中国对外主要出口商品的占比情况没有较大改变，高新技术产品占比进一步扩大。其中，机电产品出口额为 9.6 万亿元，增长 7.9%，快于总体增速 0.8 个百分点，占出口总额的 58.8%，比 2017 年提高 0.4 个百分点。高新技术产品出口额为 4.9 万亿元，增长 9.3%，快于总体增速 2.2 个百分点，占出口总额的 30.1%，比 2017 年提高 0.7 个百分点。金属加工机床、手机、汽车出口分别增长 19.2%、9.8%和 8.3%。纺织品、服装、鞋类、箱包、玩具、家具、塑料制品七大类劳动密集型产品合计出口 3.12 万亿元，微增 1.3%，占中国出口总额的 19.0%，比 2017 年下降 1.1 个百分点。

4. 进口成为拉动外贸增长的重要动力

2017 年、2018 年配合着降税等一系列政策的实施，中国进口再创新高并成为全球增长最快的进口市场，其中重要设备零件以及能源资源产品进口增速较大。2017 年，中国机电产品进口额为 5.78 万亿元，增长 13.3%。部分重要设备和关键零部件、优质消费品进口较快增长，其中发动机、集成电路和数控机床进口分别增长 17.6%、17.3%和 13.8%。中国能源资源产品进口增长较快，原油、铁矿砂、天然气、钢材、铜精矿等十类大宗商品合计进口额为 2.88 万亿元，增长 36.3%，占中国进口总额的 23.1%，比 2016 年提高 3 个百分点，能够充分保障中国国内的市场需求。中国是增长最快的全球主要进口市场，按美元计算，2017 年中国进口增速比美国、德国、日本和全球分别高出 8.9、5.5、5.4 和 5.3 个百分点，进口占全球份额提高 0.5 个百分点至 10.2%。①

2018 年，中国进口增长较快，对外贸增长的贡献率达到 56.6%，成为拉动外贸增长的重要动力。部分重要设备和关键零部件、优质消费品进口增长较快，其中集成电路进口增长 16.9%。部分降税商品进口增速较高，如化妆品和水海产品进口分别增长 67.5%和 39.9%。原油、天然气、铜精矿、煤、纸浆、原木等大宗商品进口数量分别增长 10.1%、31.9%、13.7%、3.9%、4.5%和 3.9%，有效保障了国内市场需求。2018 年，中国进口环节税收 1.97 万亿元，增长 4.0%，占中国税收收入的 12.6%。外贸进口的快速增长，为推动产业升级、平衡国际收支、增加财税收入做出了积极贡献。②

（三）2017—2018 年中国服务贸易发展

随着国家对服务贸易的支持政策连续出台，中国服务业开放水平进一步提高，2017 年、2018 年服务质量不断提升，结构不断优化，进出口规模连续五年位居世界第二。

1. 出口增速连创新高，进口规模不断扩大

两年来中国服务贸易出口增速一直处于高位，尽管进口增长还有空间，但其规模不断扩大，逆差比重有所下降。2017 年，中国服务进出口总额为 46 991.1 亿元，比 2016 年增长 6.8%。其中，服务出口额为 15 406.8 亿元，增长 10.6%，是 2011 年以来最高增速；进口额为 31 584.3 亿元，增长 5.1%。2017 年中国服务贸易占对外贸易总额的比重为 14.5%，比 2016 年下降 0.7 个百分点。服务贸易逆差 16 177.4 亿元，比 2016 年减少 5.3%。随着中国对外贸易进一步发展，服务出口增速 7 年来首次高于进口，服务贸易水平质量稳步提升，印证了中国经济稳中向好的发展态势。

2018 年，中国服务进出口总额为 52 402 亿元，比上年增长 11.5%，高于同期货物贸易 9.7%和 GDP 6.6%的增速。其中，服务出口额为 17 658 亿元，增长 14.6%，高于同期进口增速 4.6 个百分点，是 2011 年以来最高增速；服务进口额为 34 744 亿元，增长 10.0%，相比去年提升近一倍。2018 年中国服务贸易占对外贸易总额的比重为 14.7%，比上年上升 0.2 个百分点。服务贸易逆差 17 086 亿

① 中国商务部，http://zhs.mofcom.gov.cn/article/cbw/201805/20180502740111.shtml.

② 中国商务部，http://zhs.mofcom.gov.cn/article/cbw/201905/20190502866408.shtml.

元，占服务贸易总额的32.6%，比上年下降2个百分点。

2. 服务贸易结构完善升级，知识密集型行业快速发展

2017年、2018年服务贸易结构进一步优化，传统服务贸易仍旧维持向好态势，同时知识密集型服务贸易得到快速发展。2017年三大传统服务行业（运输、旅行、建筑）进出口总额为30 810.2亿元，占服务贸易总额的65.6%，比2016年下降1.1个百分点。新兴服务进出口普遍快速增长，电信、计算机和信息服务进出口增长22%，个人、文化和娱乐服务增长23.8%，维护和维修服务增长16.2%。知识产权使用费服务进出口额增长34.7%，知识产权使用费进口额接近出口额的6倍，逆差规模扩大至1 608.5亿元，比上年增长6%，这表明中国企业对知识技术需求进一步扩大，知识产权市场蓬勃发展。

2018年，传统服务行业进出口额总体维持平稳增长，三大传统服务行业（运输、旅行、建筑）进出口总额为33 224.6亿元，同比增长7.8%，占服务贸易总额的63.4%，比上年下降2.2个百分点。其中，旅行服务进出口额为20 930.8亿元，仍为中国第一大服务贸易领域，增长5.5%，占服务贸易总额的39.9%。知识密集型服务进出口额为16 952亿元，增长20.7%，高于整体增速9.2个百分点，占服务贸易规模比重上升至32.4%，比2017年提升2.5个百分点。其中，知识产权使用费进出口额为2 723亿元，增长20.9%，进口额为2 355亿元，增长22.0%，连续两年增速超过20%，表明中国对高端生产性服务需求仍然旺盛。

3. 国内区域布局更加均衡，试点成效显著

2017年、2018年东部地区服务贸易依旧处于领先地位，在国家政策支持下中西部地区服务产业实力稳步提升，潜力巨大，同时随着服务贸易创新试点工作逐步深化，试点地区服务贸易快速发展。2017年，中国东部沿海11个省市服务进出口额合计39 986.8亿元，占全国的比重为85.9%。其中上海、北京和广东服务进出口额分别为10 200.5亿元、9 677.5亿元和8 316亿元，居全国前三位。得益于各地积极探索服务贸易发展新模式与新思路，中西部地区服务进出口额合计6 575.7亿元，同比增长8%，高于全国增速1.2个百分点，其中出口增速达23.5%。同时2017年15个服务贸易创新试点地区服务进出口额合计24 405.5亿元，进出口、出口和进口分别同比增长8%、11.1%和7.4%，均高于全国平均水平。

2018年，东部地区服务贸易规模进一步扩大，东部11个省市服务进出口额合计45 037.6亿元，占全国比重86.6%，比上年上升0.7%。其中上海、北京和广东服务进出口额分别为11 738.6亿元、10 628.9亿元和10 140.5亿元，居全

国前三位。中西部地区服务进出口额合计 6 952.4 亿元，增长 4.8%，占全国比重 13.4%。2018 年服务贸易创新发展试点由 15 个增加至 17 个，试点地区服务进出口额合计 39 870.1 亿元，占全国的比重为 76.7%，高于全国增速 5.1 个百分点，试点政策的贯彻落实不断推动中国贸易国际化进程，对其他地区服务贸易的引领作用越来越明显。

三、中国对外贸易发展展望

相比于 2017 年国际贸易形势的回暖，2018 年的全球经济则更为复杂，贸易保护主义不断抬头，中美关系紧张，作为贸易治理平台的 WTO 面临着亟待改革的困境。虽然中国面临的环境是严峻的，但在党中央领导下，中国贸易发展逐步向高质量迈进，货物贸易第一大国和服务贸易第二大国地位更加巩固，贸易强国建设进程加快推进，为中国经济社会发展做出新贡献。

2019 年全球经济可能会面临较大的挑战，贸易保护主义与反全球化风潮仍会进一步加剧。IMF 和 WTO 纷纷下调了 2019 年世界经济和国际贸易增长预期。2018 年 10 月 IMF 发布的《世界经济展望》报告将 2019 年世界经济增长率下调至 3.3%，为 2008 年金融危机爆发以来的最低水平，并预计全球 70%的经济体将面临经济增速放缓的局面。2019 年 4 月 WTO 发布的《全球贸易数据与展望》将 2019 年全球贸易增长预期由此前的 3.7%大幅下调至 2.6%，为 2016—2018 年来的最低值。国际贸易总体情况不容乐观，全球市场需求趋于回落，在此情形下，各国都面临更大的挑战。

国内层面，中国经济长期向好的基本面不会改变，2019 年是中华人民共和国成立 70 周年，这代表着中国的经济发展又将迎来一个关键点，同时也是全面建成小康社会、实现第一个百年奋斗目标的关键之年。近年来，中国一直积极扩大进口，促进对外贸易的平衡发展。综合来看，这一举措已取得相应进展，2019 年中国将加大高精技术、关键部位零件的进口，增添扩大进口的动力。

尽管国际经济形势紧张，中国出口面临较大压力，中国对外贸易处于较大风险之中。但是随着经济的发展，对外贸易的形势也将步入高质量发展阶段，中国将加大扶持外贸新动力的力度，加快贸易结构升级。总体看来，在宏观政策的指导下，中国今后的对外贸易将趋于稳中向好的态势。

第三节　2017—2018 年中国利用外资回顾与展望

一、2018 年中国利用外资政策调整

（一）利用外资，推动经济高质量发展

2018 年 6 月，国务院颁布《关于积极有效利用外资推动经济高质量发展若干措施的通知》（简称《通知》）。《通知》指出，当前中国经济已由高速增长阶段转向高质量发展阶段，利用外资面临新形势新挑战。目前中国利用外资存在区域性不平衡、准入条件严格、对来华投资外商保护程度不高、引资质量有待提高的问题，基于此，《通知》提出积极有效利用外资的政策措施。

（1）实行投资自由化便利化政策。包括放宽市场准入，精简外商投资准入负面清单，持续推进金融业、服务业、农业、采矿业、制造业开放；提升投资便利化水平，简化外商投资企业审批管理流程；便利外商资金运用，简化来华人才工作许可办理流程，提升外国人才出入境便利度。

（2）营造更加公平透明便利，更有吸引力的投资环境。包括对知识产权保护力度加大，推进相关立法的完善，加大对侵权行为的惩治力度；提升营商环境透明度，杜绝采用行政手法进行强制技术转让；维护外商投资合法权益，完善外商维权、投诉渠道，提高相关部门依法办事效率，相关部门不得干涉外商依法跨区域经营、搬迁、注销等行为；拓宽外商投资企业融资渠道，降低企业物流成本。

（3）优化引资区域结构。包括建立国际合作园区，鼓励引导外资投向西部地区和东北老工业基地；建立边境经济合作区，建设边境旅游试验区，加快沿边引资重点地区建设；优化开发区外资综合服务，加大开发区金融支持力度，建设开发区产业转移协作平台，发挥开发区示范带动提高利用外资水平的作用。

（4）提升引资质量和水平。在外商投资内容方面，鼓励外资企业引进先进技术、管理经验；在外商投资产业导向方面，鼓励外资流向现代农业、生态建设、先进制造业、现代服务业，推进产业转型升级；在外商投资区域方面，支持外商全面参与海南自由贸易港建设，强化自由贸易试验区在扩大开放吸引外资方面的先行先试作用。

以上举措表明了国务院、各地区各部门对扩大开放、引进外资的重视，通过积极利用外资进行现代化建设，有助于提升中国综合竞争力推动经济高质量发展目标的实现。①

（二）放宽市场准入，扩大对外开放

国家发展和改革委员会、商务部于2018年6月28日发布了《外商投资准入特别管理措施（负面清单）（2018年版）》（简称《2018年版负面清单》），自2018年7月18日起施行。《外商投资产业指导目录（2017年修订）》中的外商投资准入特别管理措施（外商投资准入负面清单）同时废止。

《2018年版负面清单》，由原来的63条精简至48条，修订版本在22个领域推出开放措施，涉及农业、采矿业、电力、能源、交通运输、信息技术服务业、金融业、专有技术等多个领域。农业领域：取消小麦、玉米之外农作物在选种和种子生产方面中方控股的限制；取消稻谷、小麦、玉米收购、批发的外资准入限制。采矿业领域：取消石墨开采、稀土冶炼、钨冶炼的外资准入限制；取消稀缺煤类勘察的中方控股的限制。电力领域：取消电网建设的中方控股的限制。能源领域：取消加油站建设的中方控股的限制。制造业领域：在汽车行业，取消了专用车、新能源汽车外资股比限制，2020年取消商用车外资股比限制，2022年取消乘用车外资股比限制以及合资企业不超过两家的限制；船舶行业，取消了设计、制造、修理各环节的中方控股的限制；飞机行业，取消干线飞机、支线飞机、通用飞机、直升机、无人机、浮空器设计、制造等的中方控股的限制。交通运输领域：铁路方面，取消铁路干线建设、经营须由中方控股的限制，取消铁路旅客运输公司的中方控股的限制；船舶方面，取消国际海上运输公司的合资限制，取消国际船舶代理的中方控股的限制。

服务业方面，为推进服务业市场的良性发展，此次外商投资准入负面清单的修订将服务业开放作为重点。其中金融领域，取消银行业中方控股的限制，将证券公司、基金管理公司、期货公司、寿险公司的外资股比放宽至51%，2021年取消金融领域所有外资股比限制。信息技术领域，取消禁止外商投资互联网上网服务营业场所的规定。专有技术领域，取消测绘公司的中方控股的限制。

《2018年版负面清单》给予一些行业一定的过渡期，有助于立足现实要求，整体把控未来开放的趋势。负面清单之外的领域按照内外资一致原则实施管理，

---

① 中国国家发展和改革委员会. 国务院2018年6月10日发布《国务院关于积极有效利用外资推动经济高质量发展若干措施的通知》[EB/OL]. https://www.ndrc.gov.cn/fggz/lywzjw/wstz/201806/t20180626_1046374.html.

不得专门针对外商投资准入进行限制。负面清单的精简展现中国改革开放的决心和毅力，有助于进一步鼓励外商来华投资，加强市场竞争，促进全面深化改革，推动经济全球化发展。[①]

（三）推进自由贸易试验区改革，扩大开放继续先行先试

自由贸易试验区是中国更高水平开放的先行地区，对标高标准国际经贸规则，立足区位优势，深化与周边国家和地区经贸合作，为中国更深层次的改革发展铺路。2018 年 6 月发布的《自由贸易试验区外商投资准入特别管理措施（负面清单）（2018 年版）》（简称《2018 年版自由贸易试验区负面清单》）对 2017 年版负面清单在清单内容上进行简化，同时提出更为开放的试点措施。

《2018 年版自由贸易区负面清单》条目由 95 条缩减至 45 条。自由贸易区负面清单在市场准入方面，除与全国外资准入清单一致的内容外，在种业、油气、矿产资源、增值电信、文化等重要领域提出了新的举措，添加了许多对标国际高标准的条目，提出更高水平的对外开放。

自由贸易试验区负面清单在全国开放措施的基础上，进一步提出的更为开放的试点措施有：将小麦、玉米新品种选育和种子生产外资股比由不超过 49% 放宽至不超过 66%；取消石油、天然气勘探、开发限于合资、合作的限制；取消禁止外商投资放射性矿产冶炼、加工及核燃料生产的规定；取消演出经纪机构须由中方控股的限制；将设立文艺表演团体由禁止投资改为中方控股的限制；将上海自由贸易试验区原有 28.8 平方千米区域试点的增值电信开放措施推广到所有自由贸易试验区，取消存储转发类业务、呼叫中心业务、国内多方通信服务业务、上网用户互联网接入服务业务中方控股的限制，国内互联网虚拟专用网业务外资股比不超过 50%。[②]

为进一步扩大试点开放，2018 年 10 月 16 日，国务院批复同意设立中国（海南）自由贸易试验区并印发《中国（海南）自由贸易试验区总体方案》（简称《方案》）。《方案》指出，海南自由贸易试验区的设立有助于将海南打造成为中国面向太平洋和印度洋的重要对外开放门户。建设任务主要有：加快开放型经济新体制的构建，加快服务业创新发展，加快政府职能转变以及加强重大风险防控体系建设。依据海南地区特点，《方案》提出文化旅游，生态文明等特色试点内

① 中国国家发展和改革委员会.《外商投资准入特别管理措施（负面清单）（2018 年版）》修订说明[EB/OL]. https://www.ndrc.gov.cn/fggz/lywzjw/wstz/201806/t20180629_1046379.html.

② 中国国家发展和改革委员会.《自由贸易试验区外商投资准入特别管理措施（负面清单）（2018 年版）》修订说明［EB/OL］. https://www.ndrc.gov.cn/fggz/lywzjw/wstz/201807/t20180702_1046381.html.

容，以发挥海南岛整体优势，打造绿色生态试验区，国际旅游消费中心。[①]自 2013 年 9 月国务院批复成立上海自由贸易试验区至 2018 年底，中国累积批复了 12 个自由贸易试验区。建设海南自由贸易试验区是党中央、国务院着眼于国际国内发展大局，深入研究、统筹考虑、科学谋划做出的重大决策，是彰显中国扩大对外开放、积极推动经济全球化决心的重大举措。

二、2017—2018 年中国利用外资发展回顾

（一）利用外资规模整体稳中有升

2017—2018 年中国实际利用外资金额稳中有增，2018 年受中美贸易摩擦的影响，实际利用外资金额增速有所放缓。据统计，2017 年，全国实际利用外资金额 8 775.6 亿元，同比增长 7.9%。2018 年，全国实际利用外资金额 8 856.1 亿元，同比增长 0.9%（未含银行、证券、保险领域数据，下同）。随着中国对外开放力度不断加强，出台一系列举措吸引外商来华投资，2017—2018 年全国新设立外商投资企业数量不断增长，外商对华投资信心不减。其中，2017 年全国新设立外商投资企业 35 652 家，同比增长 27.8%。2018 年全国新设立外商投资企业 60 533 家，同比增长 69.8%，增速较其上年增加 42 个百分点。

（二）外资来源地结构

受中美贸易战影响，美国对华直接投资比重逐年下降。2017 年美国对华投资金额为 31.3 亿美元，总额排名第六，较 2016 年第四位下降了两位。2018 年美国对华投资金额为 34.5 亿美元，总额排名第七，较 2017 年排名下降 1 位。东盟、欧盟 28 国和“一带一路”沿线国家对华投资额在 2017 年有所下降，在 2018 年重新回升。2017 年，东盟对华实际投入外资金额 52.1 亿美元，同比下降 22.6%。欧盟 28 国对华实际投入外资金额 87.9 亿美元，同比下降 9.1%。“一带一路”沿线国家对华实际投入外资金额 55.6 亿美元，同比下降 20.4%。2018 年，东盟对华实际投入外资金额 60.7 亿美元，同比增长 16.5%。欧盟 28 国对华实际投入外资金额 118.6 亿美元，同比增长 35%。“一带一路”沿线国家对华实际投入外资金额 64.5 亿美元，同比增长 16%。

（三）利用外资的行业结构

按外资行业结构来看，三大产业吸收外资金额有升有降，服务业吸收外资

① 新华社．国务院印发《中国（海南）自由贸易试验区总体方案》［EB/OL］．http://www.gov.cn/xinwen/2018－10/16/content_5331223.htm．

继续保持绝对主导地位。2017 年，服务业实际利用外资金额上升，占比增加；农、林、牧、渔业和制造业实际利用外资金额有所下降。其中，农、林、牧、渔业新设立外商投资企业 579 家，同比增长 29%；实际利用外资金额 7.9 亿美元，同比下降 52.1%。制造业新设立外商投资企业 4 986 家，同比增长 24.3%；实际利用外资金额 335.1 亿美元，同比下降 5.6%。服务业新设立外商投资企业 30 061 家，同比增长 28.4%；实际利用外资金额 954.4 亿美元，同比增长 7.5%。

2018 年，制造业实际利用外资金额上升，占比上升，服务业和农、林、牧、渔业实际利用外资金额有所下降，占比下降。其中，农、林、牧、渔业新设立外商投资企业 639 家，同比增长 10.4%；实际利用外资金额 7.1 亿美元，同比下降 10%，占比 0.53%，较 2017 年下降约 0.1 个百分点。制造业新设立外商投资企业 6 152 家，同比增长 23.4%；实际利用外资金额 411.7 亿美元，同比增长 22.9%，占比 31%，较 2017 年增长 5 个百分点。服务业新设立外商投资企业 53 696 家，同比增长 78.6%；实际利用外资金额 918.5 亿美元，同比下降 3.8%，占比 68%，较 2017 年下降 5 个百分点。

（四）利用外资的区域结构

2017—2018 年中西部地区吸收外资实现了快速增长，有利于缩小东西部差距。其中 2018 年中西部实际利用外资增速略有放缓，自由贸易试验区吸收外资占比有所上升。2017 年，中部地区实际利用外资 561.3 亿元，同比增长 22.5%，增速领跑全国；西部地区新设立外商投资企业同比增长 43.2%，市场主体活力进一步激发。11 个自由贸易试验区新设外商投资企业 6 841 家，实际利用外资 1 039 亿元，同比增长 18.1%①。2018 年中部地区实际利用外资同比增长 15.4%，西部地区同比增长 18.5%。自由贸易试验区同比增长 3.3%，占比 12.1%。②

三、中国利用外资展望

（一）中美贸易关系紧张，美国对华投资增速放缓

中国一直以来对美的贸易逆差加剧了中美之间紧张的贸易局势。2017 年 8 月美国对中国展开“301 调查”，2018 年上半年美国公布调查结果，做出单边制裁的决定，对中国 500 亿美元的进口商品征收 25%的关税，该制裁结果于 2018

① 中国商务部外国投资管理司．商务部外资司负责人谈 2017 年全年全国吸收外资情况［EB/OL］．http://wzs.mofcom.gov.cn/article/wzyx/201802/20180202707265.shtml.

② 中国商务部外国投资管理司．商务部外资司负责人谈 2018 年全年全国吸收外资情况［EB/L］．http://www.mofcom.gov.cn/article/tongjiziliao/v/201901/20190102832209.shtml.

年 7 月 6 日开始正式实施，标志着中美贸易战正式爆发。2018 年 8 月 23 日，美国对另外 160 亿美元中国进口商品征加 25%的关税。2018 年 9 月 24 日，美国对另外 2 000 亿美元商品征加 10%的关税，同日，中国对原产于美国的 5 207 个税目、约 600 亿美元商品加征 10%或 5%的关税，对于美国实行的征税行为进行坚决回击。

2018 年，中国面临着严峻的外部国际环境，外资摩擦频现、中美贸易关系紧张，国外投资者对中国的投资信心受到影响，大量资金、产业链出现转移。2017 年，美国对华直接投资额为 31.3 亿美元，同比减少 18.3%；2018 年形势略有缓和，美国对华投资额 34.5 亿美元，同比增长 10.2%，但是增长率相比 2016 年下降 37%左右。[①]严峻的贸易环境带来的不确定性使得来华投资者的积极性收到打击。

（二）东盟等新兴市场引资竞争激烈，外资企业出现转移

随着中国人口红利的逐步减弱，对环保的要求越来越严格，企业用工成本上升，承担的环境成本也随之提高，以往依靠低成本要素投入的生产方式具有不可持续性。此外，中国企业所得税税率均值为 25%，高于亚洲地区平均水平。外资企业在中国的生产成本优势逐渐减弱。由于中国在营商环境、知识产权保护力度、市场开放程度等方面与发达国家相比仍有差距，加之中美贸易摩擦不断升级对中国经济发展带来冲击，一部分外资企业由于经营困难，计划向其他经济体转移。东盟等新兴市场近年来日益重视对外资的引入，通过推进基础设施建设，实行税收优惠，扩大金融领域开放等一系列优惠举措以及凭借低成本劳动市场优势，正逐渐成为外商投资新的目的地。

（三）坚定深化改革，扩大开放

国务院制定了一系列政策，进一步深化改革和扩大开放，创造更有吸引力的外商投资环境。具体举措如优化引资区域结构，引导外资投向中西部地区，统筹区域资源；简化外商投资审批程序，降低资本跨境成本，提高来华工作便利度；完善相应制度法规，保护外商合法权益，进一步加大知识产权保护力度；促进投资自由化，不断放开市场准入，精简外商准入负面清单等。外资营商环境的优化和开放程度的提升，一定程度上冲减了中美贸易战带来的负面影响。同时，这些开放措施有助于增强国外投资者的信心，提升引进外资的水平和质量。

① 中国商务部数据中心，http://data.mofcom.gov.cn/lywz/inmr.shtml.

第四节　2017—2018 年中国对外投资发展回顾与展望

一、2017—2018 年中国对外投资面临的挑战

中国对外投资的流量和存量全球占比不断上升，根据 UNCTAD 发布的《世界投资报告 2019》，2018 年中国对外直接投资流量在全世界国家（地区）排名中位居第二，存量排序则居第三①。但随着近几年全球经济增长趋势放缓，增长动能不足，贸易摩擦现象此消彼长，中国的对外投资也面临一系列的阻碍因素。

（一）贸易保护主义思潮兴起导致各国投资门槛提高

自 2017 年起，美国、英国、法国、德国、日本等发达国家对外资并购实行了更严格的限制和管控，中国企业对这些地区的直接投资也相应地遭遇了更多阻碍。根据 UNCTAD 的统计，2017 年西方发达国家以国防安全和保护战略性产业为理由，新颁布了 18 项关于限制和加强监管外国投资的政策。如英国发布《国家安全和基础设施投资审查》绿皮书和《国家安全与投资》白皮书，实行更为严厉的外资投资审查，并且未来可能从国防领域扩大到公共秩序领域；意大利提升了政府对非欧盟所属企业在意大利的高精尖领域并购的否决权限；欧洲理事会提出建立欧盟外资投资审核框架，以保护欧盟内的国防安全和公共安全；美国提出《2017 外商投资风险审核现代法案》，旨在进一步扩大美国外商投资委员会的审查权限，其审查的交易范围将从仅关注股权变化的控制性投资扩大到对美国特定行业企业开展的非控制性投资，该法案还列出了 27 项“关键技术领域”，涉及这些领域的外国投资将全部面临审查，并对特定交易实施强制申报制度，以阻止外国投资者，特别是中国投资者获得美国企业的技术。随着西方国家实行更严格的投资管制措施，越来越多的中国企业会受到审查，中国企业在高精尖技术领域的海外并购也会更加艰难。

（二）投资回报率下降及全球价值链发展停滞导致对外投资动力不足

自 2012 年起，国际直接投资回报率逐年降低，对中国企业境外直接投资动力造成负面影响。根据 UNCTAD 发布的《世界投资报告 2018》数据，国际外资

① 联合国贸易和发展会议. 世界投资报告 2019［EB/OL］. https://unctad.org/en/Pages/DIAE/World%20Investment%20Report/World_Investment_Report.aspx.

投资回报率整体呈现下降态势，2012—2017 年发达国家的外资投资回报率分别为 6.7%、6.3%、6.6%、5.7%、6.2%和 5.7%；发展中国家的外资投资回报率虽然高于发达国家，但也呈现逐年下降态势，外资投资回报率也已经从 2012 年的 10.0%下降到 2017 年的 8.0%。回报率的下滑直接导致中国企业对外直接投资的动力不足。

UNCTAD 的《世界投资报告 2019》显示，当前国际生产的扩张速度正在放缓，全球价值链的增长停滞不前。国际贸易中的外国附加值（即各国出口中包含的进口商品和服务）曾连续 20 年持续提升，并于 2010—2012 年达到最高值。但随着国际生产方式和生产要素跨境交换的方式从有形的商品交换转向无形的技术、管理交换，全球价值链的构成发展陷入停滞。根据 UNCTAD 的全球价值链数据显示，2017 年的外国附加值占国际贸易经济的比重为 30%，相对于 2016 年继续下降 1 个百分点。而全球价值链的发展与外国直接投资的发展存在显著相关性，这种停滞对于中国资本对外投资的影响也是负面的。

（三）跨境融资难阻碍对外投资

建筑业、交通运输业等基础设施建设类的投资回收期长，存在较多的风险和不确定因素，中国企业在投资这些行业时，国内银行通常因为不愿冒风险从而贷款意愿较弱，再加上外资银行极少在新兴市场设点，这使得企业境外融资难度上升。同时，因为跨境融资过程中的监管难题，虚假融资成为投机套利的工具，甚至可能成为违法犯罪跨境资金流动的渠道，银行为了防止此类现象实施的强监管政策进一步提高了跨境融资的门槛。跨境融资的不便降低了很多中小型企业对外投资的意愿，很多拟进行对外投资的大型企业也因此望而却步。

（四）中国企业存在大量非理性对外投资

中国企业目前存在大量非理性的对外投资，具体表现为其投资决定不是建立在合理的经营规划及运营需要之上。不仅如此，很多投资企业缺乏对投资目的地市场全面、深入的了解和相关的法律法规知识，“抱团出海”和“盲目跟风”现象普遍存在，如一些企业将境外投资重点放在了房地产或者金融等非实体经济行业，造成大量的资本流出，却没有起到助力企业运营的作用。

（五）国际政治因素对中国对外投资的阻力加大

在欧元区经济增长放缓的背景下，欧洲民粹主义不断蔓延。西班牙的地方选举纷争，法国的“黄马甲”之乱，意大利民粹政府为了财政政策公然和欧盟进行长时间对峙等，这一系列事件都显示了欧洲民粹主义的蔓延。另外，中东地区政治风险此起彼伏，伊朗核问题协议未得到有效履行，各国硝烟仍不停歇，美国和俄罗斯在中东地区的政治博弈进一步升级。全球的地缘政治环境复杂，不利于中国的对外投资。

西方国家对于中国高额对外投资的舆论偏见增加了中国对外投资的难度。2017 年和 2018 年中国流向非洲的投资分别为 41 亿美元和 53.9 亿美元，占当年对外投资流量的 2.6%和 3.8%[①]，主要流向刚果（金）、南非、莫桑比克、赞比亚、埃塞俄比亚、安哥拉、肯尼亚等国家[②]。随着中国对非洲国家投资金额的上升，西方国家渐渐出现了“新殖民主义”等论调，意图抹黑中非合作；中非在“一带一路”框架下的合作也同样被质疑，部分西方国家认为中国在“一带一路”框架下对吉布提进行投资的主要目的是为了扩大自身的全球影响力，这种做法极有可能损害吉布提的经济，中国在肯尼亚投资建设的蒙内铁路也会给肯尼亚带来债务负担[①]。这种国际言论的蔓延会对中国的对外投资产生一定的阻碍作用。

二、2017—2018 年中国对外投资政策调整

针对中国企业对外投资面临的诸多挑战，中国政府颁布了相关的政策，以帮助相关企业迈过门槛，更好地实现全面开放新格局。

（一）促进投资自由化和争端解决

2017 年，商务部在“一带一路”国际合作高峰论坛高级别会议上发布了《推进“一带一路”贸易畅通合作倡议》，其内容为推进“一带一路”贸易畅通的合作意愿和探究实现的具体路径，强调要进一步深化贸易投资自由化与便利化，形成统一的、多元化的投资争端解决机制，从而降低贸易投资壁垒。中国也积极与美国、澳大利亚等国进行磋商，提升他国对中国企业投资审查的透明度，降低因审查风险给中国对外投资者带来的不利影响。

（二）加强财税政策支持力度

2017 年以来，财政部、国家税务总局、国家外汇管理局等部门为了促进中国企业对外投资发展，出台多项财政政策措施，推动减税降费。如 2017 年财政部、税务总局出台的《关于完善企业境外所得税收抵免政策问题的通知》以及 2018 年财政部、国家税务总局、科技部出台的《关于企业委托境外研究开发费用税前加计扣除有关政策问题的通知》，这两份文件对境外投资在税务方面的减免措施进行了规定，有利于中国企业平衡在不同国家和地区间的税负，也有

① 中国一带一路网. 西方国家质疑中非“一带一路”合作，外交部：这些言论根本没有市场[EB/OL]. https://www.yidaiyilu.gov.cn/xwzx/gnxw/83390.htm.

利于改善对外投资运营以及境外研发环境。截至2018年6月底，中国政府已经与全球107个国家和地区签署了避免双重征税协定，覆盖了中国企业对外投资经营的主要国家和地区，有效降低了企业对外投资运营的成本。

（三）加大对外投资的金融支持力度

2017年，中国人民银行、工业和信息化部、银监会、证监会、保监会出台的《关于金融支持制造强国建设的指导意见》提出，中国金融机构需要进一步优化完善海外机构布局，提高全球化的金融服务能力，同时要积极运用银团贷款、并购贷款、项目融资、出口信贷等多种方式，为中国制造业企业在境外开展业务活动提供合理适应的金融服务。这一意见从政策层面指引中国金融机构“出海”，为中国企业境外投资提供了一个可靠的资金渠道，有效降低中国企业因与外国金融金融机构沟通不便和跨国信贷带来的额外风险和成本，提高了中国企业对外投资的信心和动力。

（四）提高投资和贸易便利化水平

2017年，国家发展和改革委员会发布《企业境外投资管理办法》，作为境外投资管理的基础性制度，该办法在“放管服”三个方面发布了八项改革措施，主要涉及境外投资的指导和服务、项目核准、备案、监管、法律责任等方面，为中国企业进行境外投资提供了完善的综合指引和服务，加强了中国企业与东道国的信息互换、监管互认、执法互助等方面的合作，降低了非关税壁垒，提高了贸易措施的便利性和透明度。

（五）加强对外投资宏观调控

国务院办公厅发布的《关于进一步引导和规范境外投资方向指导意见》通过以“发展+负面清单”模式引导中国企业在境外投资的建议，并列明鼓励、限制、禁止的三类投资。其中禁止类特别指明是因为“当前中国面临复杂多变的安全和发展环境，境外投资风险因素明显增多”，所以禁止企业参与危害或可能危害国家利益和国家安全的五类境外投资活动。这规范了企业的投资行为，明确了企业的投资思路，健全了风险防控机制。

（六）建立对外投资信息服务体系

商务部将公共服务信息进行统一梳理，建立了“走出去”公共服务平台，平台由各种版块组成，包括对外投资的国别指南、境外安全风险防范建议、政策法规及业务指南和不良信用记录等，帮助企业了解国家关于“走出去”的政策信息，同时企业也可以在线办事，如进行境外投资的备案、核准，以及对外承包工程经营资格的审批，投标、议标许可等。政府可利用这一平台根据新的形势，整合、提供更好、更有效、更便利的信息来指导企业对外投资。

三、2017—2018 年中国对外投资发展

（一）对外直接投资量全球占比创新高，投资结构进一步优化

2017 年全球外国直接投资流出量为 1.43 万亿美元，相比 2016 年下降了 16%[①]，而 2018 全球外国直接投资流出总量又较 2017 年减少了 29%，至此，世界外国直接投资流出总量已连续 3 年出现萎缩。在这种情况下，中国的对外直接投资额出现了自 2003 年政府发布权威年度数据以来的连续负增长，2017 年中国对外直接投资总额为 1 582.9 亿美元，同比下降 19.3%[①]；2018 年中国对外直接投资总额为 1 430.4 亿美元，同比下降 9.6%[②]。造成 2017 年对外直接投资下降的主要原因是政府部门为限制非理性投资和防范企业风险在政策方面有所收紧，而 2018 年中国对外投资继续下降的原因则主要是因为美国和欧盟对中国的投资限制持续加码。虽然中国对外投资流量出现下降，但从全球份额来看，由 2017 年的 11.1%上升至 2018 年的 14.1%，2018 年底对外直接投资存量也达 1.98 万亿美元，全球占比 6.4%，较 2017 年提升了 0.5 个百分点，中国对外投资的流量和存量皆创历史新高。

不仅如此，2018 年中国对外投资结构进一步优化。从行业结构来看，2017 年中国企业实施完成并购 431 起，涉及 56 个国家和地区，2018 年中国对外投资并购项目 433 起，完成实际交易额 742.3 亿美元，涉及制造业、采矿业、电力、燃气和水的生产供应业等 18 个行业大类。其中，制造业并购金额为 329.1 亿美元，同比减少 45.8%，位居首位；采矿业 91.8 亿美元，同比减少 19.5%，位居次席；电力燃气及水的生产和供应业 83.9 亿美元，位居第三；交通运输、仓储及邮政业 83 亿美元，同比增长 48.7%。从投资流量构成上看，2018 年新增股权投资和债务工具投资 1 005.1 亿美元，占 70.3%；新增留存收益 425.3 亿美元，占 29.7%，中国境外企业经营情况优良，超 7 成企业在 2018 年实现盈利或持平。

（二）中国对外直接投资覆盖广，投资额集中在少数国家和地区

根据商务部的统计数据，2018 年末，中国对外直接投资存量分布在全球 188 个国家和地区，占全球国家和地区总数的 80.7%，其中，八成以上的投资存量分

① 中国商务部对外投资和经济合作司. 2017 年度中国对外直接投资统计公报［EB/OL］. http:// images.mofcom.gov.cn/fec/201810/20181029160824080.pdf.

② 中国商务部对外投资和经济合作司. 2018 年度中国对外直接投资统计公报［EB/OL］. http:// images.mofcom.gov.cn/fec/201910/20191030110615743.zip.

布在发展中经济体，高达 17 085.3 亿美元。从对“一带一路”沿线国家投资来看，2018 年中国境内投资者在“一带一路”沿线国家设立超过 1 万家的境外企业，直接投资流量和存量分别为178.9亿美元和1 727.7亿美元，占比分别为12.5%和 8.7%。虽然中国对外投资目的地较多，但总体来看投资额仍集中在少数国家和地区，根据商务部《2018 年度中国对外直接投资统计公报》数据，中国对外投资存量前 20 位的国家和地区累计达 18 168.6 亿美元，占对外投资存量的91.7%。仅中国香港地区，就占中国对外直接投资流量的 60.7%以及存量的55.5%。

（三）中国对外直接投资行业广泛、门类齐全

从投资行业看，中国对外直接投资行业分布广泛，重点突出。商务部的统计数据显示，2017 年和 2018 年，中国对外直接投资涵盖国民经济 18 个行业大类，流向传统租赁和商务服务、金融、制造、批发零售 4 个行业的投资均超过百亿美元，占比超七成。2017 年租赁和商务服务业处在第一位，制造业排在第二。2018 年租赁和商务服务业的投资额蝉联第一，金融业升至第二位。其中流向租赁和服务业的投资金额为 507.8 亿美元，占投资金额的 35.5%；流向金融业的投资金额为 217.2 亿美元，占 15.6%；流向制造业的投资金额为 191.1 亿美元，占 13.4%；流向批发零售业的投资金额为 122.4 亿美元，占比 8.6%。同时，信息传输业、科学研究和技术服务业、电力生产和供应业、文化产业等领域的投资快速增长，同比分别增长 27.1%、100.6%、59%和 341.1%。租赁和商务服务、批发零售、金融、信息传输、制造和采矿六大领域存量规模均超过千亿美元，总规模占中国对外直接投资存量的 84.6%。

（四）地方对外投资逆势上扬，非公经济控股主体对外投资占比提升

2017 年，中国地方企业对外非金融类投资达 862.3 亿美元，同比下降 42.7%，占全国非金融类流量的 61.8%。2018 年中国地方企业对外投资表现良好，呈逆势上扬态势，对外非金融类直接投资流量为 982.6 亿美元，较 2017 年增长 14%，占全国非金融类流量的 81%。其中，东部地区 758.2 亿美元，占地方投资总额的77.2%；中部地区 101.4 亿美元，占比 10.3%；西部地区 100.6 亿美元，占比 10.2%；东北三省 22.4 亿美元，占比 2.3%。广东、上海、浙江位列 2018 年地方对外直接投资前三名，合计 436.7 亿美元，占地方对外投资总额的 44.5%。2018 年公有经济控股对外投资总额 457.5 亿美元，同比下降 36.1%；非公有经济控股的境内投资者对外投资 755.7 亿美元，同比增长 11.2%，占对外直接投资总额的 62.3%，较上年提升 13.6 个百分点。

（五）对外承包工程业务稳定发展

2017 年，中国对外承包工程业务规模保持连续 17 年的增长趋势，年内完成 1 685.9 亿美元工程合同，同比增长 5.8%，新签工程合同 2 652.8 亿美元，同比增长 8.7%[①]。而 2018 年，中国对外承包工程业务出现自 2001 年起的首次下滑，主要原因是 2018 年全球经济增长缓慢、贸易保护主义抬头导致国际工程承包市场需求不足。但中国对外承包工程行业在“一带一路”倡议下，以沿线国家的基础设施重大项目建设为重点，总体仍保持着较强的竞争力。2018 年中国对外承包工程业务新签工程合同 2 418.0 亿美元，同比下降 8.8%；完成工程合同 1 690.4 亿美元，同比增长 0.3%。截至 2018 年底，对外承包工程业务累计签订合同额 2.3 万亿美元，已累计完成合同额 1.6 万亿美元。[②]

2017 年，中国对外承包工程行业企业在“一带一路”沿线国家市场共新签工程合同 1 443.2 亿美元，占同期总额的 54.4%，完成 855.3 亿美元工程合同，占同期完成工程总额的 50.7%。2018 年中国对外承包工程行业企业在“一带一路”沿线 63 个国家共完成工程合同 893.3 亿美元，同比增长 4.4%，占同期总额的 52.8%，相较 2017 年占比进一步提升；新签工程合同受到全球经济形势下滑影响，仅 1 257.8 亿美元，占同期总额的 52%，同比下降 12.8%。自 2013 年“一带一路”倡议提出以来，对外承包工程企业在“一带一路”沿线市场业务总体规模不断扩大，占总额的比例也不断攀升。2017 年新签工程合同排名前十的海外市场中，“一带一路”沿线国家占据一半，分别是马来西亚、印度尼西亚、巴基斯坦、孟加拉国、俄罗斯，这些国家的新签工程合同均超过了 70 亿美元。2018 年新签工程合同排名前十的海外市场中，“一带一路”沿线国家多达 6 个，分别是印度尼西亚、马来西亚、孟加拉国、阿联酋、伊朗和沙特阿拉伯，签约额均超过 60 亿美元。

2017 年，中国对外承包工程主要业务内容为交通运输建设、一般建筑及电力工程建设，这三者合计占据总体业务规模的 67.4%，并且随着国际工程承包市场项目出现大型化、综合化、复杂化的态势，中国对外承包工程企业承揽大型项目的能力进一步提升，提高了在海外工程市场的竞争力，竞标成功的大型项目数量也不断提升。其中，2017 年重点项目包括由中国交通建设股份有限公司

① 中国商务部，中国对外承包工程商会．中国对外承包工程发展报告 2017—2018［EB/OL］．http://fec.mofcom.gov.cn/article/tzhzcj/tzhz/upload/dwcbgc2017－2018.pdf.

② 中国商务部，中国对外承包工程商会．中国对外承包工程发展报告 2018—2019［EB/OL］．http://fec.mofcom.gov.cn/article/tzhzcj/tzhz/202005/20200502962930.shtml.

承包的马来西亚东部沿海铁路一期工程设计施工总承包项目和由中国建筑集团有限公司承包的印度尼西亚美加达卫星城项目等；2018 年的重点项目包括中国土木工程集团有限公司承包的尼日利亚尼铁现代化项目（拉各斯至卡诺）、中国建筑集团有限公司承包的埃及新首都二期建设项目、上海电气集团股份有限公司承包的阿联酋迪拜太阳能发电园区四期 700 兆瓦光热电站项目等。

中国对外承包工程行业抓住“一带一路”建设的发展机遇，向高端市场转移以及向高端业务升级。目前，中国企业依托在项目技术储备、项目运营管理、跨行业资源整合等方面的综合优势，积极推进投资、建设和运营一体化的业务模式，有效提升了中国对外承包工程行业的市场竞争力。

（六）对外劳务合作助推全面脱贫

2017 年，中国对外劳务合作行业派遣人数和期末在外人数均较 2016 年有所增长，总体呈现稳定发展的趋势，[①]2018 年中国对外劳务合作业务派遣规模虽然受世界经济发展速度降低影响有所下降，但期末在外派遣规模却仍有提高。根据商务部数据，2018 年中国对外劳务合作派出共 49.2 万人，较 2017 年减少 3 万人，其中新外派人数最多的劳务输出地区为中国澳门；2018 年末中国在外劳务人员总共 99.7 万人，较 2017 年同期增加 1.7 万人，总体来看日本仍是中国在外劳务人数最多的国家。截至 2018 年末，中国在外劳务人员主要是建筑业、制造业和交通运输业三个行业的劳务人员，共计 72.9 万人，占全体在外劳务人员的比重为 73%。

四、中国对外投资的展望

虽然目前世界经济充满不稳定、不确定因素，国际贸易与投资受到各国贸易保护主义思潮影响而遭遇阻碍，但是未来会出现的新的经济增长动力源，新兴市场也会不断扩大。在这个变革到来的前夕，中国应坚持更加积极主动的开放战略，实现制度性、结构性的改革，主动对接国际竞争环境，不断革新对外投资模式，升级对外投资结构，稳步推进“一带一路”倡议的沿线市场投资，实现中国对外投资合作的高质量发展。

（一）对外投资政策和服务体系将进一步完善

党的十九大要求推动形成全面开放新格局，而全面开放不仅是要求外资进

① 中国商务部，中国对外承包工程商会．中国对外劳务合作发展报告 2017—2018［EB/OL］http://fec.mofcom.gov.cn/article/tzhzcj/tzhz/upload/dwlwhz2017－2018.pdf.

入中国市场，也要求中国企业大胆走出去。2018 年中国对外直接投资 1 430.4 亿美元，成为第二大对外投资国，但中国对外投资政策和服务体系仍旧不完善，导致中国企业在“出海”过程中遭遇了政策风险、融资风险、信息不对称风险、本地化风险等。

为了提升中国企业对外投资动力，降低对外投资门槛和风险，形成更好的对外投资新格局，政府部门将会进一步完善对外投资政策体系，加强规划引导，制定中长期发展规划指引企业对外投资。在对外投资服务体系方面，政府部门将会进一步落实“放管服”，减轻企业对外投资的阻碍，避免政府管得过多过死，从而打击企业投资积极性，同时也会提供更完善的公共服务，如及时发布统计公报、对外投资合作国别（地区）指南、对外投资合作报告等，避免企业因为信息不对称遭遇风险。

（二）对外投资向高质量投资转型

近年来，随着 5G、物联网、新能源、新材料等新兴产业的不断涌起，全球价值链分工和产业布局出现了一次革新的调整。中国制造业企业逐渐进入价值链上游，同时涌现出一批拥有全球资源整合能力、创新意识和创新能力均具有国际领先水平的跨国企业，这一批企业在对外投资中既具备资金能力，也具备管理能力，并善于通过海外并购降低创新成本，提升企业创新力和竞争力。他们在对外投资过程中不满足于之前常见的简单的“一槌子买卖”，而是更追求构建可持续经营的商业生态系统。

由于中国企业在数字化、智能化领域的独特优势，其对外投资将不再局限于传统的建筑、交通运输等行业，会向绿色经济、数字经济、跨境电子商务、金融科技等新经济领域方向转变，提升投资质量，占据全球价值链上游。

（三）与“一带一路”沿线国家共同发展

自“一带一路”倡议提出以来，中国已同哈萨克斯坦、埃及等国家签署了产能合作文件，同东盟、非盟等区域组织开展了机制化产能合作。同时，中国在“一带一路”沿线国家的投资合作进一步深化，一批重大合作项目如泰中罗勇工业园、巴基斯坦海尔鲁巴工业园、匈牙利宝思德经贸合作区等效果显著，中阿（阿联酋）产能合作园区、中埃苏伊士经贸合作区等也在逐步有序推进之中。这些投资合作项目不仅提升了东道国的产业结构，而且向其提供了大量的就业岗位，极大地提升了东道国的工业水平与民生福利，为东道国经济发展做出了积极贡献。

未来，双边、多边合作的机制会使得全球化进程变得更加开放和包容，中国与“一带一路”沿线国家的投资合作会进一步深化。随着中国与越来越多的国家确立合作伙伴关系，“一带一路”建设将呈现出多元化趋势。中国企业在投资所在地成立合资公司等形式将增多，跨国并购成为主要投资方式，高科技领域、工业和消费领域将成为海外并购最为活跃的领域，这既能促进“一带一路”沿线国家的产业结构提升，也能让中国推行新的对外开放战略，实现互利共赢。

第二篇

WTO 发展

第三章

2017—2018 年 WTO 新发展

第一节　2017—2018 年 WTO 工作概述

2017—2018 年，WTO 成员的工作重点是积极解决贸易冲突，维持争端解决机制的正常运行以及提高 WTO 内部的谈判效率，达成新的协议以巩固近期成果，并展望 2020 年 6 月在哈萨克斯坦努尔苏丹召开的第十二届部长级会议（MC12）的潜在成果，积极为会议召开做准备。经总理事会同意，第十二届 WTO 部长级会议将于 2020 年 6 月 8 日至 11 日在哈萨克斯坦努尔苏丹举行。2015 年加入 WTO 的哈萨克斯坦将成为中亚第一个主办此次盛会的国家。

2018 年 6 月，WTO 聚集了 60 余名高级商业代表，开展商业界第二次“贸易对话”，会上针对贸易相关的问题和挑战展开讨论，并在 10 月召开的公共论坛上发表了商界对全球化贸易的建议。2018 年，WTO 的年度活动公共论坛吸引了 100 余个国家的 2 500 多个参会者。此外，2018 年还是 WTO 成立以来争端解决最为活跃的一年，22 个 WTO 成员提起了 38 个争端案件，是 2017 年的两倍多。

巴哈马的加入谈判在暂停六年之后重启，科摩罗、波斯尼亚和黑塞哥维那预计在 2019 年完成加入程序。

一、贸易谈判

2018 年，WTO 各成员对 WTO 改革和现代化的可能途径提出了很多建议，并寻求务实且极富建设性的方式来推进贸易谈判，争取在 2020 年 6 月举行的第十二届部长级会议之前能完成。贸易谈判委员会主席、总干事罗伯托·阿泽维多强调了多边贸易体制对全球经济的根本价值，并认为发展中国家的需求必须仍是各成员工作的核心，同时强调，如果成员要应对当前的挑战并向前迈进，就必须提出能让大家都同意的新想法。

农业、渔业补贴、服务、发展和争端解决谈判小组的各位主席也定期向全体成员汇报了各自领域的工作。

渔业补贴方面，2018 年 7 月，总理事会决定将达成协议的最后期限定为 2019 年 12 月。对此，阿泽维多强调：结果来之不易，所有成员都必须做好准备，努力在这一领域和其他长期存在问题的领域都取得积极成果。

此外，许多 WTO 成员强调，2017 年 12 月在布宜诺斯艾利斯发起的联合倡议——电子商务，投资便利化促发展，微、小、中型企业，妇女经济权力等对确保贸易政策与当今全球经济保持相关性、为各成员提供包容性机会都有重要意义。跨国公司代表强调，这些倡议不应背离多边主义，而应该被视作支持多边主义的一种途径。

当然，成员也强调，WTO 遭遇的前所未有的挑战使其面临压力，尤其是不断升级的贸易紧张局势。因此在下半年，许多成员开始把重点放在 WTO 的改革和现代化上，以应对这些挑战，使贸易体制更好地运作。总干事阿泽维多敦促所有 WTO 成员就本组织的未来进行讨论。

二、执行与监督

（一）WTO 理事会和委员会工作

2017—2018 年，WTO 总理事会继续落实 WTO 协定的执行和监督工作，推进多哈回合各项谈判议题，根据总干事的报告开展贸易谈判工作。2018 年，经总理事会决定，第十二届部长级会议将于 2020 年 6 月在哈萨克斯坦的努尔苏丹举行。

2018 年，货物贸易理事会处理了 21 项关于贸易问题的新关切，大多数 WTO 成员呼吁各方在 WTO 机制内解决不平等的贸易措施问题。

总理事会针对当前贸易的紧张局势开展了实质性辩论，各成员于 2018 年 3 月和 2018 年 5 月评论了中国提出的美国采取贸易限制措施的问题，并评论了美国基于《贸易扩张法案》的 232 条款，以国家安全为由对钢铝进口展开的调查。2018 年 5 月 8 日，41 名 WTO 成员发表声明，对贸易紧张局势的加剧和贸易保护主义的风险表示深切关注，并呼吁各国政府通过对话与合作解决分歧。7 月，总理事会就美国提出的“中国不利于贸易的经济模式及其对 WTO 的影响”问题进行了辩论，中国回应称其一直是自由贸易的坚定倡导者，并全面履行了对 WTO

的承诺。

总理事会定期审查第九届、第十届和第十一届部长级会议决定的执行情况。总理事会主席就《内罗毕关于出口竞争的决议》执行情况做了报告，介绍了各WTO 成员的出口补贴削减情况，并对利于最不发达成员贸易的普惠措施执行情况进行定期报告和讨论，如免配额市场准入措施等。

2018 年 4 月，总理事会主席就如何执行布宜诺斯艾利斯部长级指令以重振电子商务工作计划进行了磋商，并鼓励各代表团分享想法和文件，推动有关电子商务的对话。总理事会审议了印度和南非关于重新暂停电子传输关税的提案，并于 11 月下旬召开了非正式会议，对电子传输的范围及定义、对电子传输产品施加关税的技术可行性等问题展开讨论。

（二）《贸易便利化协议》生效一周年纪念活动

WTO 成立 21 年以来首次签署的多边贸易协议——《贸易便利化协议》于2017 年 2 月 22 日正式生效，主要目标是精简规范海关手续，加快跨境货物流通。

2018 年 2 月 22 日，WTO 贸易便利化委员会举行了庆祝《贸易便利化协议》生效一周年的纪念活动，会上各成员分享了执行这一协议的经验。WTO 总干事阿泽维多在协议生效一周年纪念日上表示，《贸易便利化协议》是 21 世纪最大的贸易便利化举措之一，可大幅降低贸易成本，为所有 WTO 成员带来巨大利益，其中发展中国家和最不发达国家获益最大。WTO 成员将继续努力，进一步落实该协定。WTO 在 2018 年执行《贸易便利化协议》方面取得了重大进展。截全 2018 年底，已经有超过 85%的成员签署了这一协议并实现了边界货物贸易的快速流通。截至 2019 年 1 月，已经有 141 个成员签署了《贸易便利化协议》。

《贸易便利化协议》能加快货物的流动、放行和清关跨境等程序，显著提振全球商业和多边贸易体系。全面实施后的《贸易便利化协议》将削减 WTO 成员平均 14.3%的贸易成本，特别是缩短进出口货物时间，进口货物预计能减少一天半，出口货物减少两天，减幅分别为 47%和 91%，这已超过目前的平均水平。发展中国家将从《贸易便利化协议》中获得最多收益，预计出口新产品数量将增长 20%，最不发达国家增长比例可能高达 35%。总干事表示到 2030 年，《贸易便利化协议》将使全球贸易每年增加 2.7%，全球 GDP 每年增长 0.5%。即便是取消全球现有的全部关税措施，其影响也远不及此。

（三）贸易监督

2018 年，WTO 贸易政策审议机构共对 18 个 WTO 成员开展了 17 次贸易政策审议。截至 2018 年底，贸易政策审议机构已进行了 485 次审查，涵盖 164 个 WTO 成员中的 155 个。美国是审议次数最多的成员，已接受 14 次审议。

根据 2019 年的审议计划，将有 13 次贸易政策审议，覆盖加拿大、北马其顿、尼加拉瓜、特立尼达和多巴哥、孟加拉国、哥斯达黎加、厄瓜多尔、苏里南、老挝、秘鲁、东非共同体、巴布亚新几内亚、萨摩亚。

贸易监测报告显示，2017 年 10 月中旬至 2018 年 10 月中旬，WTO 成员实施了一系列的贸易限制措施，与之前年度相比覆盖面显著增加。阿泽维多指出，不断增长的贸易争端和贸易限制措施是世界经济放缓的主要原因。

（四）政府采购协议

2018 年 4 月，中国国家主席习近平表示将加快加入 GPA 进程，GPA 缔约方对中国尽早加入 GPA 期待很高。

澳大利亚于 10 月成功结束了所有加入《政府采购协议》的谈判，11 月正式成为缔约方。

三、争端解决

（一）38 起案例——WTO 成立以来最活跃的一年

2018 年，WTO 争端解决机构启动了 11 项上诉程序，共收到 38 项磋商申请，比 2017 年的两倍还要多，这是 WTO 成立以来争端解决最活跃的一年，也是争端解决机构最繁忙的一年，平均每月有 42 起正在积极解决的案件，比 2017 年高出了约 10%。

2018 年，争端解决机构共采纳了 27 个争端解决报告和决议，其中，包括 14 个专家组报告、4 个合规性报告以及 9 个上诉机构报告。

（二）上诉机构危机

上诉机构的正常运行至少需要三名大法官在任，上诉机构成员 Shree Baboo Chekitan Servansing 于 2018 年 9 月 30 日卸任，12 月 10 日，另外两位 WTO 上诉机构成员将退休，原本 7 人的 WTO“最高法院”将只剩下 1 人，从而丧失其审理案件的能力和权力。上诉机构法官的任命问题也成为 WTO 代表团会议中反复被讨论的热点。面对这一僵局，总理事会于 12 月启动非正式程序，并任命新西兰的大卫・沃克大使为调解人，协助总理事会主席与 WTO 成员合作，解决各成员在上诉机构运行机制上的分歧。

四、发展援助与能力建设

（一）贸易与发展

贸易与发展委员会仍致力于推动对最不发达成员免关税免配额的市场准入措施，并声明对发展中成员的特殊与差别待遇原则是为了给发展中成员更长的转换期来达到 WTO 各项条款的要求。

2018 年 5 月，WTO 发布关于贸易促进联合国可持续发展目标实现的报告，报告指出，成员可以通过发展贸易获取新的市场以及投资机会，从而促进经济增长，提高国民生活水平，最终实现可持续发展目标。

（二）首次举办最不发达国家包容性贸易的全球论坛

2018 年 6 月，增强一体化计划（Enhanced Integrated Framework，EIF）首次为最不发达国家（Least Developed Countries，LDCs）举办了包容性贸易的全球论坛，吸引了 50 余国的 300 多位到会嘉宾。冈比亚、中非、马拉维和乌干达四个最不发达国家呼吁全球领导人加大对最不发达国家和增强一体化计划贸易发展的支持。

（三）EIF 批准新的战略性计划——“包容性贸易是为了更好的生活”

EIF 于 2018 年批准 2019—2022 年战略计划，致力于建立包容性贸易以改善生活。该计划有两个主要目标：一是创造有利于最不发达国家的包容性和可持续增长的贸易环境，包括改善贸易和投资政策和监管框架，加强贸易发展和投资的机构协调以及增强其政策决策和执行的能力。二是增加最不发达国家的出口，提高其国际市场准入机会，如更多地参与全球价值链，改善其生产和服务中的技术使用等。

（四）技术合作与培训

为帮助政府官员更好地理解 WTO 规则和多边贸易体制，2017 年，WTO 秘书处共举办了 261 场技术援助活动，参加人数达到 18 200 人，其中来自最不发达成员的参加者占 60%，超过半数的培训活动是在 WTO 网络平台完成的。

由 WTO 牵头的贸易援助计划在 2016 年向发展中成员和最不发达成员支付了 388 亿美元帮助其解决贸易相关的问题，下一次全球贸易援助审查于 2019 年 7 月 3 日至 5 日举行。

第二节 2017—2018 年 WTO 发展状况

一、2017—2018 年 WTO 的运行与经费情况

2018 年 WTO 共有雇员 627 人，来自 84 个国家和地区。2018 年 WTO 预算总支出为 1.97 亿瑞士法郎，其中秘书处费用为 1.97 亿瑞士法郎，上诉机构及其秘书处为 758 万瑞士法郎。具体支出预算可以分为 8 类，包括人员经费（包括人员工资、保险和福利等）1.31 亿瑞士法郎、临时雇员经费（包括短期任职、专家组和上诉机构成员经费等）1 728 万瑞士法郎、一般服务费（包括通信费、邮递费、能源费、印刷费等）1 577 万瑞士法郎、差旅费 745 万瑞士法郎、主办活动费 21.3 万瑞士法郎、资产购置费 235 万瑞士法郎、金融支出费（包括银行利息税和建筑贷款偿还等）128 万瑞士法郎、专项支出费（包括上诉机构运行基金和部长级会议运行基金）2 144 万瑞士法郎。

WTO 的运行经费主要来自各成员缴纳的费用，零星来自观察员和出版物销售、会议室租赁收入等。2018 年，全部 WTO 正式成员按照所占国际贸易份额向 WTO 缴纳费用共计 1.955 亿瑞士法郎，其中排名前三位的成员是美国（2 260 万瑞士法郎，占比 11.59%）、中国（1 974 万瑞士法郎，占比 10.10%）和德国（1 388 万瑞士法郎，占比 7.10%），最小缴纳份额为 0.015%，约合 2.9 万瑞士法郎。

二、WTO 的新成员

2018 年，巴哈马加入 WTO 谈判在暂停六年之后重启。同时，谈判达到“技术成熟”状态的科摩罗、波斯尼亚和黑塞哥维那计划在 2019 年加入 WTO。南苏丹启动了加入进程，其工作组于 2019 年初举行了第一次会晤。WTO 秘书处发布声明，支持埃塞俄比亚、塞尔维亚、苏丹和乌兹别克斯坦在 2019 年恢复其加入进程。2018 年，WTO 成立了一个由申请加入 WTO 的国家组成的非正式小组，以加强这些国家之间的沟通和联系。同时，申请加入 WTO 的最不发达国家之间的对话将促进其相互合作。

2018 年，WTO 全体成员贸易额占全球贸易总额比例达到 98%，其中最不发达成员占 WTO 总成员数比例超过五分之一。截至 2018 年 12 月，仍有 22 个国家和地区在进行加入 WTO 的谈判。

三、WTO 的国际合作

2017—2018 年，WTO 继续通过举办公共论坛、举办贸易对话、开展联合研究、设立研究奖项等多种方式与非政府组织、学术机构、专家、媒体、商业团体和公众展开交流合作。

（一）举办“公共论坛”

WTO 公共论坛是 WTO 每年最大规模的公共活动。2018 年的公共论坛于 10 月 2 日至 4 日在瑞士日内瓦举行，以“贸易 2030”为主题。2 500 多名政府官员、商界领袖以及专家学者等在 3 天的会议期间内探讨技术发展给贸易带来的变化，讨论 2030 年及以后的可持续贸易将会如何发展。

阿泽维多表示，尽管目前的规则体系是否足以应对这一变化仍然是一个悬而未决的问题，但他认为 WTO 协定所规定的一些基本原则仍然适用：包括明确规则、开放、合作以及禁止贸易歧视等。

在本次论坛上，WTO 发布《世界贸易报告 2018》，重点关注人工智能、3D 打印和区块链等数字技术对贸易的影响。专家组虽对未来保持乐观态度，但指出数字技术将对全球贸易法规带来巨大挑战，各国政府必须努力协调解决方案。

（二）举行 WTO 议会会议和区域研讨会

2018 年 12 月 6 日，WTO 议会会议吸引了来自 100 多个国家的 300 多名议会议员。会上讨论了 WTO 改革以及包括数字化、机器人和人工智能在内的技术变革对贸易的影响。

2018 年，WTO 为来自亚洲、欧洲和地中海地区的国会议员组织了 3 次区域研讨会。在维也纳（与维也纳研究所合办）举办的研讨会面向中欧、中亚和高加索国家的议员；在贝尔格莱德（与地中海议会联合举办）的研讨面向来自地中海地区的议员；在新加坡（与 TEMASEK 基金会合作）的研讨会面向来自亚洲的国会议员。三次研讨会吸引了超过 180 名国会议员。

（三）发表关于 G20 贸易和投资措施的报告

2018 年 11 月，WTO 总干事阿泽维多出席了在阿根廷布宜诺斯艾利斯举行的二十国集团（G20）国家领导人峰会，G20 领导人强调了多边贸易体系对增长、生产力、创新、创造就业和发展的重要贡献。同时也指出该体制目前未达到其预期目标，有很大的改进空间。因此，应对 WTO 进行必要的改革以改善其功能，并提出将在下次峰会上审查改革进度。

在贸易监测方面，WTO 与 UNCTAD、OECD 就 G20 国家的贸易和投资措施发表了两份半年度报告。2018 年 11 月发表的报告指出贸易限制措施的显著增加，强调了其对全球经济带来的不利影响。

（四）召开第二届商业领袖会议

2018 年 6 月，应国际商会和 G20 商业机构 B20 的要求，WTO 在日内瓦总部首次举行商业领袖会议。此次会议是 WTO“贸易对话”倡议的一部分，旨在为包括商界在内的利益相关方提供讨论贸易关切的机会。会议吸引了 60 多位商界领袖，他们分别来自发达国家和发展中国家的各类型企业或各个部门。主要议题包括可持续发展、电子商务、投资便利化和中小型企业，会上提出了一系列有关如何加强全球贸易和投资以支持包容性增长和发展的建议，并表达了对 WTO 的支持。讨论结果于公共论坛期间的专门会议上进行了分享。

（五）ICC－WTO 小型企业冠军计划

2017 年 8 月，WTO 和国际商会联合提出了“小型企业冠军计划”，该计划目的在于促进世界各地的公司和私营部门提出创新和实用的建议，以鼓励和协助中小微企业开展跨国业务，带动国内创新经济发展。2018 年，英国出口与国际贸易研究所荣获第二届 ICC－WTO 小型企业冠军。

（六）组织宣传活动

2018 年，WTO 共计举办了 31 次新闻发布会，其中近一半涉及争议解决问题，并且收到 243 件 WTO 网站新闻媒体登记请求书，反映了媒体对 WTO 活动的兴趣正在增加。截至 2018 年底，注册记者人数超过 1 900 人。2018 年 WTO 举办了多次培训活动，近 40 余名记者参加。

（七）举办统计活动

WTO 在 2018 年 11 月启动了新的在线数据库。目前 WTO 数据门户网站汇集了有关国际贸易、关税、非关税措施和其他 WTO 相关信息的广泛统计指标。

WTO 出版物《2018 年世界贸易统计评论》详细分析了世界货物贸易和服务贸易的最新趋势，介绍了增值贸易和最新贸易政策的发展，并重点介绍了 WTO 成员使用贸易限制和贸易便利措施的最新趋势。《2018 年贸易概况》为 196 个经济体提供了一系列有关商品和服务贸易的关键指标，WTO、国际贸易中心（ITC）和 UNCTAD 的联合出版物《2018 年世界关税概况》提供了有关 170 多个国家和海关实施的关税和非关税措施的全面信息。

（八）开展学术研究和学术支持计划

2018 年，WTO 教席计划（WCP）对与贸易有关的问题进行了大量研究，在同行评审期刊上发表了 67 篇文章，形成了 6 本相关书籍以及 80 篇正在进行的论文。2018 年，WTO 的常规学术活动学术支持项目（Academic Support Programme）共计开展了 12 项活动，以支持尚未加入 WCP 的发展中国家和最不发达国家开展学术研究，活动形式包括 WTO 成员讲座和 WTO 国际法竞赛等。该项目还包括 WTO 向大学捐赠出版物，并与参考资料中心计划一起向观众举办学术演讲。2018 年，WTO 继续鼓励大学注册讲师成为参与其在线课程的参与者。

第三节 2017—2018 年 WTO 贸易谈判

一、农业

（一）基于安全目的的公共粮食储备

2018 年，各成员关于以安全为目的的公共粮食储备问题举行了多次专门会议。问题的关键是公共粮食储备的价格受政府控制。有人担心：若无有效约束，会导致储备粮食产量过剩和价格过低，从而影响世界各国农民的收入。

作为 G33（发展中国家集团）代表，印度尼西亚强调：发展中国家存在着极具脆弱性的小农夫和普遍贫困的广大农村地区。考虑到第十一届部长级会议的最后期限已过，各成员应聚焦 2020 年 6 月的努尔苏丹部长级会议。

尽管承认发展中国家面临挑战，但对于扭曲贸易的政府扶持不受约束，很多成员表示反对。有观点认为，农业绿箱补贴不受任何约束是因为补贴本身并没有造成贸易扭曲，或者造成的贸易扭曲较少，而且它已经为应对粮食挑战提供了诸多政策选择。因此，有效的保护和透明的条款仍将是各国常用措施中的关键部分。

（二）国内支持

2018 年，对于农业国内支持问题谈判的重要性问题，WTO 成员多次提交意见书和演示文稿。农业出口国凯恩斯集团为农产品贸易自由化进行游说，并提出技术性意见。这些意见旨在加深各国对国内支持政策按类别、成员和关键产品划分的演变及趋势的了解。

一些成员坚称谈判最初应聚焦农产品综合支持量（AMS），其允许部分国家的国内支持超过《农业协议》下的最低限度；另一些成员则表示，所有造成贸易扭曲的国内支持必须放到谈判中接受检验。总之，各成员普遍认同扭曲贸易的国内支持需要被约束，但对如何做出约束，各成员分歧较大。

此外，许多发展中国家成员明确强调其对特殊与差别待遇的需求，因为它们普遍存在贫困农村和粮食安全问题。它们还指出最不发达国家、较小的脆弱经济体以及发展中国家中净粮食进口国的特殊需求。一些成员还建议解决所谓“移箱”的问题，即如果一补贴项目进行改革后引起国内支持模式的改变，则所属“箱子”的类别也会发生改变。

（三）棉花

棉花四国（马里、乍得、贝宁和布基纳法索）以及 2018 年 9 月新列入观察国的科特迪瓦共同强调，为兑现各成员“在贸易谈判中极富雄心并迅速具体地解决棉花问题”的承诺，下一届部长级会议上是否能就棉花补贴达成共识将尤为重要。很多成员对这一目标表示明确支持，但仍存大量分歧。

美国发布了一份有关棉花的文件，其中包括 WTO 成员中 23 个棉花生产国与贸易国的棉花市场准入、国内支持和出口补贴各项数据。棉花四国则对一部分成员的棉花生产、价格和国内支持进行了问卷调查。

各成员还于 2018 年 6 月与 9 月举办了“棉花日”活动，活动内容包括与贸易有关的发展和总干事的贸易发展援助协商机制。各成员、各合作伙伴以及各私人部门代表均讨论了近期棉花援助项目中汲取的经验和新项目的重点。

在 11 月的会议上，WTO 成员批准了一项新的关于棉花副产品的联合倡议，其目标是在当地的加工水平上，提高棉花厂除棉花纤维以外部分商业用途的附加值，以增加农民和小企业的收入。此外，汇集了 WTO 和国际贸易中心数据库中提供的所有与棉花有关的信息的棉花门户网站也更新了功能。

（四）市场准入

2018 年，WTO 成员就农产品市场准入进行了大量技术性探讨。其中，美国提交了两份文件，巴拉圭和乌拉圭共同提交了一份文件，都指导了对若干主题的讨论。讨论包括各成员实际税率和约定税率存在差异的问题，这在农产品集团中普遍存在。

此外，各成员还讨论了新加入成员的承诺和优惠的削弱。后者是指降低关税后发展中国家在优惠关税制度下获益受到影响的一些关切。于 1995 年之后加入 WTO 的成员指出，《关税与贸易总协定》（GATT）缔约方的平均农产品关税是新成员的四倍。一些成员则强调，如果没有国内支持和工业品市场准入以及服务贸易方面的进展，市场准入谈判的进展可能是不可行的。

（五）特殊保障机制

2018 年，WTO 各成员继续按照第十届部长级会议的指示讨论特殊保障机制的问题。G33 在发言中突出了发展中国家农业的社会经济背景以及与国际贸易有关的价格波动风险。特殊保障机制将允许发展中国家临时提高关税，使它们能够应对进口激增或价格下跌。此外，对于一些成员仅在市场准入改革的背景下设想这样一种机制，支持者认为两者间并没有什么必要的联系。

（六）出口禁令与限制

2018 年，新加坡提交了一份关于联合国世界粮食计划署发布的文件。该文件涉及对以非商业人道主义为目的的购买的食品进行限制所产生的影响，并称这种行为导致人道主义粮食援助交付的效率低下。日本、以色列、韩国、新加坡、瑞士和中国台湾也就出口限制提出了一些概括性描述。其中，日本表示，出口限制会影响市场，即通过减少供应使市场更加动荡。此外，许多成员都提到了在 2017 年布宜诺斯艾利斯部长级会议之前开展的工作，并重申支持就这一议题取得成果，而一些发展中国家则对新要求可能限制其政策空间的发挥表示关切。

（七）出口竞争

2018 年，加拿大就出口竞争做了专题介绍，强调在出口融资、出口国有企业和国际粮食援助等领域可能存在讨论空间的问题，以落实 2015 年部长级会议上取消农产品出口补贴的决定。一些成员则对继续研究如何改进出口措施规范，并使之与内罗毕部长共识具有同等效力表示出兴趣。许多成员强调，在以上三个领域一直存在数据缺口，需要填补这些缺口，以便对现有规范的改进方式进行更好的评估。然而，一些成员认为出口竞争并不是它们在农业谈判中的优先项。

二、非农产品市场准入

2018 年，市场准入谈判小组没有收到任何文件或提案，年内无会议召开。不过在 2018 年 4 月，谈判小组主席与“关于货物贸易管制措施透明度的部长级决定”的提案国举行了磋商，讨论下一步可能采取的措施。一些成员赞同在其他背景和场合下的监管措施中追求这一透明度问题。

三、服务

在监督谈判的服务贸易理事会特别会议上，各成员讨论了一项关于智利、墨西哥、新西兰和巴拿马提出的市场准入问题的提案。该提案建议，WTO 各成员应在当前经济和政策发展的背景下，在不妨碍谈判的条件下，就其市场准入利益交换意见。

国内规制方面的谈判由工作组进行，工作组的任务是制定必要规范，以避免许可和资格要求及程序对服务贸易构成障碍。

由于 WTO 各成员在第十一届部长级会议的讨论中未能就前进方向达成一致，60 个 WTO 成员发表了一份部长级联合声明，重申他们致力于推动谈判，并呼吁所有成员加紧工作，以期在 2020 年 6 月举行的下一次部长级会议之前完成国内监管纪律的谈判。

有鉴于此，工作组正在其职责之外开展工作。在 2018 年 11 月，印度发布了一份关于自然人移动的国内监管纪律的提案，在 2018 年 12 月举行的国内规制工作组正式会议上进行了讨论。这份提案建议：各成员应提高透明度，简化许可证和资格要求的程序，以确保在某一成员领土以外取得资格的个人能够向另一成员提供服务。

四、与贸易有关的知识产权

2018 年，与贸易有关的知识产权主要集中在地理标志注册谈判问题上。2018 年 7 月和 11 月，TRIPs 理事会特别会议主席科斯蒂洛大使（Dacio Castillo，洪都拉斯人）与多边地理标志注册谈判中表现最积极的成员举行了两次非正式协商。各成员重申了它们对地理标志注册的重视，并明确表示 WTO 是进行这些谈判的正确论坛。

地理标志注册旨在便利红酒和烈酒的地理标志保护工作。某些地名（或其他与地名有关的名称或标识）可以用来代表来自该地区产品的特殊品质、名声及其他特点。

地理标志注册是否具有法律效力，这种效力是否适用于全部成员，还是仅适用于选择参加注册的成员，对于这些问题，长期以来各方意见不一。对于地理标识注册是否仅限于葡萄酒和烈酒，还是可以适用于其他产品，如食品和农产品，即在产品范围方面，各方所持的看法也不同。地理标识注册谈判与其他 TRIPs 协定相关执行问题之间是否应建立联系的问题也存在不统一的意见。

五、贸易与发展

2018 年，贸易与发展委员会特别会议主席陈贻和（Tan Yee，新加坡人）大使与 WTO 各成员进行了磋商，以寻求发展中国家成员特殊与差别待遇谈判的新方式。2017 年 12 月，在布宜诺斯艾利斯举行的第十一届部长级会议上，各成员没有就发展中国家的提议达成具体成果，但各国部长至少就贸易和发展问题进行了开诚布公的讨论，并在讨论中提出应采取WTO成员认为有助于取得进展的新办法。在布宜诺斯艾利斯，部长们也强调发展是WTO工作的核心。

磋商有助于特别会议主席辨明要探讨的两种观点。一是基于案例研究的方法论思考，二是考虑解决缺乏差异化问题的建议。即所谓不同发展水平的WTO成员不应享有同样的灵活性、豁免权和让步。后者是指一些发展中国家可能会自愿退出某些条款。一些成员提出质疑：逐案进行或自愿退出的基础对现行WTO贸易规则是否适用？对此，各成员尚未达成共识。

不过，在后期的磋商中各成员诞生了一个新的想法：九十国集团可以确定一个或两个特定的协议，以便更深入地探讨案例研究方法是否可行。就已确定的提案开展的工作也将有助于确定对其余提案是否可以重复这一做法。一种针对具体国家、基于问题的方法可以借鉴贸易政策审议知识库和争端解决判例中的具体实例。当然也可以从其他国际组织工作中吸取经验教训，包括世界银行、IMF和WTO其他委员会的一些发展工作。

然而，一些WTO成员认为各成员需要的不是新办法，而是在九十国集团的具体协定提案上取得进展的意愿。相反，另一些成员支持采取新办法，他们认为，特别会议上对旧办法的反复讨论真是老调重弹。

一些发展中国家也重申了它们的观点，即逐案处理背离了所有发展中成员的特殊与差别待遇原则。

相反，一些发达国家则认为，在差异化问题得到解决之前，关于特殊与差别待遇原则的讨论不会取得任何进展。

2018年10月，陈贻和主席在她提交贸易谈判委员会的报告中声明："我相信我们开始了一次不同的对话，这值得进一步的探讨。"但她也认为，讨论仍处于一般水平和探索阶段，正提出的新办法也还需要更多的探索。

六、贸易与环境

2018年5月，贸易与环境委员会特别会议主席沙阿（Syed Tauqir Shah，巴基斯坦人）大使主办了新一轮关于环境谈判进展情况的双边磋商。

正如部长级会议主席苏珊娜·马尔科拉在布宜诺斯艾利斯的闭幕词中所指出，WTO成员致力于推动包括贸易和环境在内的所有领域的谈判。

像往常一样，WTO成员重申了环境问题以及在WTO中讨论贸易和环境问题的重要性。遗憾的是，并没有提出在特别会议上恢复谈判的新想法。

七、WTO 规则

（一）渔业补贴

2017 年 12 月，在布宜诺斯艾利斯举行的第十一届部长级会议上，部长们决定继续进行渔业补贴谈判，以期在 2019 年底前达成协议。其目的就是通过制定法律，以明令禁止一些导致产能过剩和过度捕捞的渔业补贴，并取消对非法、未报告和无管制捕捞活动的补贴。这些内容同对发展中国家适当和有效的特殊和差别待遇一起，共同作为了谈判的一个组成部分。此外，部长们还就执行渔业补贴方面的现有义务做出了承诺。

2018 年，渔业补贴继续成为谈判规则组的工作重点。规则组由在 3 月接任 Wayne McCook 大使（牙买加）的 Roberto Zapata 大使（墨西哥）主持。谈判组在 5—7 月和 9—12 月的两个工作方案基础上开展工作。12 月，各成员就 2019 年前 7 个月的工作方案达成一致，旨在让成员参与到全面谈判模式中来。

在 5—7 月的工作方案中包含了为期三周的会议组。每个会议组又包含技术会议、有外部专家参加的讲习班、由 WTO 成员交流信息与经验的会议、各代表团之间双边磋商的时间及就谈判中存在的问题所进行的专题讨论。WTO 成员还以第十一届部长级会议筹备期间编写的文件为基础，继续进行了简化程序的工作，即通过对文件进行复杂和深入的审查，以确定可以合并和简化案文的领域。

在 9—12 月工作方案中，技术会议和专题讨论继续进行。此外，WTO 成员通过“孵化器小组”中的头脑风暴进行讨论，以寻求可能的新想法和方法来弥合各国立场上持续存在的分歧。这一进程还包括代表小组之间的非正式讨论。为了确保透明度，每个“孵化器小组”要向全体谈判组全面报告其工作。

同期，WTO 成员又完成了第二次程序简化，制定了单一且统一的文本，并基于文本进行了讨论。讨论结果包括对第十一届部长级会议中关于渔业补贴的部长级决定中提到文件的若干修订。最新的精简文件中继续载有许多有关待处理问题的备选方案，基于文本的讨论也进一步发生变化。应成员要求，WTO 秘书处印发了六份事实文件以及专题讨论摘要、“孵化器小组”报告汇编和该进程中所讨论的想法的摘要。

（二）其他规则

2018 年期间，谈判小组除渔业补贴外，未就任何规则问题开展任何活动。

八、争端解决谅解

争端解决机构在 2018 年举行了约 15 次特别会议，由塞内加尔大使科利·塞克（Coly Seck）主持。自 2016 年底以来，特别会议一直在进行的工作集中在成员在谈判早期阶段所提交的提案上。这些提案被分为 12 个问题，WTO 各成员同意就这些问题进行谈判。这 12 个问题包括发展中国家的利益、双方商定的解决办法、专家组构成、事后报复、再次审理、严格保密信息、第三方权利等。

2018 年，特别会议继续开展重点工作，旨在了解 WTO 成员就个别议题取得的新进展或覆盖全部议题的总体结果。在一些案例中，随着时间的推移和争端解决的进展，各成员的趋同性明显越来越少。

在 2018 年完成的工作包括技术性难题以及成员过去存在意见分歧的问题，包括事后报复、透明度与法庭之友、时间框架和再次审理。在 2018 年底，特别会议争端解决机构为 2019 年留下了四个议题以供讨论，分别是专家组构成、灵活性与成员控制、有效的法规遵循、发展中国家的利益。一些成员表示有兴趣加快处理剩余工作，以便迅速地评估涵盖所有 12 个问题的进展情况。

2018 年底，一些成员就 WTO 改革提交了提案，一些提案还涉及争端解决体系的各个方面。WTO 总理事会就这些建议进行了初步讨论。

第四章

货物贸易协议

第一节 农 业 协 议

2018 年，农业委员会主要回顾了《农业协议》的执行情况，同时主要讨论了巴厘岛部长级会议以及内罗毕部长级会议的内容。2018 年共召开了 3 次正式会议，4 次非正式会议。WTO 各成员共提交了 273 份通告。2018 年有关《农业协议》的贸易争端有 1 起。

一、农业谈判会议进程

2018 年农业委员会共召开 3 次正式会议，时间分别是 5 月 24 日、9 月 25 日、11 月 26 日。

2018 年 5 月 24 日，农业谈判代表在 WTO 举行会议，为今后讨论农业问题奠定基础。会议由农业委员会新任主席 John Ronald Dipchandra Ford 大使主持，他请各成员审议关于他最近与各成员磋商情况的报告，并就今后农业谈判的进程和实质内容向他提供“集体指导”。此外，前进的道路、会谈的优先事项、信息共享和何时恢复谈判成为成员讨论的重点。9 月 25 日至 26 日 WTO 农业委员会会议上以协商一致方式批准了对 2015 年《关于出口竞争的内罗毕决定》的第一次三年期审查。正在进行的 2013 年巴厘岛关税配额部长级决定（TRQ）管理运作审查变得更加具体，成员们还继续审查各种农业政策，包括美国新宣布的 120 亿美元的一揽子农业援助计划，2019 年 12 月底是总理事会最后确定审查建议的最后期限。在 11 月 29 日举行的会议上，应贝宁、布基纳法索、乍得和马里 4 个棉花国家的请求，核可了 WTO、UNCTAD、国际贸易中心关于开发棉花副产品经济潜力的新倡议。副总干事艾伦·沃尔夫代表总干事主持会议，强调主要目的是协助棉花生产国为农民和加工商创造新的收入来源，并增加进入新市场的机会。

在进行的非正式会议上，成员就以下问题进行了相关及专题讨论：（1）以粮食安全为目的提供国内支持和公共库存；（2）在出口竞争支柱下进一步开展有关出口融资、粮食援助和国营贸易企业工作；（3）关于约束性和适用性农产品关税与农产品进口特别保障措施之间差距的意见；（4）农产品贸易谈判主席John Deep Ford 大使提出的推进谈判的新模式的提议。

二、主要成员《农业协议》通告

2018 年 WTO 各成员共提交审议了 273 份通告，其中欧盟、美国、中国和日本的通告审议见表 4.1。

表 4.1　　主要成员提交审议的《农业协议》通告

成员	通告文件	主要报告内容
欧盟	G/AG/N/EU/41 – G/AG/ N/EU/48	2017—2018 年的特殊保障、2017—2018 年的关税配额、2016—2017 年的出口补贴、2014—2016 年的国内支持
美国	G/AG/N/USA/119 – G/AG/N/USA/123	2015 年的关税配额、2015—2016 年的国内支持
中国	G/AG/N/CHN/31 – G/AG/N/CHN/49	2013—2017 年的出口补贴、2015—2017 年的关税配额、2011—2016 年的国内支持
日本	G/AG/N/JPN/221 – G/AG/N/JPN/233	2017—2018 年的特殊保障、2016—2017 年的关税配额、2017 年的出口补贴

资料来源：WTO. https://docs.wto.org/dol2fe/Pages/FE_Browse/FE_B_009.aspx.

（一）欧盟

2018 年欧盟提交审议了 8 份《农业协议》通告（G/AG/N/EU/41 – G/AG/N/EU/48），主要通告了市场准入、出口补贴、关税配额、国内支持、特殊保障的数据。2017—2018 年欧盟对 6 种农产品实施基于价格的特殊保障，对 15 种农产品实施基于数量的特殊保障。2017 年欧盟对 72 种农产品实施配额管理，配额完成率相对较高，其中玉米、稻米、土豆、胡萝卜等的关税配额完成率接近 100%，小麦、木薯和巧克力等农产品的关税配额完成率相对较低。

（二）美国

美国在2018年提交审议了5份通告（G/AG/N/USA/119－G/AG/N/USA/123），主要更新了美国有关粮食援助、关税配额和国内支持的数据。2016 年美国国务院对农业的支持总额为12.47亿美元，包括农作物生产、畜牧业生产、资源管理、基础设施、政策和规划、培训和推广以及农业企业信贷等方面的支出。2018 年美国对以农业为重点的多边组织提供了共计34.75亿美元的援助。

（三）中国

2018年，中国提交审议了19份《农业协议》通告（G/AG/N/CHN/31－G/AG/N/CHN/49），报告了2013—2017年中国关税配额和出口补贴、2011—2015年的国内支持承诺以及2018年的国内资助措施。依照《农业协议》第18.2条款，中国在2016—2017年对出口农产品不再发放出口补贴。2015—2017年中国对小麦、玉米、大米、棉花、糖类、羊毛六类产品继续实施关税配额管理，其中，羊毛、糖类、棉花的关税配额完成率均达到100%。

（四）日本

日本在2018年提交审议了13份通告（G/AG/N/JPN/221－G/AG/N/JPN/233），主要更新了日本有关关税配额、出口补贴、专项与特殊保障和粮食援助的数据。日本在2017年4月1日至2018年3月31日对3种农产品实施基于数量的特殊保障，对9种农产品实施基于价格的特殊保障。2016年，日本向最不发达国家和粮食净进口发展中国家提供了政府援助10 619万美元和技术合作13 459万美元，官方发展援助总额15 024万美元。日本在2017年4月1日至2018年3月31日对农产品出口没有提供出口补贴。

三、主要成员就《农业协议》执行情况的问答

在2018年的3次正式会议中，WTO各成员就其关心的农产品贸易问题进行问答，WTO秘书处整理了问答记录并公布（G/AG/W/173、G/AG/W/181、G/AG/W/187、G/AG/W/191，包括欧盟、美国、巴西、印度和中国在内的30多个成员参与了问答。

（一）欧盟

在2018年的会议中，新西兰、澳大利亚、加拿大等成员主要针对欧盟的农业政策提出12个问题。2018年2月20日，澳大利亚和新西兰就欧盟干预库存招标的18.64亿吨脱脂奶粉提出问题，欧盟采取了哪些措施来避免这种产品的销售影响市场。6月11日，新西兰希望欧盟采取措施防止补贴的国内食

糖生产出口及其对全球食糖市场产生的负面影响。9 月 25 日，新西兰提及欧盟于 6 月 1 日制定的“国家战略计划”，将农业政策的更大责任从欧盟转移到成员国。对此，新西兰关心的是委员会将如何确保成员在其战略计划获得批准后履行 WTO 承诺以及欧盟将建立什么机制确保这种同时支持不会扭曲市场。11 月 26 日，加拿大对欧盟大使近日批准的“安全网”条例感到关切，并认为欧洲联盟委员会不能在未经与成员谈判的情况下单方面改变其在 WTO 中预定的承诺。

（二）美国

2018 年，欧盟、加拿大、巴西等国家对美国执行《农业协议》的情况和农业政策提出问题，并得到一一解答。2 月 20 日，欧盟对美国众议院 2017 年 12 月提出的总额为 810 亿美元的美国灾害法案包括一项修正 2014 年农业法案将籽棉指定为受保产品的条款提出问题，希望美国说明如何看待这一举措符合专家小组关于争议的 DS267——美国陆地棉花的调查结果以及这一举措如何影响对美国棉花特定产品的“黄箱”支持。加拿大希望美国就加州牛奶等级价格的问题给予解释。6 月 11 日，加拿大希望美国说明取消美国农业部使用 CCC 基金的限制，并列出有资格获得这些新基金的项目。巴西希望美国说明自 2015 年以来，根据陆地棉营销贷款计划，向陆地棉生产商支付了多少款项。9 月 25 日，澳大利亚、加拿大、日本等多个国家对美国提出的国内支持措施提出问题，希望得到更加准确的说明。11 月 26 日，印度和澳大利亚再次就美国国内支持措施提出问题，并要求美国提供有关一揽子计划执行情况的最新情况。

（三）中国

2018 年，加拿大等成员对中国执行《农业协议》的情况共提出 7 个问题，并得到详细回答。加拿大希望中国澄清中国对水稻、玉米和小麦种子的新一轮溢价补贴是否适用于生产者购买用于播种的种子，并希望中国说明由哪个政府部门管理这项保险计划以及能否为这项保险计划和迄今为止的支出提供政府分担的保费。澳大利亚希望了解中国自 2011 年起至今的国内支持通知。美国希望中国能够在通告中就粮食援助总量数据提供更详细的说明。

四、涉及《农业协议》的贸易争端

2018 年有关《农业协议》的贸易争端有 1 起。2018 年 10 月 22 日，巴西根据《关于解决争端规则和程序的谅解》第 1 条和第 4 条要求针对中国关于进口食糖的若干措施进行磋商（DS568），巴西就《1994年关税与贸易总协定》第22条第1款、《保障措施协议》第14条、《进口许可程序协议》第6条和《农业协议》第19条涉及的2017年5月22日中国对进口糖的保障措施、中国对食糖关税配额的管理、中国所谓的“进口许可证制度”适用于超出配额的食糖要求中国给予答复，巴西进一步确定和说明了所有确定的措施，提供了申诉的法律依据，且保留在磋商期间和今后任何小组诉讼请求中根据所涉协议的其他规定提出额外索赔和措施以及解决额外法律和事实问题的权利。

第二节　实施卫生与植物卫生措施协议

一、实施卫生与植物卫生措施委员会工作概述

实施卫生与植物卫生措施（SPS）委员会在2017—2018年举行了5次例行会议，时间分别是2017年3月22日至23日、7月13日至14日和2018年3月1日至2日、7月12日至13日、11月1日至2日。

2017年3月，WTO秘书处介绍了SPS/TBT通知警报系统，并向委员会简要介绍了正在进行的旨在使现有SPS工具现代化的信息技术项目的最新情况。同时还重点讨论了智利和欧盟联合提交的G/SPS/W/290中的两项提案，其中涉及的主要领域有：在WTO官网上公布已通知条例的非正式译文；便利获取关于现行实施卫生与植物卫生措施的信息，例如，建立一个互联网平台，提供各成员公布实施卫生与植物卫生措施的网站链接。此外，会议关注有关内分泌干扰物的标准问题，美国表达其对欧盟将化合物归类为内分泌干扰物的提案以及第1107/2009号修正法规的关切，该修正法规要求撤销对某些未进行风险评估物质的现有许可。阿根廷支持美国的提案，强调欧盟提出的基于风险控制的方法不能有效评估内分泌干扰物造成的危险，并且未包括风险特征描述的必要因素，包括效力、严重程度和可逆性影响。随后，澳大利亚、巴西等24个成员呼吁欧盟按照《实施卫生与植物卫生措施协议》规定的原则采取措施。2017年7月，成员们再次对欧盟提议的内分泌干扰物的定义标准表示关注。最初由阿根廷、中国和美国提出并引起关注，得到了近30个代表团的支持。他们认为，如果欧盟的提议获得通过，将会破坏许多使用农药的农产品贸易，欧盟的做法不是基于对健康和环境的考量。

2018年3月，成员主要就卫生与植物卫生检疫的管理问题进行探讨，结束

了将近四年的讨论，成员可以使用文书目录来查找信息，发起磋商并解决有关食品安全、动植物健康问题的贸易摩擦。该目录最初由加拿大和肯尼亚于 2014 年 6 月提出，列出了 WTO 成员为管理卫生与植物卫生检疫问题（包括贸易问题）而可以采取的行动。成员们最终达成共识，并克服了需要添加介绍性段落或相关免责声明以阐明目录的预期用途的意见分歧。

2018 年 7 月，成员讨论了有关制定抗菌药物耐药性标准问题。这一问题由欧盟新的兽药立法引起，欧盟表示，新法规的目的是提高使用抗菌药物的谨慎性，例如，避免常规的预防和代谢用途，使某些抗菌药物仅用于治疗人类感染，并禁止在动物中使用抗菌药物来促进生长或增加产量。其强调抗性决定簇的发展和传播的国际意义，并重点关注它们通过食物和饲料，与动物或人类的直接接触或其他方式传播给人类和动物的可能性。阿根廷、美国、哥伦比亚、智利、加拿大、巴西和澳大利亚等一些成员表示，通过采取这种做法，欧盟可能会破坏为应对复杂的全球挑战而正在进行的多边努力，即欧盟在域外实施的潜在限制将破坏与抗菌药物耐药性对抗的如世界卫生组织（WHO）、世界动物卫生组织（OIE）目前正在共同采取的多边措施。

2018 年 11 月，成员讨论了精确生物技术在农业创新中可以发挥的作用，以期提高农业生产率，并促进环境可持续性发展。迄今为止支持这一倡议的成员有阿根廷、澳大利亚、巴西、加拿大、哥伦比亚、多米尼加、危地马拉、洪都拉斯、约旦、巴拉圭、美国、乌拉圭和越南。他们强调，全球环境挑战、病虫害压力、粮食不安全以及消费者喜好变化等因素使得使用和培育精密生物技术等工具对于增加安全食品的生产至关重要。新的生物技术工具具有显著降低将新产品推向市场的成本和时间周期的潜力。此外，会议再次就内分泌干扰物问题进行了讨论，重点研究了有关化合物作为内分泌干扰物的分类标准问题。

二、《实施卫生与植物卫生措施协议》实施与监督情况

2017 年 WTO 成员共提出 17 项新贸易关注，还有 39 项旧贸易关注（见图 4.1）。其中，新贸易关注包括越南对花生种子的进口禁令、美国对毒死蜱的食品农药残留、欧盟否认禽流感区域化、泰国对番木瓜种子的进口限制、法国对乐果有关的进口限制、巴西对香蕉的措施、海湾阿拉伯国家合作委员会控制进口食品的指南、沙特阿拉伯对虾的措施、俄罗斯对葡萄酒的进口限制、印度对腰果的熏蒸要求等。旧的关注包括中国台湾对日本食品的进口限制、中国对

日本食品的进口限制、欧盟内分泌干扰物标准的定义、俄罗斯对爱沙尼亚和拉脱维亚加工渔业的进口限制、俄罗斯对德国动物产品的进口限制、中国对印度尼西亚新鲜山竹的进口限制、中国对非洲猪瘟的进口限制、韩国对非洲猪瘟的进口限制、美国对进口海鲜的检测方案、中国对农业转基因生物安全评价执行条例的修订、中国实施卫生与植物卫生措施的透明度问题等。

2018 年 WTO 成员共提出 18 项新贸易关注，还有 23 项旧贸易关注（见图 4.1)。其中新贸易关注包括越南针对兽药最大残留限量的 24 号文的修订草案，墨西哥酪蛋白产品的市场准入要求，沙特阿拉伯对鱼、甲壳类和其他水生动物产品的临时进口限制，美国对苹果和梨的进口限制，新西兰的汽车、机械和设备进口卫生标准草案，印度尼西亚动植物产品批准程序，欧盟委员会关于动物产品的第 2002/994/EC 号决定，欧盟对禽肉和禽肉制品的限制，巴拿马对牛肉和禽肉的限制，俄罗斯对牛肉和猪肉的限制，欧盟对兽药产品立法的审查，欧盟对杀菌剂的新定义，越南在动物生产法草案中的进口限制，泰国与活体动物和/或动物产品的批准程序有关的进口费，欧洲法院关于通过诱变获得的生物的第 528/16 号意见等。旧贸易关注包括俄罗斯对从爱沙尼亚加工鱼制品的进口限制、中国对食品进口的官方认证要求、欧盟将化合物分类为内分泌干扰物的修订提案、中国对农业转基因生物安全评估法规的拟议修正案、美国海产品进口监测计划等。

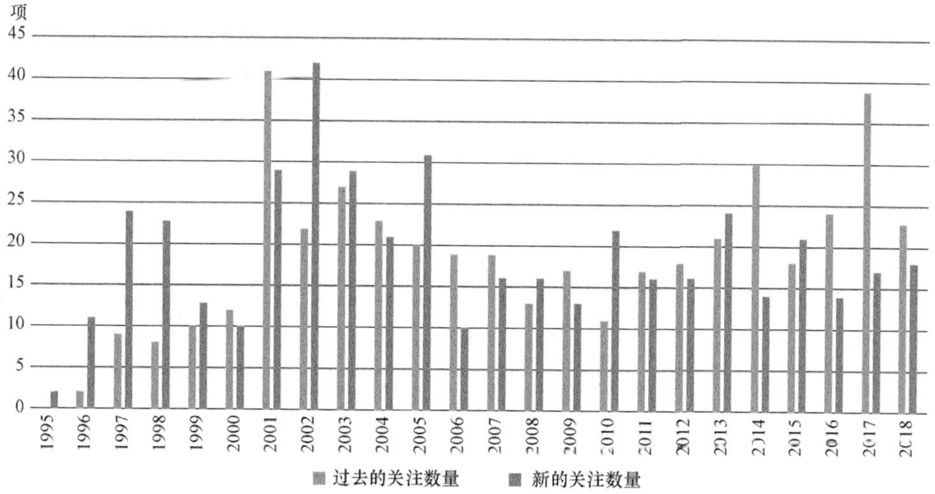

图 4.1 1995—2018 年 WTO 成员提出的具体贸易关注数量

资料来源：WTO. Sanitary and Phytosanitary measures Gateway [EB/OL]. http://spsims.wto.org/en/PredefinedReports/STCReport.

自 1995 年以来提出的 469 项贸易关注中，WTO 成员完全解决了 168 项关注，部分解决了 35 项关注①，共占比 43%②。

三、《实施卫生与植物卫生措施协议》相关的争端案件

2017—2018 年，涉及《实施卫生与植物卫生措施协议》的争端共有 4 起。

1. DS524：哥斯达黎加——对自墨西哥进口的新鲜鳄梨的限制措施

2015 年，哥斯达黎加认为进口鳄梨存在细菌问题，因此暂停了签发对鳄梨的植物检疫进口证书，并宣布其领土内不存在病虫害问题，实施了应急植物检疫措施。墨西哥认为，哥斯达黎加的上述做法违背了《实施卫生与植物卫生措施协议》的许多条款。例如第 2.1 条，即成员有权采取必要的卫生与植物卫生措施来保护人类、动物或植物的生命或健康，只要这些措施不违反协议规定；第 3.1 条，即为了在尽可能广泛的基础上协调卫生与植物卫生措施，除非本协议另有规定，成员应根据现有国际标准、准则或建议制定卫生与植物卫生措施。2017 年 3 月 8 日，墨西哥请求与哥斯达黎加对自墨西哥进口的新鲜鳄梨的限制措施展开磋商。墨西哥于 2018 年 11 月 22 日要求成立专家组。在 2018 年 12 月 18 日的会议上，DSB 指定了专家组。加拿大、中国、欧盟、萨尔瓦多、洪都拉斯、印度、巴拿马、俄罗斯和美国保留第三方权利。

2. DS525：乌克兰——有关货物与服务贸易的进口限制措施

自 2014 年以来，乌克兰采取了一系列限制和禁止措施，并提出了相关的实体和程序性要求，对俄罗斯的人员、货物和服务产生了影响。例如 2015 年 12 月 30 日发布的乌克兰部长内阁会议决议第 1147 号指令，即《禁止从俄罗斯进口货物到乌克兰海关领土》，以及 2016 年 1 月 28 日发布的新决议中规定的禁止从俄罗斯进口某些产品。俄罗斯认为乌克兰的上述做法违背了《实施卫生与植物卫生措施协议》的第 2 条、第 3 条、第 7 条以及第 8 条。俄罗斯于 2017 年 5 月 19 日请求与乌克兰就有关货物与服务贸易的进口限制措施展开磋商。

3. DS532：俄罗斯——有关某些乌克兰产品进口和过境的措施

针对乌克兰不加入《欧亚经济联盟条约》的决定，俄罗斯采取了影响果汁产品、啤酒、啤酒基饮料和其他酒精饮料、糖果产品、墙纸和类似墙纸的贸易措施，这些原产乌克兰的产品不得再进口到俄罗斯境内。2017 年 10 月 13 日，

① 部分解决意味着并非所有相关成员接受了这一解决方案或者方案只解决了关注中的部分产品。

② WTO，http://spsims.wto.org/en/PredefinedReports/STCReport.

乌克兰请求就这些贸易措施与俄罗斯进行磋商。这是乌克兰与俄罗斯就涉及产品过境的措施进行磋商的第二次请求。乌克兰在其磋商请求中声称，这些措施违反了《实施卫生与植物卫生措施协议》的第 2 条、第 5 条、第 7 条以及第 8 条。

4. DS540：美国——有关越南某些海产品的贸易措施

越南认为其国内生产者在出口某些海产品方面现在受到美国法律法规、行政惯例和相关行动的约束。这些法律法规、行政惯例和相关行动在没有足够科学依据的情况下限制了该产品的贸易。并且，作为健康和负担得起的食品和蛋白质来源，也为美国消费者带来了巨大好处。对此，2018 年 2 月 22 日，越南提出磋商请求，认为美国的措施违反了《实施卫生与植物卫生措施协议》的第 2 条、第 4 条、第 5 条以及第 8 条。

第三节　技术性贸易壁垒协议

一、技术性贸易壁垒委员会工作概述

技术性贸易壁垒（TBT）委员会在 2017 年和 2018 年共举行 5 次会议，时间分别是：2017 年 3 月 29 日至 30 日、6 月 14 日至 15 日和 2018 年 3 月 20 日至 22 日、6 月 19 日至 21 日、11 月 14 日至 15 日。

在 2017 年 3 月的会议上，美国对中国即将实行的《网络安全法》提出质疑，美国代表团认为该法律没有明确界定“关键信息基础设施”的范围，并要求中国对该法律做出进一步的解释。欧盟、日本、澳大利亚都提出了自己的观点。随后，中国代表做出了回应，该法律解决了委员会一些成员提出的关切，即中国的网络安全措施相互重叠且存在不确定性。这部管理中国网络安全的基础性和综合性法律系统界定了构成基本职能机构的各个部门在设备安全、网络操作安全、网络数据安全和网络信息安全方面的义务和责任。中国的网络安全政策是建立在开放和全球化的原则基础上的，与中国的基本国策相一致。关于“安全和可控制”的定义，中国进一步澄清：产品或服务供应商不得利用其产品或服务非法获取用户数据；供应商不得非法控制用户的设备；供应商不得利用用户对产品或服务的依赖，例如在没有正当理由的情况下取消安全技术支持或迫使用户升级，从而进行垄断或寻求非法利益。

在 2017 年 6 月的会议上，WTO 成员持续对中国的《网络安全法》及其对贸易的影响表示关注，同时某些产品中的化学物质问题也引起了新的贸易关注。成员们广泛辩论了《网络安全法》对高科技产品贸易的影响，一些成员担心，新出台的法规会对信息通信技术产品的贸易产生负面影响，可能歧视非国内公司和技术，并可能导致不必要的商业机密和技术信息披露。作为回应，中国强调指出，需要网络安全规则来解决国家安全问题并确保消费者隐私，并且所涉及的措施是非歧视性的，既不针对特定成员也不歧视外国产品。欧盟、美国、日本、加拿大和澳大利亚在认识到保护网络安全的重要性的同时，要求中国定义其网络安全法规的范围并阐明“安全和可控的服务和产品”等关键术语的定义以及法律草案所涵盖的范围。另外，在化学物质问题上，欧盟表示正在考虑将二氧化钛归为致癌物质的提案。美国对此表示担心，认为由于必须使用致癌物标签，这种分类会影响其在数千种产品（例如油漆、化妆品和防晒霜）中的使用，并且会破坏全球贸易。欧盟表示，有关二氧化钛分类的任何提案都将通知技术性贸易壁垒委员会，委员会在决策过程中将适当考虑成员提出的所有意见。

在 2018 年 3 月的会议上，成员讨论的问题涉及固体废物、化妆品、可再生能源、棕榈油、烈酒等多个领域。

其一，在固体废物上，中国针对进口的固体废物引入了环保新标准。中国认为，新标准的目标是保护生态系统和环境，保护人类健康和安全以及保护动植物生命或健康。欧盟、美国、澳大利亚、加拿大和日本强调，过渡时间（14 周）不足以使相关行业适应该措施，并且如果找不到可回收的替代品，废物最终将进入垃圾掩埋场或燃烧，该措施将对环境产生影响。

其二，在化妆品方面，以色列推出了一项新法规，该法规建立了符合欧盟法规和国际最佳实践的化妆品上市后控制体系。欧盟和美国在欢迎以色列为实现统一标准所做的努力的同时，对该措施的某些方面感到关切，认为可能会给企业增加行政负担，并要求有足够的过渡期。以色列表示过渡期将至少为一年，以使企业适应新规定。但是，由于法规的最终制定流程仍在进行中，因此尚未确定最终实施日期。

其三，在可再生能源领域，主要是针对欧盟的可再生能源指令修订案，马来西亚、泰国、印度尼西亚、哥伦比亚、哥斯达黎加和危地马拉对欧盟指令的拟议修正案表示关切，认为该修正案影响了其向欧盟市场出口的棕榈油。他们认为该指令具有歧视性，并有利于其他植物油生产商，特别是欧盟的生产商。欧盟明确指出，该指令旨在逐步减少所有常规生物燃料（不仅仅是棕榈油中的生物燃料）对欧盟可再生能源目标的贡献。

其四，关于欧盟相关棕榈油食品标签的法规，哥伦比亚、印度尼西亚、哥斯达黎加、危地马拉、泰国和马来西亚对欧盟关于含棕榈油产品的新标签要求提出质疑，认为“无棕榈油”标签可视为是对含有棕榈油的产品的污名化，实际上将其转变为所谓的“负标签要求”，同时该要求缺乏科学证据表明棕榈油对健康和环境有害。欧盟解释说，这是一个自愿标签，不受欧盟有关向消费者提供食品信息的法规的监管或要求。

其五，针对泰国对进口烈酒的新认证要求，澳大利亚、美国、日本和欧盟表示强烈关注，认为行业在测试标准方面面临不确定性，并要求泰国提供相关合规指导文件。泰国强调，这些要求旨在保护消费者的健康和安全，并且正准备将此措施通知技术性贸易壁垒委员会。

2018 年 6 月，成员就透明度、贴标、法规适用标准、改善技术援助以及提高贸易委员会效率等方面进行了讨论。在会议中主要关注了以下新问题：

其一，针对巴西饮料、葡萄酒和葡萄衍生物标签要求，欧盟认为巴西的要求包括如何在标签上注明产品名称和成分清单，可能会阻碍国际贸易，并敦促巴西遵循国际葡萄与葡萄酒组织的国际标准。巴西认为，制定该指令的过程是透明的，并符合《技术性贸易壁垒协议》。关于决议草案的公开磋商已通知 WTO，巴西表示将尽快做出回复。

其二，美国对印度政府提出的要求地方合格评定的修正案将导致大范围的电信和其他设备的测试和认证重复表示关注。印度回应表示，这项附加要求的目的是确保用户的安全和网络的安全，它不区分国外和本地业务，并认可合作伙伴发布的测试结果。

其三，中国对美国关于压缩机节能的规定与相关国际标准不一致表示关注，尤其是对空气压缩机和设备的分类方法提出质疑，并要求澄清其科学依据。

其四，印度尼西亚提出了一项法规草案，指出除了新的标签和广告要求外，进口到其市场的酒精饮料还必须符合指定的安全和质量标准。墨西哥对新标准表示关注，特别是在广告限制和酒精饮料中甲醇的既定最高含量（低于龙舌兰酒生产中使用的含量）方面。墨西哥要求印度尼西亚说明这一特定要求是否适用于龙舌兰酒。

其五，哥伦比亚引入了一项技术法规，适用于进口到哥伦比亚或在哥伦比亚制造的锌碳和碱性电池及电池，新法规要求从进入哥伦比亚市场的任何产品中去除此类电池，以保护环境和人类健康。在美国的支持下，墨西哥认为该法规将对玩具业（玩具中多使用此类电池）产生负面影响，即该法规将要求其行业拥有单独的生产线，这将使生产成本更高。

其六，墨西哥对厄瓜多尔的技术法规草案表示关注，该草案仅认可一种测试方法来证明表面张力剂对生物降解性和磷酸盐含量的要求，因此不符合国际标准，并且，该草案还要求必须通过厄瓜多尔认可的认证机构进行合格评定。厄瓜多尔解释说，已考虑到成员在评论期内就法规草案提出的问题，其中包括各种测试方法的考量。

在 2018 年 11 月的会议上，WTO 成员商定了一系列旨在减少贸易壁垒并改善执行《技术性贸易壁垒协议》的建议。相关建议包括改善透明度（在适用法规时进行通报并使其更易于在线访问、改善对提供所有已通过的最终法规的国家网站的访问、将通报作为监管程序一部分进行的影响评估、提高通报中信息的质量等）、测试、检验和认证、标准、标记和标签、技术援助等方面。另外，还对 ePing 进行了更新。ePing 是技术性贸易壁垒和实施卫生与植物卫生措施的通知警报系统，可以快速访问监管信息，并促进公共部门和私营部门之间的对话，以便在早期阶段解决潜在的贸易问题。自 2016 年推出以来，已有 169 个国家或地区的 5 000 多名用户注册了 ePing。

二、《技术性贸易壁垒协议》实施与监督情况

2017 年 WTO 成员共提出 27 项新贸易关注，还有 152 项旧贸易关注（见图 4.2）。其中，新贸易关注包括欧盟有机生产和标签、《中华人民共和国网络安全法》、中国网络空间管理局—网络产品和服务网络安全审查的实施措施草案、欧盟第 1107/2009 号活性物质苦味酚酯的非续签批准、越南网络安全措施、禁止进口到中国的固体废物目录、印度修订的玩具进口法规、越南关于汽车制造、组装进口和汽车保修与维护服务条件的法令、中国加工食品的认证要求、意大利制备干面条的谷物原产地标签要求、欧盟烟草制品可追溯系统的建立和运行、欧盟无线电设备指令、中国民航网络信息安全管理规则、巴西关于授权在葡萄酒中使用的食品添加剂和加工助剂的合议理事会决议第 123 号条例、美国奶酪认证标准等。旧贸易关注包括印度 2015 年食品安全和标准（酒精饮料标准）条例草案、俄罗斯水泥认证规则、爱尔兰 2015 年《公共卫生（酒精）法案》、中国婴幼儿配方奶粉注册规则、中国《医疗器械监督管理条例》、印度 2015 年不锈钢产品（质量控制）指令、欧盟农产品和食品质量计划、韩国化学物质注册和评估法规、中国化妆品标签管理办法、哥伦比亚玩具及其组件和配件测试要求、印度 2016 年电子废物（管理）规则等。

2018 年 WTO 成员提出 22 项新贸易关注，还有 162 项旧贸易关注（见图 4.2）。其中，新贸易关注包括欧盟可再生能源指令修订、巴西关于饮料、葡萄酒和葡萄衍生物标签的第 51 号技术决议草案、智利公众咨询立法草案、巴西 2018 年 2 月 8 日颁布的第 14 号技术法规、欧盟关于食品标签的第 1169/2011 号法规和第 1924/2006 号法规的应用、美国 TSA 安全检查设备认证、智利化学物质和混合物的分类、标签和通知规定、中国以进口固体废物为原料的环境保护控制标准、美国节能计划、适用于进口或在哥伦比亚制造的锌碳和碱性电池及电池的技术法规、欧盟药品销售许可的法律法规、程序和指南等。旧贸易关注包括俄罗斯酒精饮料安全技术法规草案、印度 2012 年电子和信息技术产品指令、中国《医疗器械监督管理条例》、印度 2015 年食品安全和标准（酒精饮料标准）条例草案、俄罗斯水泥认证规则、埃及制造商注册系统、中国家具中挥发性有机物限量国家标准、爱尔兰 2015 年《公共卫生（酒精）法案》、欧盟有机生产和标签、印度 2015 年不锈钢产品（质量控制）指令、中国的化妆品标签管理办法、欧盟的无线电设备指令等。

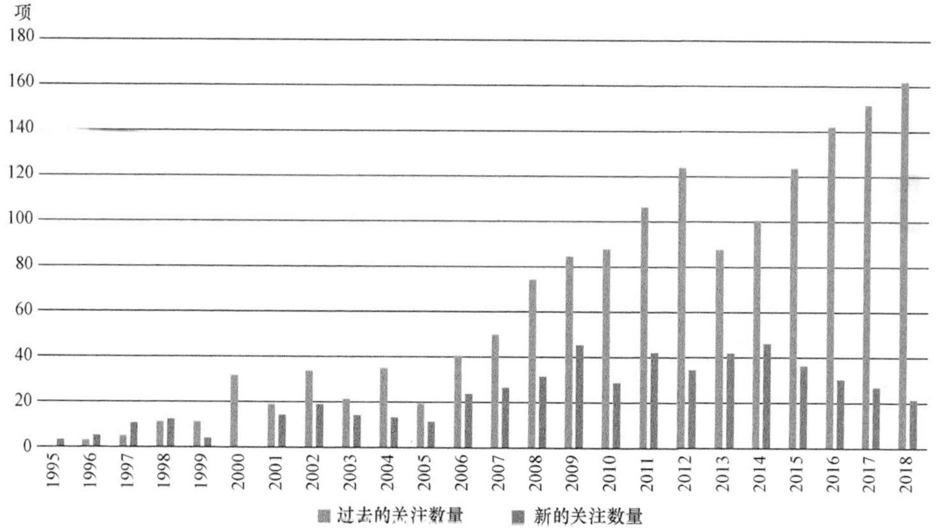

图 4.2 1995—2018 年 WTO 成员提出的具体贸易关注数量

资料来源：WTO. Technical Barriers to Trade Gateway［EB/OL］. http://tbtims.wto.org/en/PredefinedReports/STCReport.

根据 2019 年发布的年度审查报告，2018 年的贸易关注数量达到最高峰。但是新贸易关注的数量下降到 22 项，比 2017 年减少了 5 项。自 2014 年以来，新贸易关注数量持续下降，下降了 53%。另一方面，以前提出的贸易关注讨论的次数不断增加[①]。

三、《技术性贸易壁垒协议》相关的争端案件

2017—2018 年，涉及《技术性贸易壁垒协议》的争端共有 2 起[②]。

1. DS525：乌克兰——有关货物和服务贸易的措施

自 2014 年以来，乌克兰采取了一系列的限制、禁止、要求和程序（如 2016 年 1 月 20 日第 28 号决议《关于修订原产于俄罗斯并禁止进口乌克兰的货物清单》），俄罗斯认为其造成了对俄罗斯人员、货物和服务的歧视以及对双边贸易和过境的严格限制。2017 年 5 月 19 日，俄罗斯要求与乌克兰就其在货物贸易、服务贸易以及过境方面采取和维持的限制措施、禁止措施以及相关的实体和程序要求进行磋商，认为其违反了《技术性贸易壁垒协议》的第 2 条、第 4 条和第 5 条。

2. DS532：俄罗斯——某些乌克兰产品进口和过境的措施

针对乌克兰不加入《欧亚经济联盟条约》的决定，俄罗斯采取了影响果汁产品、啤酒、啤酒基饮料和其他酒精饮料、糖果产品、墙纸和类似墙纸的贸易措施，这些原产乌克兰的产品不得再进口到俄罗斯境内。2017 年 10 月 13 日，乌克兰请求就这些贸易措施与俄罗斯进行磋商。这是乌克兰与俄罗斯就涉及产品过境的措施进行磋商的第二次要求。乌克兰在其磋商请求中声称，这些措施是适用于 DS512（俄罗斯——过境交通）之前受到质疑的措施，这些措施违反了《技术性贸易壁垒协议》的第 2 条、第 5 条、第 6 条以及第 10 条。

第四节　装运前检验协议

一、海关估价委员会 2018 年第一次会议

2018 年 4 月 23 日，海关估价委员会召开了 2018 年度的第一次会议。委员会主席指出，装运前检验（Pre-Shipment Inspection，PSI）是海关估价委员会议

① Committee on Technical Barriers to Trade-Twenty-fourth Annual Review of the Implementation and Operation of the TBT Agreement [G/TBT/42]. WTO，https://docs.wto.org/dol2fe/Pages/SS/directdoc.aspx? filename=q:/G/TBT/42.pdf.

② 事实上均发生在 2017 年，2018 年没有涉及《技术性贸易壁垒协议》的贸易争端。

程上的一个常设项目，有 4 个要讨论的事项：（1）通知的状态；（2）美国和印度尼西亚的问题和回复；（3）有关 PSI 计划的信息；（4）第四次审查草案的资料。

（一）各成员通知的现状

海关估价委员会副主席提请根据《装运前检验协议》第 5 条编制通知，包含在文件 G/PSI/N/1/Rev.2、G/PSI/N/1/Rev.2/Add.1、G/PSI/N/1/Rev.2/Add.2、G/PSI/N/1/Rev.2/Add.3 和 G/PSI/N/1/Rev.2/Add.4 中。

（二）美国和印度尼西亚的问题和回复

委员会副主席回忆，在上一次会议中，他们已经同意回应美国和印度尼西亚各自的问题和回复。美国已在文件 G/PSI/W/167、G/PSI/W/180 和 G/PSI/W/237 中向印度尼西亚提出问题，印度尼西亚则在文件 G/VAL/W/256、G/VAL/W/257 和 G/VAL/W/257/Corr.1 中做出回复。美国已在文件 G/VAL/W/258 中提出了额外的问题，印度尼西亚则在文件 G/VAL/W/278 中做出回复。

美国代表感谢印度尼西亚的声明，其代表团期待收到印度尼西亚即将到来的通知和书面答复。

海关估价委员会注意到了印度尼西亚所做的声明，并同意在下次会议上回复这个问题。

（三）有关 PSI 计划的信息

委员会副主席提请注意文件 G/VAL/W/63/Rev.22，文件包括从国际检验机构联盟（International Federation of Inspection Agencies，IFIA）收到的适用装运前检验最新更新的信息。海关估价委员会提请注意该信息。

（四）技术援助

主席回顾说，如 G/VAL/5 号文件 B.4 节所示，海关估价委员会在 1995 年 5 月 12 日的会议上表示将确保提高技术援助活动的透明度。G/VAL/8/Add.34 号文件载有海关估价技术委员会编写的关于各成员以及世界海关组织（World Customs Organization，WCO）秘书处开展的技术援助活动的最新资料。欧盟的代表表示赞赏各成员和秘书处提供的技术援助。

世界海关组织的代表兰・克里默（Ian Cremer）先生向委员会通报说，近年来会员的要求更多的是实际应用估价协议。如何制定风险管理，以及如何整合和执行后续检查，这两项都是《贸易便利化协议》的组成部分。世界海关组织秘书处和海关估价技术委员会都制定了开发和应用评估数据库的最佳做法指导方针，并在这方面向成员提供了很多建议。世界海关组织协助成员制定战略计划，加强评估基础设施，确保合法提取收入，这往往是各国政府的首要任务。

他们还协助成员促进其遵守贸易规则，并达到《建立 WTO 协定》规定的目标。世界海关组织正在与 OECD 推动更密切的海关和税务合作。由于一些领域的重叠，海关估价援助有可能与《贸易便利化协议》相联系，世界海关组织愿意与 WTO 进一步就如何推进这一重要的技术援助领域进行接触。

主席还回顾说，委员会关于执行和管理 WTO 关于《海关估价协议》的能力建设技术援助工作方案，现在已被纳入 WTO 的总体技术援助方案。WTO 正在执行文件 WT/COMTD/W/211 所载的 2016—2017 年双年度技术援助计划。技术援助请求可以由个别成员随时提出，并通过使提出需求的国家成为技术援助接受者的方式予以满足。

（五）瑞士—阿曼对香烟的海关估价和选择性税收的引入

瑞士代表表示，该国代表团于 2016 年 10 月在市场准入委员会的框架内首次提出了这一问题，并在双边基础上进一步讨论了这一问题，重新确定其对香烟的最惠国关税的具体部分。此后，瑞士与阿曼当局举行了多次双边会议，包括瑞士、阿曼及哈萨克斯坦之间的三次会议。目前的问题不是阿曼的最惠国关税与卷烟约束税率之间的一致性问题，而是与边境地区这些产品的海关估价有关。

瑞士在与阿曼海关的双边讨论中了解到，阿曼对进口香烟申报价值的准确性表示怀疑，他们认为这个价值存在被低估的可能性，阿曼当局没有考虑到进口香烟申报的交易价值。因此，瑞士认为，阿曼海关不是没有使用申报的交易价值作为评估有关货物价值的依据，而是使用了他们不清楚的计算方法去更正价值。瑞士认为这种做法违反了“税务法”第 7 条第 2 款，该条明确禁止国家海关当局使用“最低关税价值”和“任意或虚构的值”。在这种情况下，阿曼海关以“太低”为由拒绝接受申报的交易价值，并将最低关税价值作为确定关税的依据的做法与“税务法”相悖。

海关估价技术委员会过去提供了关于如何处理海关当局怀疑申报价值的真实性或准确性的最新资料。瑞士希望知道阿曼是否在本案中采用了这些更新的程序。瑞士认为，阿曼计划对烟草产品征收新的选择性税在之后几个月也不会解决目前的问题，甚至可能使情况恶化，因为任何这类立法变化都将存在很大程度的不确定性。无论如何，瑞士打算在市场准入委员会的范围内更详细地处理这一问题。

阿曼代表表示，除了瑞士驻马斯喀特大使与阿曼海关当局官员举行的会议外，他们的海关官员还将于 6 月来到日内瓦，以便向瑞士当局澄清这一问题。瑞士代表感谢阿曼代表团的答复，并欢迎阿曼海关官员拟议的访问。

（六）美国—埃及对装运前检验的声明

美国代表说，第 991/2015 号法令规定了《装运前检验协议》第 1 条所述的使用装运前检验的要求。因此，美国认为根据《装运前检验协议》第 5 条，应将这一法令通知海关估价委员会。在 2017 年 11 月举行的海关估价委员会会议上，埃及曾提议，《装运前检验协议》第 5 条并未确定应向 WTO 提交此类通知的相关机构。1999 年，理事会通过了 G/L/300 号文件，决定协议的监测应首先由海关估价委员会进行，装运前检验应是一项常设议程。美国不同意埃及对其通知义务的解释。根据《装运前检验协议》第 5 条，成员应向秘书处马上通报与装运前检验有关的法律和法规的变化。

埃及还表示，根据《装运前检验协议》第 2.20 条，装运前检验只有在核实价格时进行的检验才与海关估价有关。美国不理解埃及立场的依据，因为第 2.20 条只是为防扩散安全倡议实体进行价格核查提供了指导方针。此外，第 1.3 条明确规定，核查质量和数量价格、汇率、财务条件和分类的所有活动都是“防扩散安全倡议协定”规定的活动。埃及还指出，第 991/2015 号法令的执行机构是进出口控制总局，而不是埃及海关管理局。

埃及代表感谢美国继续关注这一问题。埃及代表团重申埃及承认透明度的重要性和埃及对 WTO 协定全部透明度规定的遵守。正是本着这一精神，埃及已经向技术性贸易壁垒委员会通报了第 991/2015 号法令。埃及还就技术性贸易壁垒委员会的边缘问题与感兴趣的成员举行了几次双边会议。这些会议在适用方面是非常有建设性和积极的。然而埃及意识到还需要采取更多措施来提高透明度，埃及目前正在考虑以前没有采取的所有与贸易有关的措施和条例，以便在 WTO 有关委员会的范围内适当提交这些通知，并修订以前提交的通知，以确保相应的措施也已通知有关委员会。

埃及表示美国在文件 G/Val/W/299 提出的密切关切目前正在首都进行研究，会议期间提出的所有意见和关切也将转达至首都。

（七）世界海关组织工作报告

世界海关组织代表兰·克里默先生报告了由世界海关组织进行的一项在非洲中西部地区使用装运前检验或目的地检验情况的调查。在分类和控制估值的背景下，私营企业积极支持海关工作，在该地区的大部分合同仍在执行中。该地区终止合同的势头强劲，这对于 TFA 第 10.5 条是一个好的迹象。在过去的几年里，加纳和尼日利亚成功地终止了合同，其他国家也照此做法积极计划。

世界海关组织认为成员计划提出此倡议至关重要，世界海关组织与管理部门积极合作来鼓励各成员做出详细规划，并确保海关控制的交接有效完成以及实施符合估值协议的估值控制。

2013 年，世界海关组织和非洲西部及中部地区的总董事会签订了一个文件，被称为“尼亚美宣言”。这是那些国家就政府、海关总署和检验公司承诺、角色和职责的意向声明。作为后来加入的成员，世界海关组织已编制指导材料，在通过终止程序的国家中分享。至于有效实践，他们纳入的诊断方法仅仅涉及两个方面：成员评估当前弱点和他们需要建设的基础设施。这是一个关键的工作，并且需要做的还有很多。也许世界海关组织可以分享该项调查，它详细地指示了该地区各种合同的地位，并与之前提到的技术援助活动有所联系。

海关估价委员会主席感谢兰·克里默先生的报告并鼓励海关估价委员会继续做出有价值的工作。

二、海关估价委员会 2018 年第二次会议

2018 年 11 月 19 日，海关估价委员会召开了本年度的第二次会议。委员会主席指出，装运前检验是海关估价委员会议程上的一个常设项目，有 3 个要讨论的事项：（1）通知的状态；（2）美国和印度尼西亚的问题和回复；（3）有关 PSI 计划的信息。

（一）各成员通知的现状

海关估价委员会主席提请注意根据《装运前检验协议》第 5 条编制通知，包含在文件 G/PSI/N/1/Rev.2、G/PSI/N/1/Rev.2/Add.1、G/PSI/N/1/Rev.2/Add.2、G/PSI/N/1/Rev.2/Add.3 和 G/PSI/N/1/Rev.2/Add.4 中。文件 G/PSI/N/1/Rev.2/Add.3 包括委员会自上次会议以来收到的装运前检验通知的最新信息。

海关估价委员会提醒各成员关注上述提及的文件。

（二）美国和印度尼西亚的问题和回复

主席回顾说，在上次会议上已经同意重新审议美国和印度尼西亚的问题和答复。美国在 G/VAL/W/167、G/VAL/W/180、G/VAL/W/237 和 G/VAL/W/278 号文件中对印度尼西亚提出了问题。印度尼西亚已在 G/VAL/W/256，G/VAL/W/257 和 G/VAL/W/257/Corr.1 号文件中做出了答复。美国在 G/VAL/W/278 号文件中提交了其他问题。

美国代表感谢印度尼西亚对其早期问题的回答，他的代表团期待能够在随后的会议上审查印度尼西亚对其后续问题的反应。

印度尼西亚感谢美国代表团对于这一问题的持续关注。对于美国在文件

G/VAL/W/278 中提出的问题，印度尼西亚在准备回复中。

海关估价委员会注意到了印度尼西亚所做的声明，并同意在下次会议上回复这个问题。

（三）有关 PSI 计划的信息

海关估价委员会主席提请注意文件 G/VAL/W/63/Rev.23，文件包括从 IFIA 收到的适用装运前检验最新更新的信息。

（四）技术援助

主席回顾说，如 G/VAL/5 号文件 B.4 节所示，海关估价委员会在 1995 年 5 月 12 日的会议上表示将确保提高技术援助活动的透明度。G/VAL/8/Add.37 号文件载有海关估价技术委员会编写的关于成员以及世界海关组织秘书处开展的技术援助活动的最新资料。欧盟的代表表示赞赏成员和秘书处提供的技术援助。

主席还回顾说，委员会关于执行和管理 WTO 关于海关估价协议的能力建设技术援助工作方案，现在已被纳入 WTO 的总体技术援助方案。WTO 正在执行文件 WT/COMTD/W/227/Rev.1 所载的 2018—2019 年两年度技术援助计划。

（五）泰国—巴基斯坦确定纸张的海关价值

泰国代表说，2018 年 1 月巴基斯坦修订了其估价裁定并降低了从泰国进口的纸张的海关价值，这减轻了对泰国纸张出口的不利影响。然而，泰国仍然关切的是巴基斯坦没有将交易价值作为进口纸制品海关估价的依据，而是使用海关当局在估价裁决中公布的价值。因此，巴基斯坦的措施似乎不符合 GATT 第 7 条。泰国要求巴基斯坦接受交易价值以供估价，泰国将密切关注今后的事态发展，一旦此问题得到解决，就把它列入议程。泰国愿意与巴基斯坦进行双边接触，并表示希望这一问题将在近期得到友好解决。

巴基斯坦代表提到该国代表团在委员会前几次会议上所做的发言，巴基斯坦的海关估价裁决符合其 WTO 的义务。巴基斯坦代表团表示愿意与泰国进行建设性接触，为这一问题找到一个双方都方便的解决办法。

（六）美国—亚美尼亚与货物估价有关的参考价格制度

主席回顾说，委员会在上一次会议上商定重新审议这一问题。亚美尼亚于 2003 年 8 月在文件 G/Val/N/1/ARM/1 中通知了其国家立法作为对问题清单的答复，载于文件 G/Val/N/2/ARM/1 中。委员会在 2005 年 10 月 18 日的会议上结束了对这项立法的审查。亚美尼亚在 G/Val/W/213 号文件中答复了美国在 G/Val/W/208 号文件中提出的后续问题。加拿大随后在文件 G/Val/W/214 中提出了问题，亚美尼亚在文件 G/Val/W/316 中做出了答复。美国在文件 G/Val/W/314 中提出了其他问题。

加拿大代表感谢亚美尼亚的答复，并表示对 2012 年亚美尼亚立法提出的关切，由于亚美尼亚随后于 2015 年通过了“欧亚经济联盟海关法”，根据该海关法“定向价格”或“管制价格”不用于对货物进行估价。

亚美尼亚代表表示，亚美尼亚代表团将与加拿大举行双边会晤，以提供更多的详细资料。

（七）乌克兰—塔吉克斯坦与海关估价有关的问题

乌克兰代表表示他的代表团要求列入海关估价这一项目，以便更好地了解塔吉克斯坦的海关估价程序和做法。乌克兰的一些利益攸关方报告说，塔吉克斯坦海关部门在对高于乌克兰公司申报价值的货物进行估价时使用了参考（指示性）价格。因此，乌克兰商品的进口征收了更高的关税和增值税。

虽然乌克兰和塔吉克斯坦双边讨论了这一问题，但对现有资料的分析表明，塔吉克斯坦的海关做法似乎不符合《海关估价协议》的规定。

乌克兰要求塔吉克斯坦提供资料，说明其适用的参考价格制度的法律依据以及塔吉克斯坦在确定海关价值时如何使用参考价格。同时，乌克兰要求塔吉克斯坦详细说明参考价格制度，包括说明指示性价格如何计算和如何定期更新。乌克兰鼓励塔吉克斯坦遵守 WTO 的规则，特别是《海关估价协议》，以确保一个透明和可预测的贸易环境。

塔吉克斯坦代表说，两国之间没有悬而未决的海关估价问题。他请乌克兰以书面形式提出问题，以供审查。

三、独立审查

《装运前检验协议》规定设立一个独立实体，负责管理协议第 4 条所规定的独立审查程序。独立实体（IE）由 1995 年 12 月 13 日总理事会决定（WT/L/125/Rev.1）设立，按照其职能部门（WT/L/125/Rev.1 附件二）规定，IE 将每年至少向货物贸易理事会报告一次，但如果有必要的话可以再报告。在报告期内，IE 没有收到独立审查请求。

四、《装运前检验协议》相关案件

（一）DS477&DS478：印度尼西亚——园艺产品，动物和动物产品的进口

2014 年 5 月 8 日，新西兰和美国分别向印度尼西亚就园艺产品、动物及动物产品进口的某些措施请求磋商，声称相关措施不符合《装运前检验协议》的

第2.1条和第2.15条的规定。2016年12月22日，专家小组向成员发布最后报告。2017年2月17日，印度尼西亚向WTO争端解决机构通报了决定向上诉机构上诉小组报告中的某些法律和法律解释问题的决定。2017年4月13日，WTO争端解决机构第17.5条规定的60天期限届满后，上诉机构通知WTO争端解决机构，在上诉机构报告中，将不能在60天期限内分发上诉机构的报告，也不能在WTO争端解决机构第17.5条规定的90天期限内分发。上诉机构提到了本次争端和同时进行的上诉程序中所包含的问题的数量及其复杂性，以及这些同时发生的申诉对WTO秘书处翻译服务的要求以及上诉机构秘书处工作人员的短缺。2017年10月18日，上诉机构主席向DSB主席通报说，这些程序中的上诉机构报告将不迟于2017年11月9日分发。2017年11月9日，上诉机构的报告已分发给各位成员。

（二）DS484：印度尼西亚——关于进口鸡肉和鸡肉产品的措施

2014年10月16日，巴西要求与印度尼西亚就其对进口鸡肉和鸡肉产品实施的某些措施进行磋商。巴西声称相关措施不符合《装运前检验协议》第2.1条和第2.15条的规定。2016年8月31日，专家组主席向WTO争端解决机构通报说，专家组预计将在2017年4月初之前按照与各方协商后通过的时间表向专家们发出最终报告。2017年3月31日，专家组主席通知DSB，由于争议非常复杂，专家组预计将按照与双方协商后通过的修订时间表，于2017年5月初向双方发布最终报告。2017年10月17日，专家组报告已分发给各位成员。

第五节 原产地规则协议

根据《原产地规则协议》的规定，原产地规则委员会每年需至少召开一次正式会议，对前一年《原产地规则协议》各部分的实施和运行情况进行审查，并就原产地规则的协调工作与各成员代表展开磋商。

2018年，原产地规则委员会分别于4月19日和10月15日召开正式会议，主要根据WTO在2013年巴厘岛部长级会议和2015年内罗毕部长级会议上做出的承诺，审查了最不发达成员优惠原产地规则决议的使用和适用情况，同时就原产地证书带来的贸易挑战交换意见。此外，委员会在2018年举行的非正式会议上也就上述问题与部分成员之间展开了一系列双边磋商。

原产地规则为确定产品的国家（地区）来源确定了标准，其在执行和适用进口关税和贸易政策工具如反倾销和反补贴税、原产地标记和保障措施中非常重要。随着最不发达国家的出口从多国优惠的免关税免配额市场准入中受益，遵照原产地规则证明产品来自最不发达国家对有效利用这些优惠待遇至关重要，因此适用于最不发达国家的简单、优惠的原产地规则具有重要意义。在内罗毕会议通过以来，《关于最不发达国家优惠原产地规则的内罗毕决定》（简称《内罗毕决定》）授权的重要技术工作已经展开。特别是在 2017 年 3 月，WTO 成员就通报面向最不发达国家的优惠原产地规则机制的共同模板达成一致，其目的是提高要求之间的透明度和可比性，确保这些规则本身不会产生不必要的贸易障碍。

一、原产地规则委员会 2018 年第一次会议

2018 年 4 月 19 日，原产地规则委员会召开该年度第一次正式会议，根据 2015 年内罗毕部长级相关决定的要求，最不发达国家有优惠原产地方案的 WTO 成员向 WTO 通报了它们的方案以及有关其优惠进口的数据。

《内罗华决定》是在 2013 年《巴厘决定》的基础上做出的，首次制定了一套多边商定的准则，以帮助最不发达国家的出口更容易有资格获得优惠的市场准入。《内罗毕决定》旨在根据有利于最不发达国家的单方面优惠贸易安排（如免税/免配额市场准入），便利最不发达国家向发达国家和发展中国家出口货物。

WTO 秘书处向原产地规则委员会报告说，几乎所有对最不发达国家有这种优惠的 WTO 成员都向 WTO 通报了它们的方案。自委员会于 2017 年 10 月举行会议以来，哈萨克斯坦就其方案提交了一份新的通知，加拿大则向各成员通知了其方案的修正案。这些通知是以旨在提高透明度和促进更好地了解这些优惠安排的商定模板为基础的，该模板使人们能够更好地了解目前适用于最不发达国家偏好的原产地规则，不仅涉及优惠制度中使用的详细原产地标准，还涉及与认证、货物运输和原产地核查有关的义务。

了解这些要求很重要，因为遵守这些要求是优惠市场准入的先决条件。委员会已开始更详细地审查这些通知，并进行跨国比较，这将有助于确定最佳做法和建议。按照商定模板通知其方案的成员是：澳大利亚、加拿大、智利、中国、欧盟、印度、日本、哈萨克斯坦、韩国、新西兰、挪威、俄罗斯、瑞士、中国台湾、泰国和美国。

原产地规则是确定产品的国家（地区）来源所需的标准。它们的重要性源

于这样一个事实：在某些情况下，关税和限制取决于进口来源。那些给予最不发达国家进口优惠的国家往往以符合其原产地规则所规定的最低“最不发达国家含量”的进口为条件。

坦桑尼亚代表最不发达国家集团向成员提交了一份关于内罗毕部长级决定执行情况的问题清单，特别是关于执行情况、灵活性和透明度的第 4 段。坦桑尼亚回顾了最不发达国家在充分利用这些优惠方面所面临的挑战，并请给予优惠的成员解释它们为履行《内罗毕决定》的承诺所采取的步骤、取得的成果以及它们每年向 WTO 秘书处提供进口数据所采取的步骤。6 个成员发言表示，他们已经充分履行了内罗毕决定的承诺，或提交了关于如何遵守这些承诺的资料。坦桑尼亚说，最不发达国家集团希望成员进一步了解最不发达国家面临的多重困难，并承诺改进其原产地规则体系，以便实现充分利用。

瑞士向成员报告了它与有关代表团就其通过消除非优惠原产地规则固有的贸易壁垒促进贸易的倡议举行的会谈。16 个成员参加了讨论，瑞士提出目前讨论的重点是提高透明度。一些代表团表示支持这一倡议并强调透明度问题。

会议结束时，成员们确认任命 Thembekile Mlangeni 女士（南非）为委员会新主席。

二、原产地规则委员会 2018 年第二次会议

2018 年 10 月 15 日，原产地规则委员会召开该年度第二次正式会议。委员会进一步审查了最不发达国家优惠原产地规则的使用和适用情况，特别是最不发达国家出口商优惠计划的利用率以及如何给予优惠的成员在起草“实质性转变”原产地规则时如何应对关税分类标准的变化。

当一种产品在两个或两个以上的国家（地区）生产时，如果它在最不发达国家经历了实质性的转变，它就有资格成为一个最不发达国家的“制造品”，从而获得优惠准入。

2013 年的《巴厘决定》列举了可用于确定实质性转变的三种主要标准，其中之一是改变投入和最终产品的关税分类。随后的《内罗毕决定》要求 WTO 成员允许对关税税目或子税目进行简单的更改，以满足实质性的转变，尽可能避免排除和限制，并允许对不符合要求的投入进行适当的宽容。

WTO 秘书处为委员会会议编写的一份背景说明指出，一些给予优惠的成员（中国、印度、日本、挪威和瑞士）将原产地规则作为一项一般或主要规则，或在特定产品原产地规则（欧盟）中适用，以确定实质性转变，而向 WTO 通知

其原产地规则的其他成员（澳大利亚、加拿大、韩国、新西兰、俄罗斯、中国台湾、泰国和美国）则根本不适用这一标准。此外，秘书处报告发现，采用原产地规则标准的大多数优惠给予成员仍然保留各种排除或限制，主要是排除具体关税章节标题的材料或规定对关税分类的变化提出附加要求的条款。

坦桑尼亚代表 WTO 成员中的最不发达国家集团做了发言，概述了给予优惠的成员使用原产地规则的最新情况，强调了原产地规则的例外问题，指出一些给予优惠的成员对整章标题或关键部门给予例外使规则极其严格。同时，许多给予优惠的成员在其自由贸易协定中使用原产地规则，但在适用免税/免配额承诺时不使用原产地规则，这意味着后者的规则有时可能比自由贸易协定的规则更严格。

关于今后的道路，坦桑尼亚说，最不发达国家集团敦促给予优惠的成员改革这些严格的规则，从而更充分地利用贸易优惠，例如取消“双重要求”（同时适用原产地规则和从价百分比规则，以符合实质性转变的条件）。坦桑尼亚指出，最终目标是使优惠原产地规则尽可能简单和透明，以便最不发达国家利用贸易帮助它们摆脱贫困。

会议就偏好利用、内罗毕和巴厘部长级决定的执行情况以及非优惠原产地规则三个主要议题展开讨论。

1. 偏好利用

成员们审查了 WTO 秘书处关于优惠利用率的另一份说明，该说明依据的方法是计算据报从优惠中受益的进口价值与符合此种贸易优惠条件的进口总值。

该说明强调，对某些产品类别而言，利用不足的偏好可能非常重要。例如，在所有最不发达国家出口的“水果、蔬菜、植物”和“化学品”中，尽管有资格享受优惠，但仍有近 50%没有得到优惠待遇。就“糖和糖果产品”而言，这一比例接近 80%。总的来说，秘书处指出，最不发达国家在 2016 年对 70 多亿美元本应受益于关税优惠的贸易支付了关税。

秘书处还提出，低优惠利用率可能表明原产地规则要求太高，在一些情况下无法满足。然而，与原产地规则无关的其他因素也可能解释优惠利用率低的原因。一个非常重要的因素是存在若干相互竞争的优惠计划。事实上，有时出口商可以在不同的优惠计划之间做出选择：一个或多个非互惠计划（例如，对最不发达国家的普遍优惠制度）和一个或多个互惠计划（区域贸易协定）。因此，考虑到其他因素来解释利用率是很重要的。所有人都同意在这个问题上需要做更多的工作，WTO 需考虑采取进一步措施，根据调查结果简化原产地规则，提高利用率。

坦桑尼亚还代表最不发达国家集团向成员提供了按优惠给予国和最不发达国家受援国分列的利用率详细情况。坦桑尼亚表示，很明显，一些给予优惠的国家在所有产品部门的利用率都很低，即使是利用率高的国家，也有很大一部分利用率不足，其中很大一部分最不发达国家的进口受到最惠国关税的限制，尽管这些进口产品有资格获得较低的优惠税率。坦桑尼亚表示，利用率对于评估原产地规则的严格程度至关重要，最不发达国家集团将在下次委员会会议之前分发一份文件，分析低利用率与原产地规则之间的联系。一些成员呼吁进一步努力，更好地了解关税优惠利用不足的原因。

2. 内罗毕和巴厘部长级决定的执行情况

中国向成员通报了最不发达国家优惠原产地规则两项部长级决定的执行进展情况：目前，来自 43 个最不发达国家的 8 200 多个进口关税项目享受优惠待遇，97%的国家享受免税待遇，从而使最不发达国家出口商的总关税减少了 70 亿美元。中国指出，这些优惠的最大受益者是孟加拉国、埃塞俄比亚、苏丹、坦桑尼亚和塞内加尔。在代表最不发达国家集团发言时，坦桑尼亚要求中国向秘书处通报关税和贸易数据，以便成员能够更好地评估对中国出口产品的优惠利用率，中国表示将很快转发该数据。

欧盟还向成员介绍了其注册出口商计划的最新实施情况，该计划将用出口商的自我认证取代目前由各国政府签发的原产地证书制度。欧盟（连同挪威和瑞士）于 2017 年初开始应用新系统，并将在 2020 年年中完成对注册公司进行自我认证。

3. 非优惠原产地规则

秘书处就非优惠原产地规则的透明度和通知方面向委员会做了介绍。介绍简要概述了 WTO《原产地规则协议》中现有的通知义务，重点是“非优惠”原产地规则、通知状况摘要和对现有信息差距的评估。根据秘书处的数据，35.8%的成员已通知适用非优惠原产地规则，41.6%的成员已通知不适用，22.6%的成员未根据《反垄断法》第 5 条提交通知。《反垄断法》第 5 条规定，各成员必须将其与原产地规则有关的普遍适用的司法裁决和行政裁决，包括不适用非优惠规则的裁决和行政裁决通知秘书处。

委员会还听取了世界海关组织关于提供关于非优惠原产地要求的资料的介绍。世界海关组织说，信息的缺乏意味着缺乏可预测性和透明度，削弱了海关收税的能力，从而危及许多国家的经济繁荣和社会发展。此外，在处理跨境贸易时缺乏统一的原产地规则和可靠的数据，以及可执行和具有约束力的程序和标准，是海关程序现代化、精简和简化的重大障碍。

国际贸易中心向成员介绍了其新的“原产地规则调解人”。这是新启动的一个有用的原产地规则门户（https://findrulesoforigin.org），旨在提高原产地相关信息的质量和透明度，将其转化为贸易情报。它提供最详细的关税产品级的关税和原产地信息，包括：201 个国家（最惠国和特惠国）或地区实施的关税；100 多个国家或地区 87 项贸易协定和优惠计划中的原产地规则和原产地程序；欧盟、美国和瑞士的非特惠原产地规则。门户是国际贸易中心、世界海关组织和 WTO 合作的结果。

第六节　进口许可程序协议

一、《进口许可程序协议》实施情况

《进口许可程序协议》是 WTO 管辖的一项多边贸易协议，是在 GATT 东京回合《进口许可程序守则》基础上修改和完善的。主要条款包括总则、自动进口许可、非自动进口许可、机构、通知、磋商和争端解决、审议、最后条款等，是对 GATT 第 8 条和第 13 条的具体化。

进口许可委员会分别在 2018 年 4 月 20 日、10 月 22 日和 2019 年 4 月 4 日，举办了《进口许可程序协议》第 48 期至第 51 期会议，会议对 WTO 成员《进口许可程序协议》下通告责任承诺履行情况以及进口许可证被用于限制进口情况表示了担忧，并审议了 WTO 成员根据《进口许可程序协议》提交的通告。

委员会主席在会议中指出，进口许可委员会审查了自 2017 年会议以来 WTO 成员提交的 50 份新通知，其中 48 份已列入审议名单。

来自沙特阿拉伯的委员会主席 Fawaz Almuballi 先生特别提醒 WTO 成员注意毛里求斯和摩尔多瓦共和国的修正通知中与《进口许可程序协议》相关的国内条例的全面清单。主席表示，长期不履行通知义务的成员应该参考这两名成员针对协议做出的保证，并且博茨瓦纳正在提交首次通知。这三个国家的代表于 2017 年 5 月参加了在日内瓦开办的进口许可证通知讲习班，这些新的通知充分表明这种有针对性的技术援助是十分富有成效的。

主席告知委员会，截至 2018 年 10 月 22 日，自加入 WTO 以来，共有 15 个

成员没有根据协议提交任何关于进口许可证的通知，还有25个成员在查阅成员的法律和规章以及在何处查找相关信息来源时，仍未提交任何此类通知。此外，还有24个成员尚未提交报告。同时，主席指出只有15个成员提交了对2018年调查表的答复，其中有12个成员在2018年9月30日左右提交了答复，他们分别是：阿根廷、布隆迪、古巴、欧盟、中国香港、以色列、中国澳门、黑山、新西兰、瑞士、中国台湾和美国。为了提高透明度，他敦促有关成员尽快提交通知。而会议成员对委员会是否应继续讨论改善通知程序表达了不同意见，一些成员针对此事提出了质疑。主席表示计划将就此事与成员进行非正式磋商。

主席提醒大家注意以下几点：（1）即使没有申请进口许可程序，或没有与本协议相关的法律法规，仍需要向委员会发送通知；（2）根据《进口许可程序协议》第5.1条规定，要求成员申请进口许可程序或申请修改进口许可程序，需在60天内向委员会发送通知；（3）根据协议7.3条规定，要求所有成员每年完成进口许可程序问卷，并在每年9月30日之前将此问卷提交至委员会。他敦促成员履行通知义务，并严格遵守时间要求。

（一）中国进口固体废料进口许可证的变更引起质疑

美国代表表示，美国对中国改变进口许可证制度的不确定性、透明度和贸易限制性表示严重关切。在中国对某些塑料和废纸实行现行进口禁令的背景下计划将这一禁令扩大到其他产品。他指出，这些突如其来的限制和禁令使美国的回收商失去了可行的替代加工能力，导致储存或填埋处置其他可销售的商品，全球加工能力不足也导致某些回收材料的价格下降，这使得美国存在中止城市回收计划的风险。他指出，自委员会上次会议以来，中国已宣布进一步禁止进口32种可回收材料；中国还发布了一项禁止进口可回收材料的法律草案，似乎把固体废物定义为包括所有可回收材料。这些变化都没有通知WTO。他请中国解释其在这一政策下的新的进口许可证要求，并说明它何时将向委员会通报这些修改。他还问中国是否计划延长禁止使用所有可回收材料？如果是，什么时候会发生这些变化？在采用这种延期时，将遵循什么程序？

澳大利亚代表赞赏中国通过实施广泛措施以减少污染和追求可持续发展所做的努力。然而，澳大利亚政府重申了其对中国修订的某些可回收材料进口标准的关切，并支持其他成员提出的意见。澳大利亚认为这些措施更多地限制了贸易，而非实现预期目标所必需的，并欢迎中国提供更多关于其体制改革的信息。

中国代表感谢美国和其他成员提出这一问题。他解释说，在“可用作进口限制的原料的固体废物目录”中的产品进口须经主管当局审查和批准，并且“进口限制下可用作原料的固体废物的环境保护条例”规定了申请固体废物进口的企业的资格、申请文件、程序以及申请的时间要求。他强调，申请进口许可证的企业应是固体废物处理企业，即“法人”，此类公司不应委托进口固体废物。没有其他公司。进口许可证在本年度生效，应在其有效期内使用。他澄清说，“不受进口限制的可用作原料的固体废物目录”所列固体废物的进口不需要进口许可证。

（二）印度尼西亚的乳制品进口法规以及越南网络安全产品进口许可

美国代表赞赏印度尼西亚最近对其乳制品进口措施所做的修正，即农业部33/2018条例（“33条例”）。美国认识到该条例的第33条似乎取消了乳制品进口商为获得进口许可证而签订“合作协议”的要求。尽管规则明显发生了变化，美国仍对业界的报道感到担忧，担心印度尼西亚可能仍要求以合作协议作为进口的前提条件。

在这方面，美国质疑“33 条例”的修正案是否有意义，印度尼西亚贸易部是否同意继续鼓励进口商成为合作伙伴。美国代表指出，鉴于条例案文中目前没有合作协议的要求，这种要求不应是被迫的或鼓励的。美国希望印度尼西亚澄清贸易部打算如何“鼓励”合作协议。进口商参与合伙协议是否影响获得进口许可证的能力？美国要求印度尼西亚以书面形式向所有进口商澄清合作协议不是强制性的，也不与进口许可证挂钩，对这种合作协议的任何“鼓励”并不意味着合作协议会影响进口许可证的发放。

印度尼西亚代表对此表示感谢，感谢美国和欧盟继续关注这一问题。他提到印度尼西亚在委员会上一次会议上所做的发言，声明有关法规、条例并没有规制进口奶类及奶制品的进口程序。他告知委员会已由农业部长对相关的2018年第30号法令和“33条例”进行修改。根据这些条例，当地合作协议或合作计划将不会影响乳制品进口，与农业部的合作关系不再是强制性的。

美国代表对越南执行关于进口民用密码产品的第58号法令表示关切，该法令规定进口许可证需要使用加密的某些产品。根据第58号法令和该法令的补充附录以及政府密码委员会发布的指南，指出加密似乎是“主要”或“核心”功能的某些产品。然而，他指出越南也要求对产品颁发进口许可证，但是加密不是核心功能。日本代表表示，日本对越南“网络安全法”的情况非常感兴趣，对该法律表示关切，并请越南详细介绍“网络安全条件”，澄清其总体要求和程序，特别是关于其进口许可措施的要求和程序。他指出，日本将密切了解情况，必要时做进一步评论。

作为答复，越南代表同意将美国的问题提交首都，并希望在委员会下次会议之前收到答复。

（三）美国要求印度尼西亚澄清其对手机及计算机进口许可制度的具体要求

美国承认印度尼西亚在2017年5月做出的答复，然而这些答复并没有解决美国对印度尼西亚进口许可要求的担忧，美国认为印度尼西亚的答复没有充分解决所提出的问题。

美国继续寻求印度尼西亚解释为何其进口许可要求对3G和4G技术有不同的对待。他指出，印度尼西亚在答复中承认不同类型的产品确实受到不同待遇，然而印度尼西亚没有解释这种差别待遇的理由。因此，美国再次要求印度尼西亚澄清其理由。

欧盟的代表赞同美国的发言，并期待着收到印度尼西亚对美国问题的答复。作为答复，印度尼西亚代表感谢美国和欧盟对有关产品的进口许可制度继续感兴趣，并提及在以前的会议上印度尼西亚提供的答复。

（四）印度的硼酸进口程序遭到美国质疑

美国代表指出，美国近段时间一直在关注印度对硼酸的进口许可要求，特别是进口所必需的烦琐的证书，他强调说，美国代表团已经在委员会提出这个问题近十年了。他回顾说，美国的担忧始于2006年，当时印度工商部发布了一项声称“进口硼酸作非杀虫用途，须经农业部中央杀虫委员会及登记委员会签发进口许可证”的裁决。在此之前，硼酸的进口不需要进口许可证。

美国代表团指出，虽然进口批量只基于过去的进口水平而不是总消费量，但印度进口商向美国表示，他们对被要求提供有关进口的信息感到失望。针对这一方面，美国继续要求印度解释为什么毒性水平大致相当于食盐的硼酸是唯一需要进口许可证的非杀虫用途的杀虫剂。此外，他们还质疑为什么进口硼酸必须获得政府部委的批准才能销售他们的产品，而国内生产商在出售硼酸之前不需要确定其最终用途，可以卖给任何买家，而且不会面临数量限制。美国要求印度修订国际贸易中心进出口商品分类表，取消进口非杀虫剂硼酸的进口许可证要求。

作为回应，印度代表感谢美国的关注。他指出，关于硼酸的进口许可要求，印度已经提交了详细的答复。

（五）印度的豆类进口程序引起澳大利亚等国家的质疑

澳大利亚代表指出，2017 年 8 月，印度对黑扁豆、绿豆和鸽子豌豆的进口实行了进口配额。2018 年 4 月，印度又对包括黄豆、绿豆和卡巴豆在内的豆类也施加了额外的定量限制。黑扁豆和绿豆的进口限制在每年 30 万吨的配额内，鸽子豌豆的进口限制在每年 20 万吨的配额内，超过这些数额的豆类进口是被禁止的。在 2018 年 4 月 1 日至 6 月 30 日期间豌豆的进口限额为 10 万吨，这一限制数量在这一期间内得到充分利用，接着这一限制期限被延长到 2018 年 9 月 30 日，然后在 9 月底第二次延长，两次延长都没有相关的额外量，澳大利亚认为印度会在 2018 年 12 月 31 日之前对豌豆实行 6 个月的进口禁令。

加拿大代表说，作为印度最大的豆类供应国，加拿大受到了印度最近限制进口豆类措施的不利影响。令加拿大感到失望的是，印度于 2018 年 4 月 25 日对进口干豌豆实行了数量限制，然后将这些限制延长到 2018 年 12 月 31 日。加拿大注意到迄今为止，印度尚未提供任何关于 GATT 或 WTO 对这一数量限制的依据的明确资料。印度在 WTO 农业委员会 2018 年 6 月会议期间表示，最近向进口许可委员会和市场准入委员会提交了对干豌豆实行这种数量限制的理由。加拿大代表团强调，消除数量限制是 GATT 和 WTO 的一项基本原则。加拿大印度决定继续对干豌豆实行数量限制感到失望，并再次要求印度具体说明印度证明这一点的 GATT 或 WTO 法律依据。

印度代表在答复时重申印度已在市场准入委员会和通信委员会的会议上回答了关于某些豆类的进口要求的问题。他要求成员以书面形式提出问题，以便更容易将问题送交首都作回应。

二、《进口许可程序协议》谈判进展

《进口许可程序协议》对各成员进口许可措施的使用做了强制规定：各成员必须为贸易商提供充足的信息，使他们充分了解进口许可证获得的标准是怎样的；各成员进口许可程序的变化要及时向进口许可委员会通告。

关于自动进口许可程序，《进口许可程序协议》为各成员制定了相应的标准，避免对贸易产生限制效应。关于非自动进口许可程序，《进口许可程序协议》要求各成员在实施进口许可程序过程中给贸易商带来的行政负担必须降低到最低水平。同时，它也对各成员进口许可程序的实施设置了最长 60 天的考察期。

WTO《进口许可程序协议》规定进口许可的行政程序应该是简单、中立、公平和透明的，进口许可程序不应该阻碍国际贸易，同时要求成员提供以下四个方面信息：进口许可的国内法律法规，最新的进口许可程序，关于进口许可管理体制的信息以及每年填写一次《进口许可程序协议》年度调查问卷。该协议要求政府出版足够的信息给交易者，以便知道授权的方式和原因。它还介绍了各成员在引入新的进口许可程序或改变现有程序时应如何通报 WTO。该协议为政府如何评估许可申请提供指导。

如果满足某些条件，则会自动发出一些许可证。该协议为自动许可设定了标准，以便使用的程序不限制贸易。协议试图尽量减少进口商申请许可证的负担，使行政工作本身不会限制或扭曲进口。该协议说，处理许可的机构通常不应该花费超过 30 天的时间来处理申请，即在同一时间考虑所有申请的 60 天内。

2018—2019 年，进口许可程序委员会针对各成员之间争端问题进行多次正式磋商，并举办委员会会议和非正式会议进行探讨。会议多次提到贸易问题及贸易争端：巴西对工业硝化棉的安全评估标准及进口许可程序；俄罗斯对药品的进口许可；泰国对饲料小麦的进口许可制度；印度尼西亚对轮胎的进口许可；印度尼西亚对手机、手持计算机和平板电脑的进口许可证制度；印度的硼酸进口许可；中国对固体废物的进口许可制度等。

三、涉及《进口许可程序协议》的贸易争端

2017 年和 2018 年 WTO 监测报告显示，作为主要贸易限制措施之一的进口许可程序正被很多政府开始采用。从 WTO 成立至 2019 年，成员发起的贸易争端案件中约有 48 起涉及《进口许可程序协议》。其中，2012 年至 2019 年共有 14 起涉及本协议，2018 年新发生 1 起，详见表 4.2。

表 4.2　2012—2019 年涉及《进口许可程序协议》的争端解决磋商请求

案件编号	案件	申诉方	被诉方	磋商时间	进展
DS568	有关进口糖的若干措施	巴西	中国	2018 年 10 月 22 日	正在磋商
DS525	有关货物与服务贸易的措施	俄罗斯	乌克兰	2017 年 5 月 19 日	协商
DS513	土耳其某些热轧钢材的反倾销措施	土耳其	摩洛哥	2016 年 10 月 3 日	已成立专家组

续表

案件编号	案件	申诉方	被诉方	磋商时间	进展
DS506	关于进口牛肉的措施	巴西	印度尼西亚	2016 年 4 月 4 日	正在磋商
DS484	与鸡肉以及鸡肉制品有关的措施	巴西	印度尼西亚	2014 年 1 月 16 日	已向各方发布最终报告
DS478	园艺产品、牲畜以及畜禽产品进口措施	美国	印度尼西亚	2014 年 5 月 8 日	向上诉机构报告
DS477	园艺产品、牲畜以及畜禽产品进口措施	新西兰	印度尼西亚	2014 年 5 月 8 日	向上诉机构报告
DS466	园艺产品、牲畜以及畜禽产品进口措施	新西兰	印度尼西亚	2013 年 8 月 30 日	协商
DS465	园艺产品、牲畜以及畜禽产品进口措施	美国	印度尼西亚	2013 年 8 月 30 日	协商
DS455	园艺产品、牲畜以及畜禽产品进口措施	美国	印度尼西亚	2013 年 1 月 10 日	尚未组成专家组
DS446	影响货物进口的措施	墨西哥	阿根廷	2012 年 8 月 24 日	协商
DS445	影响货物进口的措施	日本	阿根廷	2012 年 8 月 21 日	报告通过并建议实施与报告相一致的措施
DS444	影响货物进口的措施	美国	阿根廷	2012 年 8 月 21 日	报告通过并建议实施与报告相一致措施
DS438	影响货物进口的措施	欧盟	阿根廷	2012 年 5 月 25 日	报告通过并建议实施符合要求的措施

资料来源：www.wto.org/english/tratop_e/dispu_e/dispu_status_e.htm.

第七节 海关估价协议

一、关于海关估价

自国家之间开展贸易以来，各国政府就开始征收关税。据记载，雅典对玉米和其他农产品征收 20%的进口关税，而罗马人从恺撒大帝时代之前起依靠海关收入来支持帝国的扩张和维护。在征收税赋的地方，会出现关于税率和征税方法的争议。例如罗马政府因征收关税而被指控对罗马商人“不公平的行为和无理取闹”，据说这些罗马商人铤而走险，走私以避免关税。以从价税为例，海关估价就是解决“从价”计算的问题，“从价”税率是以进口货物价值的百分比表示的，如果进口商品的数量是固定的，例如每升进口酒 0.2 美分，“特定”税也可以进行估计并加以征收。或者，特定进口商品的税率可能是从价税和特定税率（即“复合税率”）的组合。尽管如此，从价税率在国际贸易中是最为常见的，因为 WTO 成员对其所有关税表中的一小部分商品都采用了从价税率的征税方法。对于特定商品的进口，从价税的数额是通过将进口货物的海关价值乘以进口货物的税率来确定的。而海关如何确定进口产品价值对于进口商来说同货物关税表中的关税税率同样重要，因为这两者都是海关价值的基础，而且税率一起决定了关税的大小，而这种关税，进口商无论如何都要上缴的。

在 GATT 之前的 1947 年，工业化国家的平均关税率为 20%～30%。经过 GATT 的 8 轮关税谈判后，工业化国家对非农产品的平均关税率约为 5.5%。例如，1994 年乌拉圭回合的实施，美国对非农产品的平均关税只有 3.2%，几乎有一半适用于这种货物的关税是免税的。鉴于这些关税减免，可见海关估价的重要性。如果进口税减至微不足道或完全消失，那么用于计算的规则还有什么用处呢？尽管 GATT 取得了空前的成功，国际贸易关税已经降到很低的水平，但进口关税仍然是国际贸易领域中一个不可忽视的重要因素。在发展中国家尤其如此，所有商品的关税平均适用率是 16.9%。即使在平均税率较低的工业化国家，一些工业产品和部门以及许多农产品仍然受到 20%或更高关税的保护。此外，一些发展中国家的收入很大程度上依靠关税收入。即使进口关税完全消除，海关估价规则的需求仍然存在。一个重要原因是一些国家对进口产品使用了增值税、消费税或销售税，与关税不同，这些税收不受 GATT 或 WTO 关税削减的限制。海关当局通常采用相同的海关估价规则来计算这些进口税。

在 1973—1979 年东京回合中，GATT 缔约方谈判了一个通用的海关估价制度。尽管基于布鲁塞尔价值定义的协调机制再次被提出，但是 GATT 各方却开始根据欧共体提出的一项提案进行案文谈判，欧共体提出的建议是结合美国、加拿大和欧洲的“最佳特征”（Best Features）。最终结果是 GATT 的“估价法”，与现行的 WTO《海关估价协议》大致相同。就像 1979 年东京回合谈判的其他原则一样，GATT 的“估价法”只限于那些选择接受其条款的 GATT 缔约方。事实证明，虽然所有发达国家都签署了 GATT 的“估价法”，但绝大多数发展中国家却选择不这样做。1979 年 4 月谈判结束时，这些分歧仍旧无法解决，因此 GATT 缔约方提交了两个“竞争”版本的评估准则，供发达国家代表团使用，以及修改后的版本，发展中国家附带“满足其贸易、金融和发展需要的特殊规定”条款的版本。WTO《海关估价协议》是 1986—1994 年乌拉圭回合谈判的结果，乌拉圭回合谈判的目的与“海关估价”有关，是为“适当改善，澄清或扩大”东京回合，从而使它在 GATT 各方中得到更广泛的接受。乌拉圭回合正式启动时，不到三分之一的 GATT 缔约方签署了“关贸总协定价值评估协议”，但是其条款在很大程度上重复了 1979 年 GATT 的“估价法”。

二、《海关估价协议》会议活动

对于进口商来说，海关产品价值估价过程中存在的问题可能与实际征收的税率一样严重。WTO《海关估价协议》旨在建立一个公平、统一和中立的海关估价制度，即一种符合商业规则的制度，它避免了不切实际的海关估价现象的发生。该协议提供了一套估价规则，扩大了 GATT 最初关于海关估价的规定，丰富了其内容并对相关条款进一步解释，使其更加精确。

乌拉圭回合部长级会议决定赋予海关当局在有理由怀疑进口货物申报价值存有异议的情况下要求提供进一步资料的权利。如果海关等相关职能部门对进口的货物申报价值存有合理的疑问，尽管有任何补充信息，也可以认为进口货物的海关价值不能以申报价格为基础确定，因而需要进一步进行海关估价行动。

2018 年 4 月 23 日和 2018 和 11 月 19 日，海关估价委员会分别举办了《海关估价协议》第 66 期和第 67 期会议。根据《海关估价协议》第 22 条的规定，海关估价委员会应每年审查协议的执行和运作情况，同时要考虑协议的目标，海关估价委员会的年度审查应根据其目标和具体义务，涵盖《海关估价协议》的实施和运作。在 2018 年 11 月 19 日会议上，海关估价委员会对《海关估价协议》的执行和运作进行了第 24 次年度审查。

2018 年 4 月 23 日，海关估价委员会举行了《海关估价协议》第 66 期会议。世界海关组织的代表兰・克里默先生报告了海关估价技术委员会的工作，同时，海关估价委员会继续检查各成员的立法情况，同意继续审查巴林、伯利兹、中国、几内亚、洪都拉斯、哈萨克斯坦、马拉维、尼泊尔、尼日利亚、俄罗斯、卢旺达、所罗门群岛、斯里兰卡和冈比亚等成员的立法。

2018 年 11 月 19 日，海关估价委员会举行了《海关估价协议》第 67 期会议。

海关估价委员会继续审查各成员的立法情况。在这方面，同意继续审查巴林、伯利兹、中国、几内亚、洪都拉斯、哈萨克斯坦、马拉维、尼泊尔、尼日利亚、俄罗斯、卢旺达、所罗门群岛、斯里兰卡和冈比亚等成员的立法。

会议审查了根据委员会 1995 年 5 月 12 日会议通过的并载于文件 G/VAL/5 两项决定的通知，决定的内容包括“进口货物完税价格的处理”和“数据处理设备承载介质承载软件的估值”。同时，会议同意在下一次会议上回复乌拉圭的提案，在文件 G/VAL/W/241/Rev.1 中，乌拉圭提出关于更新运营商媒体决定的建议，瑞士就乌拉圭的该提案提交了评论，根据委员会的要求，秘书处准备了一份关于运营商媒体产品进口数据的报告。

同时，海关估价委员会表示，如果为世界海关组织海关估价技术委员会准备的信息文件也同时能为 WTO 所使用的话，那么技术援助活动的透明度将会大大提高。在会议上，欧盟代表对成员和秘书处提供的技术援助表示赞赏，并指出，在有关贸易便利化和海关估价这两个有着密切联系的方面，技术援助能力建设方案将会有更大的潜力。

此外，海关估价协议主席回顾说，委员会在上一次会议上商定重新审议美国和加拿大两国针对与货物估价有关的亚美尼亚参考价格制度提出的一些问题，委员会注意到上述三方提供的文件和资料，并同意在下次会议上再讨论这一问题。同时，泰国代表告知委员会，在这一问题上取得了积极进展，泰国代表团感谢巴基斯坦继续提供合作。泰国和巴基斯坦之间关于纸产品海关估价的问题。

三、《海关估价协议》执行情况

WTO 成员于 2016 年 12 月 31 日开始全面执行《海关估价协议》，海关估价委员会至今已结束了对厄瓜多尔、马里、摩尔多瓦、南非和乌克兰的立法审查，并继续对巴林、伯利兹、中国、几内亚、洪都拉斯、哈萨克斯坦、马拉维、尼泊尔、尼日利亚、俄罗斯、卢旺达、所罗门群岛、斯里兰卡和冈比亚的立法审查。此外，委员会收到了哈萨克斯坦对标准化问题清单的答复。

关于技术援助方面，WTO 成员和秘书处都做了相关的工作，中国从上一次会议结束后，接受了来自尼日利亚、埃塞俄比亚、塞舌尔、冈比亚、利比里亚等成员的 35 名培训员，培训的内容包括中国的海关估价控制和海关估价的工作流程与思路。

四、涉及《海关估价协议》的贸易争端

2017 年和 2018 年 WTO 监测报告显示，《海关估价协议》在成员争端解决中使用的频率仍较低，从 WTO 成立到 2018 年底，各成员提起的贸易争端案件中共有 17 起涉及《海关估价协议》，见表 4.3。

表 4.3　　1995—2019 年涉及《海关估价协议》的争端解决磋商请求

案件编号	案件	申诉方	被诉方	磋商时间	进展
DS485	某些农产品和制造产品的关税待遇	欧盟	俄罗斯	2014 年 10 月 31 日	报告通过并建议实施与报告相一致的措施
DS457	对某些农产品进口的附加税	危地马拉	秘鲁	2013 年 4 月 12 日	报告通过并建议实施与报告相一致的措施
DS371	菲律宾香烟的海关和财政措施	菲律宾	泰国	2008 年 2 月 7 日	执行裁决
DS370	来自欧共体的某些产品的海关估价	欧共体	泰国	2008 年 1 月 25 日	协商
DS366	入境口岸的指示性价格和限制	巴拿马	哥伦比亚	2007 年 7 月 12 日	通告执行情况
DS348	关于从巴拿马进口某些货物的海关措施	巴拿马	哥伦比亚	2006 年 7 月 20 日	终止
DS298	海关估价和其他用途的某些定价措施	危地马拉	墨西哥	2003 年 7 月 22 日	终止
DS241	来自巴西的家禽最终反倾销税	巴西	阿根廷	2001 年 11 月 7 日	报告通过并建议实施与报告相一致的措施
DS210	管理建立海关关税的措施	美国	比利时	2000 年 10 月 12 日	终止
DS198	最低进口价格措施	美国	罗马尼亚	2000 年 5 月 30 日	报告通过并建议实施与报告相一致的措施

续表

案件编号	案件	申诉方	被诉方	磋商时间	进展
DS197	最低进口价格措施	美国	巴西	2000 年 5 月 30 日	协商
DS183	进口许可证和最低进口价格措施	欧盟	巴西	1999 年 10 月 14 日	协商
DS134	对稻米某些进口关税的限制	印度	欧盟	1998 年 5 月 27 日	协商
DS56	影响鞋类、纺织品、服装和其他物品进口的措施	美国	阿根廷	1996 年 10 月 4 日	通告执行情况
DS17	稻米进口关税	泰国	欧盟	1995 年 10 月 5 日	协商
DS13	谷物进口关税	美国	欧盟	1995 年 7 月 19 日	终止
DS9	谷物进口关税	加拿大	欧盟	1995 年 6 月 30 日	成立专家组

资料来源：根据 WTO 网站资料整理，https://www.wto.org/english/tratop_e/dispu_e/find_dispu_cases_e.htm。

五、技术援助

主席回顾说，如文件 G/Val/5 所述，海关估价委员会在 1995 年 5 月 12 日的会议上一致认为应提高技术援助活动的透明度，如果为世界海关组织海关估价技术委员会编写的资料文件也作为 WTO 的文件提供，活动将得到保证。因此，文件 G/Val/8/Add.37 载有关于世界海关组织成员和世界海关组织秘书处开展的技术援助活动的最新资料。世界海关组织的代表介绍了世界海关组织成员和秘书处开展的技术援助活动的最新情况。2018 年 5 月 15 日，沙特阿拉伯和日本在清关后审计方面向越南和不丹开展了两项技术援助活动。

海关组织秘书处开展了下列技术援助和能力建设活动：海关估价和关税分类基础设施诊断团，2018 年 4 月 9 日至 13 日，科特迪瓦在阿塞拜疆为欧洲区域海关估价专家举办的认证讲习班；2018 年 7 月 23 日至 27 日，举办了关于海关估价和国家培训讲习班，受益者为塞内加尔海关；2018 年 8 月 20 日至 24 日，在塞拉利昂举办了国家海关估价讲习班；2018 年 8 月 27 日至 31 日，海关瓦鲁阿基础设施诊断特派团到利比里亚进行关税分类的培训工作；2018 年 10 月 15 日，东部和南部非洲法语国家海关估价和关税分类培训员对毛里求斯进行培训；

2018 年 10 月 15 日，开办了巴哈马海关估价国家讲习班。

诊断团的目的之一是检查现有的海关基础设施，以评估该基础设施是否足够健全，是否有必要的机构适当地执行海关资源评估。例如，训练有素的海关官员、独立的上诉机构和清关后审计单位。诊断团还确定了该国的国家立法是否符合《海关估价协议》，以及海关是否有与私营部门的适当关系。

主席回顾说，委员会在执行和管理能力建设方面提供技术援助的工作方案现已纳入技术合作框架和 WTO 的总体技术援助方案。WTO 目前正在执行文件 WT/COMTD/W/227/Rev.1 所载的 2018 年和 2019 年两年期技术援助计划。

秘书处的 Dolores 女士介绍了 2018 年 4 月委员会上次会议之后的技术援助活动报告。技术合作委员会的大多数成员开办了 WTO 区域贸易政策课程就《海关估价协议》提供了技术援助。秘书处没有收到任何要求各成员有关《海关估价协议》提供援助的请求。

六、海关估价委员会审查的具体技术问题和取得的成果

毛里求斯向海关估价委员会提交的第一个问题涉及在“闪电销售”购买的进口货物的估价。技术委员会就这一问题咨询意见草案达成了协商一致意见。将以三种语言提交下次会议核准。

乌拉圭提出的第二个问题涉及《海关估价协议》第 8.1（b）条规定的调整价值的解释。技术委员会决定在第四十八届会议上继续讨论这个问题。

加拿大提出的第三个问题涉及根据第 1 条向进口国的出口。技术委员会决定在第四十八届会议上继续讨论这个问题。

乌拉圭提交的第四个问题涉及《海关估价协议》第 8.1（c）条规定的特许权使用费和许可费。技术委员会决定在第四十八届会议上继续讨论这个问题。

中国提出的第五个也是最后一个问题，涉及根据《海关估价协议》第 8.1（c）条就特许权使用费和许可费支付的所得税，附加所得税要素除外与咨询意见的 4.17 相似。技术委员会决定在第四十八届会议上继续讨论这个问题。

第五章

贸易救济措施

第一节　反　倾　销

一、《反倾销协议》实施情况

（一）反倾销案件情况

根据 WTO 成员向 WTO 通报的反倾销情况，2017 年各成员共发起 249 起反倾销调查，实施反倾销措施 18 起；2018 年案件数量有所下降，共发起反倾销调查 202 起，实施反倾销措施 28 起。如表 5.1 所示，2017 年、2018 年全球反倾销的发起数量在 2016 年的高峰后有所下降，而从实施数看，自 2014 年起，反倾销措施不断攀升，而 2018 年成为了 2008 年以来全球实施反倾销措施最多的一年。

2017 年反倾销的发起集中在美国（55 起）、印度（49 起）、中国（24 起）、澳大利亚（16 起）、加拿大（14 起）；2018 年则集中在美国（34 起）、印度（32 起）、阿根廷（19 起）、中国（16 起）、加拿大（14 起）、澳大利亚（12 起）。从反倾销的实施数量看，2017 年实施数量最多的是印度和美国，分别为 47 起和 33 起，其次为澳大利亚（14 起）、巴基斯坦（12 起）、欧盟（11 起）以及巴西、加拿大、土耳其（各 10 起）；2018 年反倾销的实施同样集中在美国和印度，分别为 41 起和 37 起，数量排在之后的为中国（23 起）、巴基斯坦（19 起）、阿根廷（13 起）和土耳其（10 起）。

表 5.1　　2008—2018 年 WTO 成员发起反倾销调查和采取措施数

年度	发起数	最终措施数
2008	218	143

续表

年度	发起数	最终措施数
2009	217	143
2010	173	134
2011	165	99
2012	208	121
2013	287	161
2014	236	157
2015	229	181
2016	298	171
2017	249	192
2018	202	203
1995—2018 年合计	5733	3 805

资料来源：WTO. Statistics on Anti-dumping.http://www.wto.org/english/tratop_e/adp_e/adp_e.htm. 2020－05－16.

（二）反倾销通报与审议情况

WTO 反倾销实施委员会于 2017 年 10 月 25 日和 2018 年 10 月 24 日分别发布了 2017 年（2016 年 10 月 27 日至 2017 年 10 月 25 日）和 2018 年（2017 年 10 月 25 日至 2018 年 10 月 24 日）年度报告，涵盖了 WTO 成员在这两个审议期间有关反倾销的通报情况，以及委员会在 2017 年和 2018 年召开的春季和秋季会议上对成员通报的审议等情况。

根据《关于执行 1994 年关税与贸易总协定第六条的协议》（通常称为《反倾销协议》）第 18.5 条和反倾销委员会 1995 年 2 月的决定，所有拥有全部或部分适用于本协议所涵盖的反倾销税调查或复审的新的或现有立法和/或条例的成员，均须将这些立法和/或条例的完整文本通报委员会，还应通报成员法律和/或法规的变更。截至 2017 年 10 月 25 日，80 个 WTO 成员通报了反倾销法律法规情况[①]，37 个 WTO 成员通报了其尚无反倾销法律法规，19 个成员未进行任何反倾销法律法规通报。在 2017 年审议期间，委员会审议了

① 欧盟为一个成员。

亚美尼亚、巴西、萨尔瓦多、欧盟、印度、日本、吉尔吉斯斯坦和新西兰提交的新的立法通报。在 2018 年审议期间，委员会审议了阿富汗、澳大利亚、巴西、柬埔寨、加拿大、中国、欧盟、日本、中国台湾和利比里亚提交的新的立法通报。

根据《反倾销协议》第 16.4 条，WTO 各成员应每半年一次就其在前 6 个月内采取的反倾销行动提供报告。截至 2017 年 10 月 25 日，已有 45 个成员向反倾销委员会通报在 2017 年上半年采取了反倾销行动，8 个成员通报在此期间未采取反倾销行动，有 23 个成员向主管部门进行了通报，有 13 个成员未向主管部门或 WTO 进行通报。此外，有 47 个成员依照《反倾销协议》第 16.4 条和第 16.5 条提交了一次性通报。截至 2018 年 10 月 24 日，已有 44 个成员向反倾销委员会通报在 2017 年下半年采取了反倾销行动，19 个成员通报在此期间未采取反倾销行动，有 13 个成员向主管部门进行了通报，有 11 个成员未向主管部门或 WTO 进行通报。有 40 个成员向反倾销委员会通报在 2018 年上半年采取了反倾销行动，15 个成员通报在此期间未采取反倾销行动，有 21 个成员向主管部门进行了通报，有 11 个成员未向主管部门或 WTO 进行通报。此外，有 49 个成员依照《反倾销协议》第 16.4 条和第 16.5 条提交了一次性通报。在 2017 和 2018 年的春季与秋季会议上，委员会就收到的成员对初步和最终反倾销行动的通报进行了审议。

（三）反倾销争端情况

在 2017 年和 2018 年分别有 5 起和 8 起贸易争端案件援引《反倾销协议》提起磋商请求，详见表 5.2。

表 5.2　2017—2018 年度反倾销贸易争端情况

争端编号	起诉时间	起诉方	被诉方	涉案产品	争端主题
DS521	2017 年 1 月 27 日	俄罗斯	欧盟	冷轧扁钢产品	反倾销措施
DS529	2017 年 9 月 1 日	印度尼西亚	澳大利亚	A4 复印纸	反倾销措施
DS530	2017 年 9 月 19 日	乌克兰	哈萨克斯坦	钢管	反倾销措施
DS534	2017 年 11 月 28 日	加拿大	美国	软木木材	对采用差别定价法的反倾销措施

续表

争端编号	起诉时间	起诉方	被诉方	涉案产品	争端主题
DS535	2017 年 12 月 20 日	加拿大	美国	未限定具体产品	某些系统性贸易救济措施的法律法规
DS536	2018 年 1 月 8 日	越南	美国	鱼片	反倾销措施
DS538	2018 年 1 月 24 日	阿联酋	巴基斯坦	双轴取向聚丙烯薄膜	反倾销措施
DS539	2018 年 2 月 14 日	韩国	美国	某些耐腐蚀钢制品、冷轧扁钢制品、热轧扁钢制品和大型电力变压器	对某些产品征收反倾销和反补贴税以及利用现有事实
DS553	2018 年 6 月 18 日	日本	韩国	不锈钢棒	反倾销税
DS555	2018 年 7 月 5 日	突尼斯	摩洛哥	学校作业簿	临时反倾销措施
DS569	2018 年 7 月 5 日	乌克兰	亚美尼亚	钢管	反倾销措施
DS570	2018 年 10 月 17 日	乌克兰	吉尔吉斯斯坦	钢管	反倾销措施
DS572	2018 年 11 月 29 日	阿根廷	秘鲁	生物柴油	反倾销和反补贴措施

资料来源：根据 WTO 网站资料整理，https://www.wto.org/english/tratop_e/dispu_e/dispu_agreements_index_e.htm。

（四）中国的反倾销情况

根据各成员历年向 WTO 进行通报的反倾销调查的数量（见图 5.1），中国一直是全球遭遇反倾销调查最多的成员，2016 年遭遇的反倾销数量达到高峰（93 起）。虽然 2018 年遭遇的调查数量下降至 60 起，但占全球反倾销总量的比例仍然高达 30%。从对中国累计发起最多反倾销调查的成员看，中国遭遇的反倾销不仅来自美国、欧盟这两个逆全球化趋势最为明显的发达经济体，而且有很大比例来自印度、阿根廷、巴西等发展中经济体。虽然中国已逐渐成为世界主要的反倾销发起方之一，但相形之下，中国发起的反倾销数依然远低于遭遇的反倾销数。

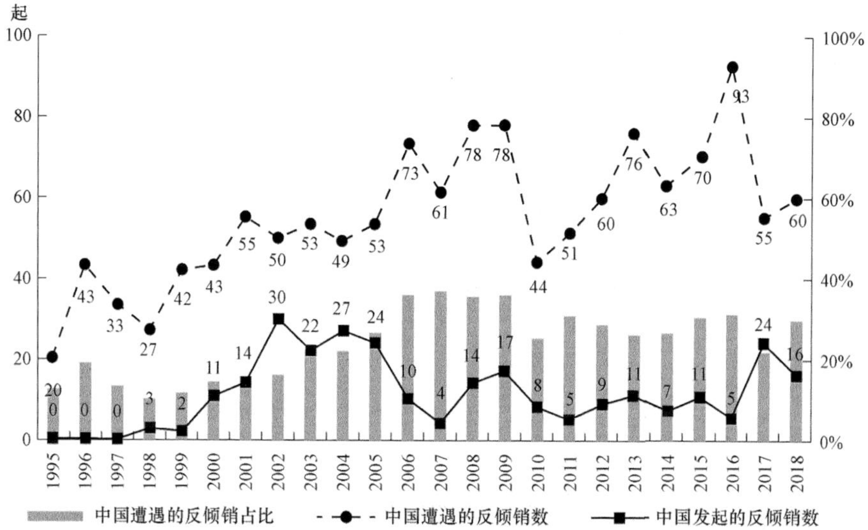

图 5.1　1995—2018 年中国发起和遭遇的反倾销调查数量

资料来源：根据 WTO 网站资料整理，https://www.wto.org/english/tratop_e/dispu_e/dispu_agreements_index_e.htm。

表 5.3 列出了中国在 2017—2018 年对外发起的反倾销调查情况。从这两年的数据看，中国的对外反倾销集中于化学原料和制品行业，被诉方则集中于美国和日本，其次为韩国和印度。

表 5.3　　2017—2018 年中国发起反倾销调查情况

立案时间	案件名称	被诉方	涉案行业
2017/2/13	中国对印度邻氯对硝基苯胺反倾销案	印度	化学原料和制品
2017/3/6	中国对泰国双酚 A 反倾销案	泰国	化学原料和制品
2017/3/27	中国对日本甲基异丁基（甲）酮反倾销案	日本	化学原料和制品
2017/3/27	中国对南非甲基异丁基（甲）酮反倾销案	南非	化学原料和制品
2017/3/27	中国对韩国甲基异丁基（甲）酮反倾销案	韩国	化学原料和制品
2017/6/8	中国对印度间苯氧基苯甲醛反倾销案	印度	化学原料和制品
2017/6/23	中国对韩国苯乙烯反倾销案	韩国	化学原料和制品
2017/6/23	中国对中国台湾苯乙烯反倾销案	中国台湾	化学原料和制品
2017/6/23	中国对美国苯乙烯反倾销案	美国	化学原料和制品
2017/8/18	中国对巴西白羽肉鸡反倾销案	巴西	农产品

续表

立案时间	案件名称	被诉方	涉案行业
2017/8/30	中国对欧盟卤化丁基橡胶反倾销案	欧盟	化学原料和制品
2017/8/30	中国对美国卤化丁基橡胶反倾销案	美国	化学原料和制品
2017/8/30	中国对新加坡卤化丁基橡胶反倾销案	新加坡	化学原料和制品
2017/10/16	中国对美国氢碘酸反倾销案	美国	化学原料和制品
2017/10/16	中国对日本氢碘酸反倾销案	日本	化学原料和制品
2017/10/30	中国对美国乙醇胺反倾销案	美国	化学原料和制品
2017/10/30	中国对沙特阿拉伯乙醇胺反倾销案	沙特阿拉伯	化学原料和制品
2017/10/30	中国对泰国乙醇胺反倾销案	泰国	化学原料和制品
2017/10/30	中国对马来西亚乙醇胺反倾销案	马来西亚	化学原料和制品
2017/11/9	中国对韩国丁腈橡胶反倾销案	韩国	化学原料和制品
2017/11/9	中国对日本丁腈橡胶反倾销案	日本	化学原料和制品
2017/12/29	中国对马来西亚正丁醇反倾销案	马来西亚	化学原料和制品
2017/12/29	中国对美国正丁醇反倾销案	美国	化学原料和制品
2017/12/29	中国对中国台湾正丁醇反倾销案	中国台湾	化学原料和制品
2018/1/23	中国对印度邻二氯苯反倾销案	印度	化学原料和制品
2018/1/23	中国对日本邻二氯苯反倾销案	日本	化学原料和制品
2018/2/4	中国对美国高粱反倾销案	美国	农产品
2018/3/26	中国对泰国苯酚反倾销案	泰国	化学原料和制品
2018/3/26	中国对美国苯酚反倾销案	美国	化学原料和制品
2018/3/26	中国对日本苯酚反倾销案	日本	化学原料和制品
2018/3/26	中国对韩国苯酚反倾销案	韩国	化学原料和制品
2018/3/26	中国对欧盟苯酚反倾销案	欧盟	化学原料和制品
2018/7/23	中国对欧盟不锈钢钢坯和不锈钢热轧板/卷反倾销案	欧盟	钢铁工业
2018/7/23	中国对印度尼西亚不锈钢钢坯和不锈钢热轧板/卷反倾销案	印度尼西亚	钢铁工业

续表

立案时间	案件名称	被诉方	涉案行业
2018/7/23	中国对韩国不锈钢钢坯和不锈钢热轧板/卷反倾销案	韩国	钢铁工业
2018/7/23	中国对日本不锈钢钢坯和不锈钢热轧板/卷反倾销案	日本	钢铁工业
2018/10/16	中国对日本立式加工中心反倾销案	日本	专用设备
2018/10/16	中国对中国台湾立式加工中心反倾销案	中国台湾	专用设备
2018/11/19	中国对澳大利亚大麦反倾销案	澳大利亚	农产品
2018/11/26	中国对印度 7－苯乙酰氨基－3－氯甲基－4－头孢烷酸对甲氧基苄酯反倾销案	印度	化学原料和制品

资料来源：中国贸易救济信息网，http://cacs.mofcom.gov.cn.

二、反倾销实施委员会会议情况

（一）2017 年秋季会议议题

反倾销委员会 2017 年秋季会议于 2017 年 10 月 25 日举行。会议期间，委员会审议了成员提交的关于反倾销法律的通报，并对各成员提交的 2017 年上半年报告进行了审议，没有成员对亚美尼亚、澳大利亚、海湾合作委员会成员国、智利、哥伦比亚、哥斯达黎加、埃及、萨尔瓦多、印度尼西亚、日本、哈萨克斯坦、吉尔吉斯斯坦、马来西亚、新西兰、秘鲁、菲律宾、南非、中国台湾、泰国、越南的半年报提出意见或质疑。关于巴西的半年报，俄罗斯对关于热轧钢的反倾销调查提出质疑。土耳对巴西于 2017 年 2 月 24 日发起的聚对苯二甲酸乙二醇酯薄膜反倾销措施的日落复审发表意见。对于加拿大的半年报，老挝和哈萨克斯坦对金属硅的调查提出质疑。关于中国的半年报，韩国对 2017 年 6 月开始对苯乙烯发起的反倾销调查提出意见。关于多米尼加共和国的半年报，土耳其就自 2011 年以来对钢筋产品的持续反倾销措施提出意见。关于欧盟的半年报，中国敦促欧盟履行《中国加入 WTO 议定书》第 15 条规定的义务，停止在对中国提起的反倾销诉讼中使用“替代国”法计算正常价值。关于印度的半年报，日本对间苯二酚的调查提出质疑，俄罗斯就印度对硝酸铵的调查提出质疑。卡塔尔对印度在经过 15 个月的调查后于 4 月对直链烷基苯实施的反倾销措施提出质疑，以及就印度在对烧碱产品的调查中出现类似的不一致情况发表意见。关于以色列的半年报，土耳其就对低压铜电缆和波特兰水泥的调查，以及就以色列将浮法玻璃的反倾销措施延长 4 年的决定发表了意见。关于韩国的半年报，日本就 2017 年 6 月对不锈钢棒反倾销措施的延长提出质疑。乌克兰对韩国对硅铁锰实施的临时反倾销措施（该措施的实施已超过 4 个月）提出质疑。关于墨西哥的半年报，哈萨克斯坦对墨西哥自 1999 年以来对冷轧薄板持续实施反倾销措施发表意见。关于摩洛哥的半年报，土耳其就摩洛哥 2017 年 9 月对冰箱实施的反倾销措施提出质疑。关于巴基斯坦的半年报，巴西就巴基斯坦对书写和印刷铜版纸的反倾销提出质疑。关于俄罗斯的半年报，欧盟对除草剂的反倾销调查提出质疑。关于土耳其的半年报，巴西对未漂白牛皮纸的调查提出质疑。关于乌克兰的半年报，俄罗斯对关于硝酸铵反倾销措施的临时审查，以及对电枢和线材发起的调查提出质疑。关于美国的半年报，日本重申关于美国对日本产品实施反倾销措施时间过长的意见。俄罗斯就美国对线材的调查提出质疑，韩国对美国在针对韩国的调查中采用“不利可得事实”的做法提出意见，并对石油管材的第二次行政复审提出质疑，在这次复审中美国调查当局再次认定韩国存在“特殊市场状况”。中国敦促美国履行《中国加入 WTO 议定书》第 15 条规定的义务，并终止在针对中国的反倾销诉讼中使用“替代国”方法计算正常价值。

对于成员提交的初步和最终反倾销行动通报，乌克兰就埃及对钢筋采取的临时措施提出质疑。针对同一项调查，土耳其指出，埃及工业协会没有按照《反倾销协议》第 3.4 条的规定依据国内工业的经济指标，如价格、销售额、就业、工资和利润的情况对损害进行认定。

会议讨论的议题还包括：俄罗斯对欧盟关于正常价值确定方法的基本反倾销条例修正案草案提出质疑并要求得到进一步说明。俄罗斯在 G/ADP/W/497 号文件中就其问题进行了书面说明，并向 WTO 成员进行了分发。欧盟提交了书面答复，并以 G/ADP/W/499 号文件分发。俄罗斯认为，自 2018 年 1 月 1 日起，欧盟在反倾销诉讼中对正常价值进行计算时，可以有效地将其“非市场经济”和“成本调整”方法扩大到 WTO 的所有成员。俄罗斯指出，欧盟的调查机构将在出口国市场寻找“重大扭曲”，即政府干预会影响报告的价格和成本，包括原材料和能源成本，而该立法草案没有对考虑这一扭曲的因素提供任何明确的定义，因此该草案对调查机构的自由裁量权和偏见没有任何限制。俄罗斯进一步认为，这一草案不符合 WTO 的《反倾销协议》。草案将使欧盟调查机构更容易对国外具有价格竞争力的商品施加更高的反倾销税，从而剥夺出口商的竞争优势。巴林、中国、哥伦比亚、埃及、哈萨克斯坦、科威特、阿曼、卡塔尔、沙特阿拉伯也发表了意见并要求欧盟进行说明，阿联酋也就此向委员会递送了书面声明。欧盟在会上做了口头评论和答复。

（二）2018 年春季会议议题

反倾销委员会 2018 年春季会议于 2018 年 4 月 25 日举行。会议期间，委员会审议了成员提交的关于反倾销法律的通报，并对各成员提交的 2017 年下半年报告进行了审议，没有成员对阿根廷、亚美尼亚、澳大利亚、巴西、加拿大、智利、哥伦比亚、哥斯达黎加、多米尼加、埃及、萨尔瓦多、欧盟、印度、日本、哈萨克斯坦、韩国、海湾合作委员会成员国、吉尔吉斯斯坦、马来西亚、墨西哥、摩洛哥、新西兰、巴拉圭、秘鲁、菲律宾、俄罗斯、南非、中国台湾、泰国、特立尼达和多巴哥、土耳其、越南的半年报提出疑问或意见。关于中国的半年报，日本对中国发起的关于其丁腈橡胶产品的反倾销调查，巴西对关于其肉鸡产品的反倾销调查提出质疑。关于印度尼西亚的半年报，哈萨克斯坦对关于其热轧钢卷的反倾销调查，乌克兰对关于其热轧钢板的日落复审提出疑问。关于以色列的半年报，土耳其重申对以色列调查波特兰水泥的质疑。关于巴基斯坦的半年期报告，巴西对无涂层书写和印刷纸的附加规定提出质疑。关于乌克兰的半年报，俄罗斯对硝酸铵临时措施的临时审查发表意见，还对乌克兰对脲醛产品的调查提出质疑；土耳其就乌克兰对注射器的调查提出质疑。关于美国的半年报，日本对美国针对日本产品的反倾销措施持续时间过长发表意见，印度尼西亚就美国对生物柴油产品的调查提出质疑，韩国对美国在反倾销调查中采用“不利可得事实”发表意见。关于成员通报的初步或最终反倾销行动，乌克兰就美国对进口碳素钢和合金钢盘条采取的反倾销措施提出质疑。

会议讨论的其他议题包括：秘鲁就巴西对秘鲁和巴林的双向拉伸聚酯的调查提出质疑。虽然这一调查不包含在巴西反倾销措施的半年报中，但秘鲁认为这一调查可能对其国内出口部门造成商业损害，因此有必要在多边论坛上对此提出质疑。

（三）2018 年秋季会议议题

反倾销委员会 2018 年秋季会议于 2018 年 10 月 24 日举行。会议期间，委员会审议了成员提交的关于其反倾销法律的通报，以及成员采取的反倾销行动的半年报。没有成员就阿根廷、澳大利亚、加拿大、智利、哥斯达黎加、多米尼加、埃及、日本、哈萨克斯坦、韩国、海湾合作委员会成员国、吉尔吉斯斯坦、马来西亚、摩洛哥、新西兰、巴基斯坦、菲律宾、俄罗斯、南非、中国台湾、泰国、土耳其、乌克兰、越南的报告提出意见或质疑。关于亚美尼亚的半年报，乌克兰对欧亚经济联盟对镀锌或镀膜扁钢产品的反倾销调查提出质疑。关于巴西的半年报，巴西解释其关于贸易救济措施的通报反映了公共利益分析的结果，这可能带来这些措施的暂停或变更。关于中国的半年报，巴西就中国对肉鸡或鸡肉产品的调查以及实施的临时反倾销措施提出质疑，日本对丁腈橡胶反倾销调查的初裁表示质疑。关于哥伦比亚的半年报，欧盟对冷冻薯条的反倾销调查提出质疑，智利对圆柱形金属桶的反倾销措施提出质疑。关于欧盟的半年报，俄罗斯对无缝钢管反倾销措施的日落复审发表意见。关于印度的半年报，土耳其对苏打灰反倾销措施的日落复审发表意见。关于印度尼西亚的半年报，哈萨克斯坦对热轧钢卷实施的反倾销税提出质疑。关于以色列的半年报，土耳其对低压铜电缆和波特兰水泥的调查发表意见。关于墨西哥的半年报，乌克兰对硅锰铁反倾销措施的日落复审提出质疑。关于秘鲁的半年报，巴西对特定钢筋产品的反倾销调查提出质疑。关于美国的半年报，韩国对美国采用“不利可得事实”和“特殊市场状况”的裁定提出质疑，日本对不锈钢棒反倾销措施的日落复审提出质疑。中国也对韩国的质疑表示认同，并指出只有在《反倾销协议》第 6.8 条规定的情况存在时，才能适用“不利可得事实”。俄罗斯也同意其他成员就美国对“特殊市场状况”方法的应用提出质疑。

会议讨论的其他议题包括：（1）主席鼓励在其他事项下提出问题的成员在会议之前向有关成员提供充分的通知，以确保相关成员在会议上做出答复。（2）主席就向各代表团分发文件方式的变化进行了说明。

（四）反倾销执行工作组和反规避非正式小组会议

执行问题工作组在 2017 年审查期间举行了两次会议，分别与委员会 2017 年春季和秋季的定期会议相连举行。在 2017 年 4 月的会议上，专家组讨论了启动调查的标准、标准测试的操作以及确保有效参与反倾销调查的问题。在 2017 年 10 月的会议上，专家组讨论了确定损害的相关议题，即分析进口对国内产业价格的影响以及分析国内产业进口的方法。

执行问题工作组在 2018 年审查期间举行了两次会议。在 2018 年 4 月的会议上，专家组讨论了倾销幅度计算中成本和利润的确定以及出口价格的计算方法。2018 年 10 月的会议讨论了对日落复审中倾销和损害继续或再次发生的可能性的确定方法以及反倾销调查当局的制度结构。

反规避措施非正式小组在 2017 年审查期间举行了两次会议，与 2017 年 4 月和 10 月的委员会定期会议接连举行。在 2017 年 4 月的会议上，欧盟详细解释了其反规避法律和实践。委员们提出问题并发表评论。在 2017 年 10 月的会议上，美国详细解释了其根据 2015 年《强制执行和保护法》做出的第一项决定。委员们提出问题并发表评论。

反规避非正式小组同样在 2018 年审查期间举行了两次会议。在 2018 年 4 月的会议上，印度详细解释了其反规避调查的规定和做法。印度与专家组分享了 2017 年 2 月和 8 月发生的两起案件。委员们提出问题并发表评论。在 2018 年 10 月的会议上，加拿大详细介绍了其新的反规避程序。委员们提出问题并发表评论。澳大利亚还表示有意在 2019 年 4 月的小组会议上分享其反规避调查的经验。

第二节 反 补 贴

一、《补贴与反补贴措施协议》实施情况

（一）全球反补贴措施情况

根据 WTO 成员向 WTO 通报的反补贴情况，2017 年各成员共发起反补贴调查 41 起，实施反补贴措施 18 起；2018 年案件数量有所上升，共发起反补贴调查 55 起，实施反补贴措施 28 起。如表 5.4 所示，2018 年全球反补贴的发起和实施数达到 2008 年以来的最高点。

2017 年的反补贴发起成员主要是美国与加拿大，美国共发起 24 起反补贴，加拿大共发起 11 起；2018 年的发起成员主要是美国和印度，美国共发起 24 起，印度发起 10 起。从反补贴的实施数量看，2017 年实施数量最多的是美国，共实施 11 起，澳大利亚位列第二，共实施 3 起；2018 年反补贴的实施则集中在美国和加拿大，分别为 18 起和 6 起。

表 5.4　　2008—2018 年 WTO 成员发起反补贴调查和采取措施数

年度	发起数	最终措施数
2008	16	11
2009	28	9
2010	9	19
2011	25	9

续表

年度	发起数	最终措施数
2012	23	10
2013	33	13
2014	45	11
2015	31	15
2016	34	24
2017	41	18
2018	55	28
1995—2018 年合计	541	285

资料来源：WTO. Statistics on subsidies and countervailing measures. https://www.wto.org/english/tratop_e/safeg_e/safeg_e.htm.

（二）补贴与反补贴措施的通报情况

WTO 补贴与反补贴措施委员会于 2017 年 10 月 24 日和 2018 年 10 月 23 日分别发布了 2017 年（2016 年 10 月 25 日至 2017 年 10 月 24 日）和 2018 年（2017 年 10 月 24 日至 2018 年 10 月 23 日）年度报告，涵盖了委员会在 2017 年和 2018 年召开的春季和秋季会议情况以及 WTO 成员有关补贴与反补贴的通报情况等。

补贴与反补贴措施委员会在 2017 年和 2018 年春季和秋季例行会议和特别会议上，就收到的 2017 年度的完整补贴通报以及往年[①]的完整补贴通报做出审议。

截至 2017 年 10 月 24 日，20 个 WTO 成员已依照《补贴与反补贴措施协议》第 25.1 条通报了 2017 年度补贴措施情况，11 位成员通报未保留应通报的补贴。在 2017 年春季的例行会议上，委员会决定，2005 年 4 月所采用的审议 2005 年新的完整通报的程序也将适用于对 2017 年新的完整通报的审议。根据该决定，委员会在 2017 年 10 月 24 日举行的特别会议上审议了布隆迪、加蓬、格林纳达、中国澳门、马拉维、马里、摩尔多瓦、巴拉圭和多哥的 2017 年通报。

截至 2018 年 10 月 23 日，40 个成员已通报了 2017 年度的补贴措施情况，18 个成员已通报未保留任何应通报的补贴。委员会在 2018 年 4 月 24 日举行的

① 每两年为一个通报周期，包括 2015 年、2013 年、2011 年、2009 年、2007 年、2005 年、2003 年、2001 年和 1998 年。

特别会议上，审查了关于加拿大、智利、古巴、欧盟、危地马拉、洪都拉斯、中国香港、冰岛、日本、约旦、哈萨克斯坦、韩国、马来西亚、新西兰、阿曼、巴布亚新几内亚、秘鲁、新加坡、中国台湾、土耳其、乌克兰和赞比亚的 2017 年度通报情况。在 2018 年 10 月 23 日举行的特别会议上，委员会审查了阿富汗、安提瓜和巴布达、阿根廷、澳大利亚、巴林、伯利兹、博茨瓦纳、巴西、哥斯达黎加、多米尼克、多米尼加、厄瓜多尔、萨尔瓦多、欧盟、列支敦士登、马达加斯加和挪威、菲律宾、沙特阿拉伯、瑞士、泰国、马其顿和美国的 2017 年度通报。

委员会也就成员的反补贴税法律或法规进行审议。截至 2017 年 10 月 24 日，依照《补贴与反补贴措施协议》第 32.6 条及委员会决议，已有 110 个成员向委员会通报了其反补贴税法规情况，有 26 个成员尚未进行通报。在 2017 年 4 月 25 日和 10 月 24 日举行的例行会议上，委员会审查了亚美尼亚、巴西、喀麦隆、萨尔瓦多、欧盟、印度、日本、吉尔吉斯斯坦、新西兰和俄罗斯关于反补贴税法规的通知。

截至 2018 年 10 月 23 日，已有 113 个成员已将其反补贴税法规向委员会进行了通报，尚有 25 个成员未进行通报。在 2018 年 4 月 24 日和 10 月 23 日举行的例行会议上，委员会审查了阿富汗、澳大利亚、巴西、柬埔寨、喀麦隆、加拿大、中国、萨尔瓦多、欧盟、印度、日本、利比里亚、新西兰和中国台湾的反补贴税法规通报。

（三）补贴与反补贴争端情况

2017 年和 2018 年各有 5 起贸易争端案件援引《补贴与反补贴措施协议》提起磋商请求，详见表 5.5。

表 5.5　　2017—2018 年补贴与反补贴争端情况

争端编号	起诉时间	起诉方	被诉方	涉案产品	争端主题
DS519	2017 年 1 月 12 日	美国	中国	原铝	反补贴措施
DS522	2017 年 2 月 8 日	巴西	加拿大	商用飞机	反补贴措施
DS523	2017 年 3 月 8 日	土耳其	美国	管材产品	反补贴措施
DS533	2017 年 11 月 28 日	加拿大	美国	软木木材	反补贴措施
DS535	2017 年 12 月 20 日	加拿大	美国	未限定具体产品	系统性贸易救济措施

续表

争端编号	起诉时间	起诉方	被诉方	涉案产品	争端主题
DS539	2018 年 2 月 14 日	韩国	美国	某些耐腐蚀钢制品、冷轧扁钢制品、热轧扁钢制品和大型电力变压器	反倾销税与反补贴税
DS541	2018 年 3 月 14 日	美国	印度	未限定具体产品	出口相关措施
DS563	2018 年 8 月 14 日	中国	美国	可再生能源	关于可再生能源行业的特定措施
DS571	2018 年 11 月 6 日	日本	韩国	商用船只	反补贴措施
DS572	2018 年 11 月 29 日	阿根廷	秘鲁	生物柴油	反倾销与反补贴措施

资料来源：根据 WTO 网站资料整理，https://www.wto.org/english/tratop_e/dispu_e/dispu_agreements_index_e.htm。

（四）中国的反补贴情况

如表 5.6 所示，在 2017 年和 2018 年，中国分别发起 1 起和 3 起反补贴调查。2018 年发起的调查数量有所上升。

表 5.6　　　　2009—2018 年中国发起反补贴调查和采取措施数

年度	发起数	最终措施数
2009	3	0
2010	1	2
2011	0	2
2012	2	0
2013	1	0
2014	0	2
2016	1	0
2017	1	1
2018	3	1
1995—2018 年合计	12	8

资料来源：WTO.Statistics on Subsidies and Countervailing Measures. https:// www.wto.org/english/tratop_e/safeg_e/safeg_e.htm.

2017 年和 2018 年中国发起的反补贴调查的具体信息见表 5.7。

表 5.7　　2017—2018 年度中国发起反补贴调查情况

原立案时间	案件名称	被诉方	涉案行业
2017 年 2 月 13 日	中国对印度邻氯对硝基苯胺反补贴案	印度	化学原料和制品工业
2018 年 2 月 4 日	中国对美国高粱反补贴案	美国	农产品
2018 年 11 月 26 日	中国对印度 7－苯乙酰氨基－3－氯甲基－4－头孢烷酸对甲氧基苄酯反补贴案	印度	化学原料和制品工业
2018 年 12 月 21 日	中国对澳大利亚大麦反补贴案	澳大利亚	农产品

资料来源：中国贸易救济信息网，http://cacs.mofcom.gov.cn/index.shtml.

二、补贴与反补贴委员会会议情况

（一）2017 年秋季会议议题

补贴与反补贴措施委员会秋季例行会议于 2017 年 10 月 24 日召开。委员会对成员的补贴与反补贴相关通报进行了审议。

成员也就其他成员提交的半年度报告发表意见。中国就欧盟对其钢铁产品的反补贴调查提出质疑，认为欧盟委员会在调查中采取了诸多不合理做法，希望欧盟停止这些错误做法并保证中国企业的权利。哈萨克斯坦就美国对从哈萨克斯坦进口的金属硅发起反补贴调查提出质疑。美国认为哈萨克斯坦政府及出口企业没有采取合作态度，仅仅是因为哈萨克斯坦因 ACCESS 电子系统本身的一些技术问题在超过截止时间 8 分 22 秒后提交对调查表的回复。土耳其就美国对从土耳其进口的钢铁产品发起反补贴调查提出质疑，并已将相关问题诉诸 WTO 争端解决机构，要求美国考虑上诉机构和专家小组在当前案件中关于交叉累积（Cross Cumulation）做法的裁定，不要将补贴进口的影响与非补贴的倾销进口的影响进行累积；并且指出，作为一个发展中成员，如果每单位补贴率不超过 2%的阈值，美国应终止对土耳其的调查。欧盟就美国对从欧盟进口的成熟橄榄发起反补贴税调查的程序问题提出质疑，指出美国要求提供资料的要求极为繁重且不合理，并要求美国在调查中采取合理、适度的方式。

2017 年秋季会议讨论的议题还包括：通报的及时性和完整性问题；美国关于中国钢铁补贴透明度的质疑和请求；美国关于中国渔业补贴透明度的质疑和请求；美国关于中国没有通报其国际知名品牌项目补贴的质疑和请求；美国关于印度取消纺织品和服装出口补贴的请求；美国关于印度已超过协议附件毕业条款规定的门槛因此应取消补贴的意见和请求；美国关于 WTO 提高渔业补贴透明度的意见和请求；加拿大、欧盟、日本、墨西哥和美国关于 WTO 和其他国际组织就补贴与产能过剩问题的意见和请求；中国关于美国 2015 年新的完整通报涵盖范围及补贴计划的质疑和请求。

此次会议的其他议题有：印度就美国对印度发起的反补贴调查的某些系统性问题的意见和请求。第一个问题是关于美国国际贸易委员会和美国商务部发起调查程序的时间安排（虽然根据《补贴与反补贴措施协议》，美国商务部是发起反补贴调查的相关机构，但美国国际贸易委员会经常在美国商务部发起调查之前发布通知，印度希望美国就此做出澄清）；第二个问题是关于新的补贴指控和关于调查表答复的时间表；第三个问题是关于交叉累积的做法。印度表示，将在书面文件中提供所提出问题的细节。美国表示对这些问题进行研究后向印度做出答复。

（二）2018 年春季会议议题

补贴与反补贴措施委员会春季例行会议于 2018 年 4 月 24 日召开。委员会对成员的补贴与反补贴相关通报进行了审议。

成员也就其他成员提交的半年度报告发表意见。土耳其再次就美国对从土耳其进口的钢铁产品发起反补贴调查提出质疑，希望美国考虑上诉机构和专家小组在本案件中关于交叉累积做法的裁定，并指出土耳其作为发展中成员，在单位补贴率不超过 2%的阈值时，美国应终止对土耳其的调查。美国表示已充分执行了上诉机构在公共机构方面的调查结果，且其决定和做法完全符合美国在 WTO 的义务。澳大利亚就美国对从澳大利亚进口的金属硅发起反补贴调查发表意见，表示对美国国际贸易委员会裁定无实质行业损害表示欢迎，但对美国商务部在调查期间确定的某些计划的可诉性调查结果仍然表示质疑。美国指出，美国商务部的调查结果是基于仔细考察了该计划下实际补贴接受者数量做出的，认为其调查结果完全符合《补贴与反补贴措施协议》第 2 条所规定的义务。中国就美国对其发起反补贴调查中采用“不利可得事实”的做法提出质疑，中国希望美国终止不合理的做法，并根据客观事实做出裁定。美国表示其对可得事实的应用完全符合《补贴与反补贴措施协议》规定的义务。

2018 年春季会议上，补贴与反补贴措施委员会讨论的议题还包括：通报的及时性和完整性问题；欧盟和美国关于中国钢铁补贴及透明度的质疑和请求；加拿大、欧盟、日本、墨西哥和美国关于 WTO 和其他国际组织就补贴与产能过剩问题的质疑和请求；澳大利亚、加拿大、欧盟、冰岛、新西兰、挪威和美国对实施关于渔业补贴透明度的部长会议决议的请求。

（三）2018 年秋季会议议题

补贴与反补贴措施委员会秋季例行会议于 2018 年 10 月 23 日召开。委员会对成员的补贴与反补贴相关通报进行了审议。

成员也就其他成员提交的半年度报告发表意见。中国就印度对反补贴税使用的增加发表意见。中国希望印度遵守在启动调查的证据标准方面的规则，并敦促印度披露申诉书所提供信息的准确性和充分性，以确定证据是否足以为启动调查提供理由。欧盟就美国对从西班牙进口的成熟橄榄发起反补贴调查提出质疑，表示其农业政策支持计划完全符合其 WTO 义务，不同意美国当局的论证。土耳其再次就美国在利益计算和交叉累积问题上的裁决不符合 WTO 规则发表意见和请求。

此次会议讨论的议题还包括：通报的及时性和完整性问题；欧盟、美国和日本关于 WTO 和其他国际组织就补贴与产能过剩问题的质疑和请求；欧盟和美国关于中国钢铁补贴及透明度的质疑和请求；阿根廷、澳大利亚、加拿大、欧盟、冰岛、日本、新西兰、挪威和美国对实施关于渔业补贴透明度的 WTO 部长会议决议的请求。

三、《补贴与反补贴措施协议》谈判进展

在 2017 年 12 月于布宜诺斯艾利斯举行的第十一届部长级会议上，WTO 各成员同意继续建设性地参与渔业补贴谈判，以期在 2019 年部长级会议上通过一项关于全面和有效纪律的协定，禁止某些形式的渔业补贴助长产能过剩和过度捕捞，并取消助长非法、未报告和无管制捕捞活动的补贴。成员们还认识到，对发展中成员和最不发达成员的适当和有效的特殊与差别待遇应是这些谈判的组成部分。

第三节 保障措施

一、《保障措施协议》实施情况

（一）保障措施实施情况

根据 WTO 成员向 WTO 通报的保障措施情况，2017 年各成员新发起 8 起保障措施调查，是 2008 年以来新案件数最少的一年；2018 年新案件数有所上升，共 16 起。从实施的保障措施数量看，2017 年实施的保障措施较上一年增加了 3 起，共 9 起，2018 年下降为 7 起，约为 1995 年以来的平均水平，见表 5.8。

2017 年发起保障措施调查的成员为美国（2 起）、土耳其（2 起）、印度（1 起）、沙特阿拉伯（1 起）、乌克兰（1 起）和越南（1 起）；实施保障措施的成员为马来西亚（2 起）以及土耳其、约旦、摩洛哥、南非、中国、泰国、越南（各 1 起）。2018 年发起保障措施调查的成员为马达加斯加（3 起）、土耳其（2 起）、印度尼西亚（2 起）、菲律宾（2 起）、加拿大（1 起）、智利（1 起）、哥斯达黎加（1 起）、欧盟（1 起）、摩洛哥（1 起）、俄罗斯（1 起）、南非（1 起）；实施保障措施的成员为美国（2 起）、印度尼西亚（1 起）、沙特阿拉伯（1 起）、越南（1 起）、印度（1 起）、乌克兰（1 起）。

表 5.8　　2008—2018 年 WTO 成员的保障措施调查和实施数

年度	发起调查数	实施措施数
2008	10	6
2009	25	10
2010	20	4
2011	12	11
2012	24	6
2013	18	8
2014	23	11
2015	17	11
2016	11	6

续表

年度	发起调查数	实施措施数
2017	8	9
2018	16	7
1995—2018 年合计	347	172

资料来源：WTO. Statistics on Safeguard Measures [EB/OL]. https://www.wto.org/english/tratop_e/safeg_e/safeg_e.htm.

（二）保障措施的通报和审议情况

WTO 保障措施委员会分别于 2017 年 10 月 23 日和 2018 年 10 月 22 日发布了 2017 年度报告与 2018 年度报告，涵盖了委员会每年召开的会议情况，以及在 2017 年度审议期间（2016 年 10 月 25 日至 2017 年 10 月 23 日）和 2018 年度审议期间（2017 年 10 月 23 日至 2018 年 10 月 22 日）WTO 成员有关保障措施的法规与行动的通报和审议等情况。

根据《保障措施协议》第 12.6 条，WTO 成员应及时向保障措施委员会通知有关保障措施的法律、法规和行政程序以及上述法律、法规或行政程序的任何修订。截至 2017 年 10 月 23 日，115 个 WTO 成员通报了审议期间的保障措施法律法规情况（其中 50 个 WTO 成员无新的相关法规或对相关法规的修订），21 个 WTO 成员尚未进行相关通报。在 2017 年度审议期间，委员会审议了阿富汗、亚美尼亚、萨尔瓦多和吉尔吉斯斯坦通报的（新制定或修订）相关法规文本。截至 2018 年 10 月 22 日，116 个 WTO 成员通报了审议期间的保障措施法律法规情况（其中 50 个成员无新的相关法规或对相关法规的修订），20 个 WTO 成员尚未进行相关通报。在 2018 年度审议期间，委员会审议了巴西、柬埔寨、加拿大、中国和利比亚通报的（新制定或修订）相关法规文本。

保障措施委员会也收到并审议了对保障措施相关行动的通报，包括对发起保障措施调查、实施保障措施和不采取措施终止调查的通报。

（三）保障措施争端情况

2017 年，全球无涉及保障措施的贸易争端。2018 年共有 14 起贸易争端援引《保障措施协议》提起磋商请求，其中 12 起是关于美国的，详见表 5.9。

表 5.9　　2017—2018 年保障措施贸易争端情况

争端编号	起诉时间	起诉方	被诉方	涉案产品	争端主题
DS544	2018 年 4 月 5 日	中国	美国	钢铝产品	对钢铝产品的特定措施
DS545	2018 年 5 月 14 日	韩国	美国	晶体硅光伏产品	保障措施
DS546	2018 年 5 月 14 日	韩国	美国	大型家用洗衣机	保障措施
DS547	2018 年 5 月 18 日	印度	美国	钢铝产品	对钢铝产品的特定措施
DS548	2018 年 6 月 1 日	欧盟	美国	钢铝产品	对钢铝产品的特定措施
DS550	2018 年 6 月 1 日	加拿大	美国	钢铝产品	对钢铝产品的特定措施
DS551	2018 年 6 月 5 日	墨西哥	美国	钢铝产品	对钢铝产品的特定措施
DS552	2018 年 6 月 12 日	挪威	美国	钢铝产品	对钢铝产品的特定措施
DS554	2018 年 6 月 29 日	俄罗斯	美国	钢铝产品	对钢铝产品的特定措施
DS556	2018 年 7 月 9 日	瑞士	美国	钢铝产品	对钢铝产品的特定措施
DS562	2018 年 8 月 14 日	中国	美国	晶体硅光伏产品	保障措施
DS564	2018 年 8 月 15 日	土耳其	美国	钢铝产品	对钢铝产品的特定措施
DS568	2018 年 10 月 16 日	巴西	中国	糖	关于糖进口的特定措施
DS573	2018 年 12 月 5 日	泰国	土耳其	空气调节器	对进口空气调节器的特定措施

资料来源：根据 WTO 网站资料整理，https://www.wto.org/english/tratop_e/dispu_e/dispu_agreements_index_e.htm。

（四）中国实施保障措施情况

截至2019年底，中国仅发起和实施2起保障措施，在2002年和2016年各发起1起保障措施调查，分别于2002年和2017年实施。中国自2002年5月20日起对部分钢铁进口产品开始保障措施调查，经原审初裁及终裁，决定自2002年11月20日起，对热轧普薄板、冷轧普薄板（带）、彩涂板、无取向硅电钢、冷轧不锈薄板（带）等5类进口钢铁产品实施最终保障措施。自2003年12月26日起，鉴于国内钢铁贸易形势的发展，决定终止上述钢铁保障措施的实施，不再对该措施项下的进口钢铁产品加征关税。2016年9月22日，商务部对进口食糖进行保障措施立案调查，调查机关裁定，进口食糖数量增加，中国食糖产业受到严重损害，且进口产品数量增加与严重损害之间存在因果关系，决定自2017年5月22日起，对进口食糖产品实施保障措施。

二、保障措施委员会会议讨论议题

（一）2017年秋季会议议题

2017年秋季常规会议于2017年10月23日举行。会议期间，委员会就成员关于保障措施的法规和具体行动通报进行审议，成员也就具体通报发表意见和提出问题。

成员就近几年保障措施数量仍处于较高水平表示关切。日本指出，新兴经济体的钢铁和其他一些主要工业由于生产扩张而出现供应过剩，市场平衡的恶化引发了全球贸易救济措施的频繁使用。例如，2012年至2017年6月底，大约5年间在钢铁行业发起的保障措施调查数量达到了1995年以来总数的一半以上。日本期望委员会对这一局势进行充分监测，并要求成员严格遵守有关规则。韩国注意到此次会议审查24项保障措施调查，较2016年会议的16项审查有较大上升。韩国提出，由于保障措施是有悖于公平贸易的紧急措施，对任何保障措施的使用都应十分谨慎。鉴于保障措施对国际贸易的“寒蝉效应”，各成员应根据WTO规则谨慎行事。澳大利亚也对此表示关切，并提醒各成员《保障措施协议》规定了严格的条件来证明保障措施的正当性，保障措施应仅作为紧急行动使用；此外，通报往往有相当大的延误，这使有关各方难以为自己辩护。加拿大表示，保障措施是贸易救济措施中的一个独特工具，它针对公平交易下的进口，加拿大敦促各成员努力遵守既定规则。中国也对保障措施的增加表示担忧，并敦促成员严格遵守协议中的纪律；另一方面，中国认为把这个问题与钢铁和其他一些行业的所谓产能过剩问题联系起来是不合适的，中国重申将仅在必要情况下，且依照 WTO 规则使用保障措施。中国台湾也表示对 WTO 成员频繁使用保障措施行动的担忧，敦促采取保障措施行动的成员按照协议进行调查，并在使用保障措施时保持谨慎。欧盟强调了它对过去几年中保障措施行动日益增多的关切，特别是以前很少使用保障措施的一些成员最近实施的保障措施行动。欧盟鼓励各成员在使用保障措施时保持谨慎。

会议还讨论了澳大利亚关于在年度报告中增加特定信息的提议，即在年度报告的相关附件中列入根据《保障措施协议》第 12.1 条采取的关键行动的通报时间。虽然该提案得到广泛支持，但此次会议尚未达成共识。

巴西指出及时根据《保障措施协议》第 9.1 条进行通报的重要性。巴西希望成员尽早通报不适用保障措施的发展中国家和地区名单，并在原先被豁免的发展中国家（地区）成员重新适用该措施时，及时通报修改后的名单。

（二）2018 年春季会议议题

2018 年春季常规会议于 2018 年 4 月 23 日举行。会议期间，委员会就成员关于保障措施的法规和具体行动通报进行审议，成员也就具体通报发表意见和提出问题。

在中国的请求下，会议就美国针对钢铁和铝产品的“232 措施”进行了讨论。中国认为美国的“232 措施”实际上是保障措施，并根据《保障措施协议》第 12.3 条提出与美国的磋商请求。鉴于美国不对这一磋商请求做出回应，中国已根据《保障措施协议》第 12.5 条就拟中止对美国进口产品关税减让向货物贸易理事会进行了通报。美国的“232 措施”损害了多边贸易体系的稳定，扭曲了国际贸易供应链，并造成了后续极大的负面影响。一些成员由于担心美国措施造成的贸易扭曲效应，被迫采取某些措施。此外，美国还对一些成员进行了豁免，而这些成员的出口构成了美国钢铁和铝的主要来源，这显然违反了最惠国待遇原则。美国希望在贸易谈判中利用豁免措施作为杠杆，以对其他成员同意自愿出口限制进行施压。这种歧视性的做法是 WTO 规则明确禁止的。此外，产品排除程序缺乏透明度，突显出这些措施的歧视性。中国要求美国遵守 WTO 规则，尽快撤销有关措施。俄罗斯、委内瑞拉、土耳其、挪威、瑞士和印度也表示对美国“232 措施”的担忧。

此次会议上，委员会继续讨论澳大利亚提出的将根据《保障措施协议》第 12.1 条采取的关键行动的通报时间列入年度报告相关附件的想法。澳大利亚认为此举对提高通报透明度可以起到重要作用。对该议题的讨论尚未在此次会议达成一致结果，将在之后的会议中继续讨论。

泰国于 2018 年 3 月 15 日提交了一份关于土耳其依照《保障措施协议》第 8.2 条对其中止关税减让的请求。泰国根据《保障措施协议》第 13.1（e）条，请求保障措施委员会就土耳其中止减让的方案是否“实质上相当”进行审议。此次会议对此进行了讨论。委员会决定尽快举行非正式磋商，对此问题进行进一步讨论。

此次会议上，欧盟对乌克兰关于聚氨酯泡沫塑料的保障措施调查提出质疑。乌克兰对此进行了解释。会议也对巴西提出的关于发展中成员待遇和《保障措施协议》第 9 条相关通报的议题进行了讨论。巴西提议对《保障措施协议》下的现有机制进行改进，为向实施保障措施的国家进行出口的发展中成员，提高透明度和法律确定性。

（三）2018 年秋季会议议题

2018 年秋季常规会议于 2018 年 10 月 22 日举行。会议期间，委员会就成员关于保障措施的法规和具体行动通报进行审议，成员也就具体通报发表意见和提出问题。

在此次会议上，日本、韩国、澳大利亚等成员再次对保障措施的频繁使用表示担忧。应欧盟、日本、土耳其和俄罗斯的请求，会议再次就美国针对钢铁和铝产品的“232 措施”进行了讨论。土耳其认为从特性、目的和设计上，该措施属于保障措施，而美国并未就土耳其依照《保障措施协议》第 12.3 条提出的磋商请求进行回应。美国在 2018 年 8 月将从土耳其进口的钢铁产品的关税提高了一倍，并威胁对铝产品的进口采取同样措施。因此土耳其被授权根据《保障措施协议》第 8 条，对从美国进口产品采取相当的中止关税减让措施。日本对美国采取的“232 措施”表示遗憾，认为该措施会扰乱全球钢铁和铝产品贸易，并可能对多边贸易体系造成严重的负面影响。俄罗斯对美国的“232 措施”再次表示担忧。俄罗斯已依照《关于争端解决规则与程序的谅解》提出磋商请求。印度曾向货物贸易理事会进行通报，针对美国的“232 措施”，拟对美国进口产品采取报复性关税措施。但印度决定推迟该措施的实施，尝试与美国在双边谈判中解决这一问题，同时评估这些措施对印度经济带来的可能影响。

对于泰国于 2018 年 3 月 15 日根据《保障措施协议》第 13.1（e）条提交的关于土耳其中止关税减让的请求，委员会在 2018 年 6 月 20 日和 2018 年 9 月 14 日举行了两次非正式会议。此次会议上，委员会就主席向货物贸易理事会提交的事实报告进行了表决，并一致同意向理事会提交该修改后的报告。

委员会继续讨论澳大利亚提出的将根据《保障措施协议》第 12.1 条采取的关键行动的通报时间列入年度报告相关附件的提议。此次会议上，成员达成一致，委员会决定按照提议的格式编写 2019 年年度报告。

此外，美国对智利针对奶粉和高达奶酪的调查提出质疑，新西兰也表示同样的担忧。墨西哥、土耳其、韩国和日本就加拿大针对钢铁产品的调查提出质疑。

第六章

服务贸易、投资与知识产权

第一节 服 务 贸 易

一、2017—2018 年服务贸易谈判的进展

（一）市场准入谈判情况

在 2016 年 10 月举行的理事会会议上，由印度代表提出的开展关于模式 4 一般障碍的研讨会上，成员具体讨论模式 4 的措施，并提出相关建议。有成员要求印度以书面形式分享有关其建议的更多细节，以便充分考虑。成员呼吁应对服务市场准入壁垒进行更广泛的审查，而这些壁垒并不仅仅局限于一种供应模式。此外，11 月 16 日的 RD/SERV/135 号文件详细介绍了理事会研讨会上关于模式 4 障碍的建议。理事会于 11 月 16 日举行了非正式会议，讨论相关议题。在 2017 年 3 月 16—17 日的会议上，相关成员在会议前进行初步磋商，会议上提出会议目标是从范围、模式 4 的承诺和做法的角度看模式 4。在 2018 年 3 月 2 日的会议上，印度代表团再次提议举行一场针对模式 4 的专题研讨会。在 5 月 30 日的会议上，理事会同意根据 JOB/SERV/255 号文件所载的秘书处方案来组织这次研讨会。研讨会最终于 10 月 10 日举行，各代表团在会上普遍对此次讨论表示赞赏并分享了各自的评估和收获，理事会还对印度关于更新秘书处针对模式 4 说明的部分建议进行了回复，提出了一些补充意见。

（二）国内监管

自向服务贸易理事会提交 2016 年度报告以来，国内监管工作组（WPDR）多次召开正式会议。在此报告期间，工作组依照《服务贸易总协定》（GATS）第

6条第4款继续开展国内监管纪律工作。2016年3月17日工作组会议期间，各代表团一致认为，根据第6条第4款的规定，工作组应进一步开展工作。有代表团指出，第一步可以是讨论目标和期望的结果。在2016年6月16日的会议上，根据一组成员的提案，许多代表团就其监管壁垒、成员目标、未来成员监管领域的可能内容以及WPDR工作的前进方向进行讨论。2016年11月25日的会议建议成员监管部门应只适用于承担具体承诺的部门，不应对任何计划的实施产生限制。范围规定的设计应包含一个内置的发展要素，共同提案成员表示愿意进一步讨论与具体义务相关的其他能促进发展的要素。

2017年5月3日的会议上，有成员提出应根据第6条第4款的长期授权强调WPDR应在成员监管方面开展工作，而第十一届部长级会议的成员监管是重中之重。此次会议上，主席认为各代表团的讨论是有益的，但依然存在部分问题，例如有关任务、范围、模式4与成员监管的关系，还需要进一步讨论。相关问题经过7月5日会议的商讨，直到在10月2日的会议上达成一定共识。10月2—4日的会议上，与会成员代表共同审查了与服务供应商的成员监管相关的新规则，并对意见书进行合并，合并提案尤其在增强成员监管的透明度等一系列问题上表现出高度融合，但在性别平等问题上也存在一些分歧。2018年12月5日，WPDR保护和发展理事会开展该年仅有的一次会议，对来自印度的题为GATS第6条第4款——通过一成员的自然人在另一成员领土内提供服务的纪律（S/WPDR/W/61）文件进行讨论。

（三）GATS规则谈判情况

自2015年向服务贸易理事会提交年度报告以来，GATS规则工作组（WPGR）分别于2015年10月14日，2016年3月17日、6月16日、10月5日，2017年3月14日、3月16—17日、6月16日举行正式会议。工作组的三项谈判任务在这些会议上被列入议事日程，其中包括透明度（第3条）、自由贸易区（第5条）、紧急保障措施（第10条）、政府采购（第13条）、补贴（第15条）等。此外，2016年2月，工作组举行了一次不限成员名额的非正式磋商，讨论欧盟就未来政府采购工作提出的建议。在所有领域，进展由于谈判的总体情况有所不同，实质内容方面的突破仍然有限。此后，2018年，工作组未举行会议。

紧急保障措施谈判（第10条）。在本报告所述期间，紧急保障措施的倡导者再次肯定了他们按照GATS的内在授权继续在这一领域开展的工作。他们请各代表团就工作组在2013年和2014年举行的关于双边和区域贸易协定的保障型条款的专门讨论会中发表意见。他们还回顾了其2007年提出的赞成制定使用

（07）1554 号文件所载的紧急保障措施，并建议恢复可用于服务保障调查的统计来源和指标的技术讨论。但是，工作没有实质性进展。

政府采购谈判（第 13 条）。2015 年 10 月，工作组讨论了欧盟在 6 日提交的关于政府采购工作的提案，建议成员交换信息，以说明他们如何在政府采购实践中处理外资控股的问题。后续会议中除了成员之间的这种信息交流之外，成员建议邀请秘书处研究在政府采购方面可能出现的歧视问题，双边和区域贸易和/或投资协议。

关于补贴的议定（第 15 条）。一段时间以来，WTO 这方面的讨论陷入了僵局，没有提出任何新的想法或办法。理想的情况下，需要更多的概念性工作，以便更好地了解在哪些部门提供补贴，以及它们可能对服务贸易产生何种影响。

关于透明度的议定（第 3 条）。GATS 第 3 条第 3 款规定了透明度义务，这种义务对于透明和运作良好的多边贸易体系至关重要。在 2017 年 3 月的会议中，有成员表示透明度义务下的活动减少的趋势可能与许多成员参与的服务贸易领域的正在进行的谈判有关。秘书处的一名代表说，关于透明度，所公布义务适用于所有与提供服务有关的措施，且是非歧视的、易于获取的，成员还应进一步提高服务贸易的透明度。

关于自由贸易区的议定（第 5 条）。关于服务贸易，民主和经济发展组织（GUUAM）自由贸易协定第 17 条规定，缔约双方应为服务的国内市场开放创造条件，在互惠的基础上争取逐步取消限制，以创造条件在自由贸易区内免费提供服务。按照有关 GATS 的规定通报的情况概述，成员同意每年更新一次。该说明已作为文件 JOB（09）/10/REV.7 分发。

收费（第四条）。关于收费应当合理，与主管部门发生的费用相称，不得限制或损害服务的供应。“允许跨国界的信息流动”的义务（第 7 条），此活动还涉及数据隐私框架，成员有权采取措施保护个人资料。成员不应仅仅因为其他成员为保护个人信息采取的措施不同而在计划承诺的业务过程中对跨境信息流通（包括个人信息）施加障碍，这对促进服务贸易至关重要。

（四）最不发达成员服务豁免的实施

2017 年 3 月的会议上，乌干达代表以最不发达国家集团的名义表示，由于理事会已经发出的 23 项继续审查通知，成员应该采取措施，补充豁免的目标、宗旨和精神机制。该集团期望这一机制能够帮助最不发达成员的供应商在全球范围内与他们建立必要的伙伴关系。在 6 月 6 日的会议上，巴勒斯坦代表团根据"巴厘部长级决定"对其服务制度进行了详尽的分析，以便向最不发达成员提供优惠。增加最不发达成员的服务出口潜力不仅是提升其净收入的关键，也是促使最不发达成员更多参与世界服务贸易的一个重要途径。2017 年 7 月 5 日，巴拿马提出了关于部门和供应方式的通知，它将向最不发达成员服务供应商提供优惠待遇。与此同时，应最不发达成员小组的诉求，包括部分发达成员和发展中成员在内的 51 个 WTO 成员都已声明其偏好以配合这一项目。10 月 2 日，最不发达成员小组呼吁其他成员结合自身市场偏好帮助最不发达成员供应商更好地融入多边贸易体系。在 2018 年 3 月 2 日的会议上，乌干达代表团依据《内罗毕决定》文本内容提出，最不发达成员需要来自其他成员的技术援助；孟加拉国代表团认为理事会应对各成员实际践行的豁免举措进行审查。在 5 月 30 日的会议上，美国代表团提出最不发达成员要求的技术援助可能会超出贸易部门的管辖范围，涉及援助机构，因此有必要提交一份更加具体的书面说明。随后，多个成员就技术援助问题展开讨论。之后，最不发达成员提交了书面文件（JOB/SERV/284），具体说明了他们的主要诉求。10 月 12 日，理事会提出可以在 2019 年第二季度的特定日期对各成员针对最不发达成员的实际豁免举措开展第一次审查。在 2018 年年度报告中，理事会提到，理事会共收到 51 个成员的 24 份有利于最不发达成员服务供应商的优惠通知。

二、电子商务相关的审议

近年来，电子商务和网络销售为转型升级经济结构，促进创新创业，拉动消费发挥了重要作用。特别是在中国，电子商务和网络销售快速增长，为国民经济发展提供了更多的动力。在 2017 年 11 月 10 日的会议上，部分成员提出可以成立独立的工作组以专职于未来的电子商务谈判，会议还对是否将电子商务磋商限制在 1998 年的既定方案当中以及该方案的延续时长问题进行了商讨。在第十一届部长级会议上决定，在 2019 年度部长级会议举行之前不对电子传输征收关税。

在 2018 年 3 月 14 日的电子商务联合声明会议上，总干事提到了包容性和透明度问题，并强调这是 WTO 工作的指导原则。在 5 月 30 日的会议上，中国代表团重点介绍了此前开展的"电子商务发展与多边贸易体制"研修班，这一项目的开展得到多数参加研修班代表团的高度认可。在 10 月 12 日的会议上，美国代表团提出应关注发展中成员和最不发达成员在融入新型数字经济时面临的特殊机遇和挑战，并表示美国正在开展相关工作；中国代表团对美国的这一举措表示赞同和欢迎，同时强调应进一步完善电子商务相关的法律建设。

三、2017 年服务贸易政策的实施与监管

（一）金融服务的审议

1. 金融服务贸易与发展

2016 年举行的会议上，委员会根据秘书处关于金融包容和服务贸易壁垒的背景说明（S/FIN/W/88/Add.1），重点讨论金融包容问题。“说明”概述了金融包容性方面的障碍（例如供应方面和需求方面的制约因素，监管框架不足，制度缺陷和金融基础设施不足），通过各种原始案例研究，展示了服务贸易如何有助于克服这些障碍并讨论贸易政策的作用。

在 2017 年 3 月 15 日的会议上，有成员提出金融包容是非常重要的，而 S/FIN/W/88/Add.1 号文件也提供了一些支付相关举措（如移动支付和金融服务，支付银行，移动跨境汇款）为金融包容做出贡献的真实例子。与会者进一步探讨了在偏远地区，特别是最不发达成员使用支持移动支付的系统的问题，以及新的支付模式对金融包容性的总体贡献。发展中成员（肯尼亚和巴基斯坦等）也分享了其经验。与会者还探讨了改善数字经济统计的现有举措，特别是在支付和移动货币领域。在 6 月 15 日的会议上，金融稳定委员会（FSB）和国际保险监督员协会（IAIS）进一步介绍了国际金融监管改革的最新情况。金融稳定委员会着重介绍了 FSB/G20 改革议程、金融监管改革进程以及新兴漏洞的最新情况。国际保险监督员协会则集中阐述了保险核心原则（ICPs）、国际活跃保险集团监督通用框架（IAIG）、制定基于全球风险的保险资本标准（ICS）以及全球系统重要保险人（G－SII）框架和其他关键标准。2018 年未对金融服务举行专门会议。

2. 金融服务监管问题

2016 年，主要讨论了监管改革及对金融服务贸易的影响，税务信息透明和交换信息等，各成员多次进行讨论，审议了秘书处关于巴塞尔银行监督委员会、金融稳定委员会、国际保险监督员协会、国际证券委员会组织以及伊斯兰金融服务局在最近两年指定的标准制定活动（S/FIN/W/90 和 Add.1 号文件）。

在 2017 年 3 月 15 日的会议上，主席回顾了全球金融监管改革的发展及其对金融服务贸易的影响，支付与市场基础设施委员会（CPMI）秘书处成员 Yuyu Shimizu 先生在本次会议上发言。本次会议对各成员提出了五项建议：（1）更广泛和更适当地使用“了解你的客户”（KYC）效用；（2）更广泛地使用代理银行的法律实体标识符（LEI）；（3）更有效的信息共享；（4）支付消息的改

进；（5）使用 LEI 作为支付消息中的附加信息。此外，会议从支付角度讨论了制定一个成果框架作为衡量实现金融包容性目标的进展和成功的基础。此外，要更多地了解各成员在该领域目前的监管做法，例如，从监管角度来看，银行提供的支付服务与第三方平台提供的支付服务之间是否存在差异，以及“快速零售支付系统”与“第三方平台”提供的支付服务是否相同。最后，政府在通过制定电子政府支付方案来推进金融包容方面具有的潜在作用，即采用电子机制收集 P2G（人对政府）和 B2G（企业对政府）的支付，如税收，可向使用电子支付的人提供增值税退税。

在 6 月 15 日的会议上，FSB 在回答加拿大代表“金融一体化趋势具体指标”问题时，指出 FSB 与其他组织合作，正在协调一项行动计划，以评估和解决国际银行退出代理行服务的问题，这是许多新兴市场和发展中经济体以及其他成员都关注的问题。该行动计划包括四个要素：数据收集和分析，阐明监管预期，成员能力建设以及加强代理行尽职调查的工具。针对日本代表提出的“关于中小企业金融普惠包容性”的问题，国际保险监督员协会表示过去 10 年来在涉及金融普惠性的问题上做了广泛工作，但并没有专门针对中小企业的情况。此外，IAIS 强调，金融包容性与金融科技和网络安全是近几年金融领域的重要议题，IAIS 做出了“保险行业网络风险问题文件”和“保险业金融技术发展”两份报告。财务包容性则是 IAIS 的一项重要任务。在履行此任务时，IAIS 集中于提供指导和工具，以发展实施国际标准所需的知识、技能和专门知识，从而为增加保险渗透率和维持高保单持有人保护创造条件。

3. 金融服务贸易近期发展

在 2016 年 6 月和 10 月的会议上，牙买加代表以加勒比共同体成员的名义提请成员注意“去风险化”对该地区代理银行业务的影响。牙买加（代表加共体）还提交了关于去风险化和代理银行问题研讨会的提案草案（JOB/SERV/244）。关于这个建议的讨论是以非正式的方式进行的。讨论的结果是，有关各方进一步磋商是很有必要的。在 2017 年 3 月 15 的会议上牙买加代表说，代表团已经和其他感兴趣的成员就研讨会问题进行了磋商，讨论了不同的选择。主席指出，正如牙买加指出的那样，有关各方之间的进一步磋商仍然是必要的，也将在合适的时间继续讨论。

（二）具体承诺的审议

1. 分类问题

之前几次关于分类问题的磋商并没有实质性结论，但是一些成员表示有进一步商谈意愿。磋商的议题包括：具体承诺委员会是否可以审查基于临时性的核心产品分类标准（Central Product Classification，CPC）和基于 CPC2.1 版本的 W/120 之间是否一致，以及是否值得仔细研究一些悬而未决的问题，特别是涉及电子商务的服务分类以及与环境商品有关的服务，而在目前的分类体系中这些是不容易识别的；此外还陆续讨论了与信息和通信技术有关特别是在电子商务议程方面的分类问题和其他事宜。其中，“新服务”问题被多次提及，如何对“新服务”进行分类是十分必要的。此外，有些成员在 WTO 电子商务讨论中经常使用“数字贸易”这个词。在某些情况下，“数字贸易”与“电子商务”这两个术语一起使用，而在其他情况下，却只使用“数字贸易”。正如多个成员所表达的，WTO 本身没有数字贸易的授权，更不用说数字贸易的规则制定，这两个术语的互换使用可能会导致未来电子商务工作的误解和混淆。在内部咨询期间，包括商界代表在内的有关人员对这两个术语的区分提出了质疑。这些问题还需要进一步讨论。

2. 协调问题

在 2016 年 3 月 17 日的会议上，土耳其代表团介绍了经济需求测试（ENTs），委员会开启新的讨论，由于成员日程表中的 ENTs 条目含糊不清，这需要在未来工作中注意更新秘书处关于 ENTs 的说明，检查自由贸易协定中 ENTs 的调度，成员交流关于 ENTs 应用的信息以及按模式或按部门划分的 ENTs 标准。有成员表示，成员时间表中模棱两可的 ENTs 条目破坏了 GATS 下具体承诺的价值。最终，委员会同意秘书处通过审查新加入成员的时间表来更新 ENTs 的说明。在 2016 年 6 月 16 日的会议上，秘书处又介绍了关于 ENTs 说明的最新情况，该测试审查了 2010 年 4 月 16 日之后加入 WTO 的 11 个成员的时间表，结果表明，许多与 ENTs 相关的条目甚至在新成员的时间表上也是有问题的。在 2016 年 10 月 5 日的会议上，委员会继续讨论 ENTs 问题，但没有取得实质性进展。

在 2017 年 3 月 16 日至 17 日的会议中，关于 ENTs，成员们认识到，缺乏定期 ENTs 信息审查是服务提供的障碍，并可能对潜在服务提供者产生寒蝉效应，这些信息非常重要，如检查所依据的标准以及其管理的程序和指导方针。要求 ENTs 不会造成不必要的费用，也不会给服务提供者造成不必要的延误和不确定性。委员会主席指出，需要注意到相关专家的讨论建议，这也得到了许多代表团的支持。

第二节 投资措施

一、《与贸易有关的投资措施协议》相关谈判

1999 年 11 月底在美国西雅图举行的 WTO 第三届部长级会议在新一轮谈判议程中列入了投资和贸易问题的议题，但由于各种原因“新千年回合”的谈判宣告失败。在多哈回合谈判中，美国和欧盟提出修正《与贸易有关的投资措施协议》（TRIMs），并废除所有投资措施。但发展中国家认为，美国和欧盟提出的新的 TRIMs 政策和投资措施仅对发达国家有利，因而坚持 TRIMs 不应被扩展，并强烈要求对发展中国家延长过渡期。由于印度和巴西坚决阻止，没有就 TRIMs 谈判达成任何实质性协议。WTO 原本打算在墨西哥坎昆部长级会议上就多边投资框架的谈判模式达成一致，然后启动多边投资框架的实质性谈判。但由于 2003 年 9 月的坎昆会议未实现这一任务，使 WTO 多边投资框架的谈判未能启动。2004 年“七月套案”仅明确了今后谈判的一些指导原则和基本内容，许多棘手的、分歧较大的问题被搁置，其中即包括投资措施，因而 TRIMs 的修订亦无法取得实质性突破。

与贸易有关的投资措施是乌拉圭回合多边贸易谈判的新议题之一。乌拉圭回合谈判达成的 TRIMs 是迄今为止国际社会制定和实施的第一个与国际直接投资措施有关的多边货物贸易协议，对于进一步推动国际投资与贸易的开展具有重要意义。有关投资措施的谈判既对东道国不利于贸易开展与扩大的各种投资措施予以限制与约束，以此促进国际直接投资与贸易的发展，同时又基于发展中成员和最不发达成员的经济发展的现实及需要，对他们的经济利益进行了一定的保护。TRIMs 第 7.1 条规定，委员会每年应举行不少于一次的会议。几年来，委员会在春季和秋季每年定期举行两次会议。

乌拉圭回合期间谈判达成的这项协定只适用于影响货物贸易的措施。它认识到某些投资措施可能具有贸易限制和扭曲作用，因此声明任何成员不得实施 GATT 第 3 条（国民待遇）或第 11 条（数量限制）所禁止的措施。附件说明清单所列不一致措施的例子包括本地含量或贸易平衡要求。该协定包括过渡性安排，允许各成员在 WTO 生效后在有限时间内维持已通知的关税减免额（发达成员为两年，发展中成员为五年，最不发达成员为七年）。该协议设立了一个投资委员会，以监测这些承诺的执行情况。

二、2018 年投资措施谈判进展及焦点问题讨论

2018 年，与贸易有关的投资措施委员会在成员的支持下举办的投资措施的会议内容见表 6.1。

表 6.1　　2018 年主要会议事件

时间	会议事件
2018 年 6 月 1 日	俄罗斯结束与 WTO 不相容的汽车投资计划
	美国、日本和加拿大对中国发布的关于保险业公司使用技术的法规草案表示担忧
	欧盟、美国和日本对印度尼西亚关于 4G/LTE 移动设备和基站的本地含量要求表示关切
	日本、美国对印度尼西亚能源行业中的某些条款表示关切
	欧盟、日本对印度尼西亚《贸易法》和《产业法》表示关切，美国、澳大利亚与欧盟表示将持续关注
	欧盟、日本对印度尼西亚现代零售业的最低本地含量要求提出质疑，美国、澳大利亚、新西兰表示关切
	日本对印度尼西亚电信部门的本地含量要求表示担忧，美国、欧盟表示关切
	加拿大、美国对尼日利亚在能源和信息通信技术等领域越来越多使用本地含量要求表示担忧
	美国、欧盟对俄罗斯的进口替代政策措施表示担忧
	墨西哥对阿根廷的自动驾驶汽车的相关制度提出质疑，美国、欧盟表示关切
	土耳其制药行业制度引起广泛关注

资料来源：根据 WTO 网站资料整理，http://www.wto.org/english/res_e/reser_e/wtr_e.htm。

（一）俄罗斯结束与 WTO 不相容的汽车投资计划

6 月 1 日，俄罗斯在与贸易有关的投资措施委员会的一次会议上表示，将于 2018 年 7 月 1 日起终止与 WTO 不一致的汽车投资计划，这是俄罗斯《加入 WTO 议定书》规定的最后期限。这些投资计划允许汽车投资者在本地含量要求的条件下免税进口汽车零部件。欧盟与俄罗斯就这一问题举行了协商会议，希望俄

罗斯履行其对 WTO 的承诺。

（二）中国关于保险业公司使用技术的法规草案引关注

根据中国保险监督管理委员会发布的《保险制度信息化条例》，美国认为，该法规中关于“安全和可控”要求的规定以及为期一年的网络安全法的其他草案实施措施是中国努力推动在信息和通信技术（ICT）中更多地使用中国产品的一部分，在解决这些问题之前，美国要求中国不要发布或实施最终措施。

欧盟、加拿大、日本和澳大利亚与美国有同样的担忧。他们特别感兴趣的是寻求对“安全和可控”的要求做出更明确的定义，并获得关于其执行情况的更多资料。他们声称，这些要求可能导致贸易限制效应，与 TRIMs 第 2 条不符。

中国表示，起草《保险制度信息化条例》的目的是保障保险业信息安全，起草过程是公开透明的，完全符合 WTO 的透明度要求，中国已与 WTO 其他成员进行了双边交流，将继续与 WTO 成员和有关利益攸关方交换意见。

美国赞赏中国做出的双边努力，同时强调委员会工作的重要性，鼓励中国全面参与委员会工作。美国还要求中国以书面形式做出答复。美国表示希望中国更加深入地就“安全可控”技术的含义等问题做出回应。

（三）印度尼西亚关于 4G/LTE 移动设备和基站的本地含量引关注

会议议程上的 6 个项目涉及印度尼西亚的具体本地含量要求政策。这些项目被美国、欧盟、日本、加拿大、澳大利亚和中国台湾列入议程，韩国也在会上表达了其具体关切。

美国首先对印度尼西亚“普遍”使用有利于国内产品而非进口产品的限制性措施发表了重要评论。美国表示，印度尼西亚的保护措施已扩展到可再生能源、互联网和信息产业等新领域。美国强调，尽管美国一再呼吁加入包括农业委员会、进口许可委员会和货物贸易委员会在内的多个 WTO 框架，但印度尼西亚方面几乎没有做出改变其政策的努力。

欧盟、日本和美国提到了印度尼西亚工业部 2016 年第 65 号法规，他们认为该法规要求满足当地 4G/LTE 移动设备的含量标准。他们声称这些要求是歧视性的，违反了 GATT 第 3 条第 4 款和 TRIMs 第 2 条。成员们敦促印度尼西亚消除数字硬件和软件方面的这些本地含量要求措施，并在新领域更新任何本地含量要求政策。

印度尼西亚指出，这些条例仍在起草过程中，它对其电信部门的国内和国际投资者一视同仁。印度尼西亚认为，这些规定符合 WTO 的规则。

（四）印度尼西亚能源行业中的某些条款引关注

关于能源部门（采矿、石油和天然气）的某些规定，日本、欧盟和美国重申它们对出口限制、投资限制和本地含量要求规定的关切。日本仍然关切印度尼西亚采矿法中的出口限制措施可能违反 GATT 第 11 条。美国、欧盟、加拿大和澳大利亚认为，印度尼西亚已将其低碳减排措施扩展到可再生能源领域。美国特别强调，印度尼西亚法规规定的“优先考虑”国内内容，实际上意味着“要求”本地含量要求，这可能与 TRIMs 的义务不相符。

印度尼西亚表示，没有要求优先使用能源部门的国内产品和服务。利用产品是基于产品的标准、价格和可用性。如果国内市场没有所需的产品，公司可以进口国外产品。而且使用国产产品也不是强制性的。只要材料达到法规 5/2017 要求的净化水平，就没有出口禁令。国会仍在审议对矿产、煤炭、石油和天然气法的修正案，但印度尼西亚正在考虑 WTO 成员提出的贸易关切。

作为回应，美国建议成员考虑印度尼西亚在天然气和石油问题上相互矛盾的言论：首先，它表示不要求使用本地含量，然后又表示，只有在无法获得本地产品的情况下，才能进口。

（五）印度尼西亚《贸易法》和《产业法》引关注

关于《产业法》和《贸易法》，几位成员重申他们对本地含量要求的一些规定的一般关切，并敦促印度尼西亚将这些法律的执行情况通知各成员。

印度尼西亚回应说，制定这两项法律是为了支持创造就业、提高竞争力和提高生产能力。它们的通过是为了应对印度尼西亚的发展挑战和支持其国民经济发展，同时遵守了印度尼西亚对 WTO 的承诺。

关于印度尼西亚对零售部门的最低本地含量要求，欧盟、日本和其他一些成员重申了他们对第 70/2013 号条例所规定的 80%本地含量要求的关注。他们要求印度尼西亚随时向成员通报这些规定的最新情况，并确保遵守 TRIMs。印度尼西亚通知委员会，该条例仍在讨论中，尚未达成协商一致意见。

（六）印度尼西亚零售业的最低本地含量要求引关注

关于乳制品进口和分销的本地含量要求，美国对印度尼西亚农业部 2017 年第 26 号关于奶类供应和流通的规定表示深切关注。美国建议，该措施要求有意进口和分销乳制品的投资者与当地生产商结成伙伴关系，并购买当地鲜奶。欧盟、日本和新西兰表示共同关切。

印度尼西亚表示，其农业部的规章有几个旨在改善当地农民福利的机制，这些机制只适用于鲜奶，不影响贸易。印度尼西亚说，这是一个帮助小规模农民的伙伴计划。

（七）印度尼西亚电信部门的本地含量要求引关注

关于解决电信领域投资本地化问题的一些措施，日本担心印度尼西亚修订电信领域本地含量要求政策可能违反 WTO 规则，要求印度尼西亚提供新修订和相关规定的英文译本。美国强调了它对印度尼西亚已将低成本战略扩大到其他部门的关注。

印度尼西亚通知各成员，关于普遍服务义务/USO 的第 38/2007 号部令已被第 25/2015 号部令撤销和修订。新法令不包括本地含量要求。印度尼西亚将很快提供新规定的英文译本。

（八）尼日利亚在能源、通信技术领域使用本地含量要求引关注

美国重申其对尼日利亚在能源和信息通信技术领域越来越多地采用本地含量要求措施的担忧，特别是尼日利亚国家信息局于 2013 年发布的《信息和通信技术中的尼日利亚内容开发指南》引发的混乱。自上次委员会会议以来，美国没有收到任何答复，美国再次要求尼日利亚澄清指南中提到的具体条款和激励措施的若干说明。

尼日利亚认为，这些准则符合其在 WTO 的义务。根据尼日利亚在 GATS 中做出的让步安排，外国投资者可以完全拥有 ICT 行业的所有权。尼日利亚说，没有出现混乱，一些问题已经进行了双边讨论。其表示正在研究应对措施，并致力于与成员合作。

（九）俄罗斯的进口替代政策引关注

欧盟重申对第 223－FZ 号法令的关切（该法令要求俄罗斯国有企业和其他实体采购国内货物和服务）以及第 925 号法令的新倡议（该法令对俄罗斯来源的货物和俄罗斯供应商提供的服务实行 15%的价格优惠）。美国和欧盟都认为，俄罗斯的进口替代政策违反了 TRIMs。双方都要求俄罗斯对这些关切做出进一步回应。

俄罗斯表示，该政策项目自 2016 年以来一直在委员会的议程上，其目的不是将外国产品挤出俄罗斯市场，而是增强俄罗斯产品的竞争力，提高俄罗斯产品的整体声誉。俄罗斯指出，第 925 号法令并没有违反 WTO 的规则。俄罗斯还澄清说，根据第 223 号法令设立的联邦委员会的目的是在公共采购方面加强协调，而不是购买俄罗斯产品。该联邦机构的目的是确保充分满足购买者的需要，重点是货物的质量、可得性和交付时间。

（十）阿根廷自动驾驶汽车的相关制度引关注

墨西哥重申对阿根廷于2016年8月2日生效的《发展并加强阿根廷汽车零部件制度》第27263号法令的关切。墨西哥认为，该法案为符合本地含量要求的汽车零部件生产商提供了财政支持。这种支持可能违反TRIMs。墨西哥对阿根廷的答复不满意，要求阿根廷对最近的问题做出答复。

欧盟感到遗憾的是，尽管成员们普遍认为阿根廷违反了TRIMs第2条，但仍有第27263号法令继续执行。欧盟呼吁阿根廷重新审视这项歧视进口汽车零部件的立法。美国和韩国表示有兴趣监督这一问题。

阿根廷表示，所有与汽车行业有关的法规都符合WTO规则。阿根廷指出，第27263号法令的规定在决定是否有资格登记和受益于该制度时，对国内投资者和外国投资者一视同仁。到目前为止，已有5家来自日本、意大利、法国和美国的公司加入了该制度。

墨西哥重申，阿根廷加强其汽车工业并使其融入全球价值链的努力应在WTO规则范围内以非歧视性的方式进行。

（十一）土耳其制药行业制度引关注

欧盟认为，有争议的政策要求制药企业提交本地化计划，将生产转移到土耳其，或通过土耳其制造商在当地生产。如果不按此要求做或是提交的计划不合格，则相应的药品将从土耳其社会保障研究所（SGK）的报销清单中除名。SGK约占土耳其药品销售总额的90%。

欧盟不同意土耳其的说法，即该措施将属于GATT第3条第8款的公共采购豁免范围。欧盟承认直接购买药品的医院的确可能被视为公共采购，但他没有考虑整个还款计划采购，因为社会保障行政部门并未直接参与购买和病人贡献部分药品的成本。欧盟要求土耳其立即停止这一本地化政策。美国、加拿大和瑞士也表达了欧盟的担忧。

土耳其回应说，已偿还药物的清单由土耳其社会安全研究所负责管理，该研究所是负责就清单和修改付款条件做出决定的公共机构。土耳其指出，这种偿还办法属于GATT第3条第8款规定的公共采购例外情况。土耳其没有实施任何限制进口外国药物的许可证政策。他同意进一步研究各成员所表示的关切。美国和欧盟希望土耳其将充分处理这一问题，使它不再出现在议程上。

第三节 知 识 产 权

2018 年 2 月，各 WTO 成员扩大了关于知识产权在促进包容性创新中所起的作用的讨论，并探讨了知识产权与公共利益之间复杂的相互作用。6 月，在理事会上，各 WTO 成员通过辩论探讨了知识产权的社会价值，竞争政策在改善经济和促进公共卫生中的作用。可见知识产权问题日益得到国际关注，也随着各成员不断提升的需求而发展。

一、知识产权部分焦点议题进展

（一）TRIPs 与公共健康

“关于 TRIPs 和公共卫生的多哈宣言”于 2001 年由 WTO 成员共同商定，该宣言构建了知识产权的健康卫生政策背景。它强调，WTO 的 TRIPs 有必要成为更广泛的国家和国际行动的一部分，以解决困扰发展中成员和最不发达成员的公共卫生问题。该宣言为政府确定了解决公共卫生问题的具体方案，也称为“灵活性”，并且已被纳入可持续发展目标。

《多哈宣言》确定的“灵活性”包括“授予强制许可的权利”，指政府机构或法院在未经专利所有者同意情况下对某些专利发明的使用颁发强制许可。起初，TRIPs 规则将强制许可限制为主要服务于国内市场。2003 年 8 月，WTO 成员同意解除药品进口的一个重要障碍：他们放弃了在强制许可下供应当地市场的限制。这一决定使得缺乏同类药品生产能力、面临公共卫生问题的发展中成员和最不发达成员能够在“强制性许可”安排下从其他成员进口药品。2005 年 12 月，WTO 成员同意将 2003 年的决定永久纳入 TRIPs 中，它保证了在 WTO 规则下，发展中成员有合法途径获取药品。根据 WTO 规则，这一修正案需要 2/3 的成员正式接受。2017 年 1 月，该修正案正式生效。TRIPs 的修订标志着自 WTO 1995 年正式成立以来第一次修订了 WTO 协定。

（二）TRIPs 与地理标志注册

地理标志是用来区分产品的来源、质量、声誉或其他特征的地名（在一些国家也有与地名相关的词语），比如“香槟”和“龙舌兰”。TRIPs 下的保护规定分为两个条款。

所有产品均受第 22 条保护，该保护定义了标准保护水平，保护地理标志以避免误导公众并防止非公平竞争。第 23 条给葡萄酒和烈酒给予了更高标准的地理标志保护。第 24 条是免责条款，当一个产品名称成为通用术语或术语已被注册成为商标时，地理标志不需要保护，或者可以限制保护范围。

在多哈授权下，TRIPs 理事会存在两个争议事项：（1）为葡萄酒和烈酒制定一个多边登记，（2）是否要在葡萄酒和烈酒的基础上扩大保护范围。2008 年 7 月，一些 WTO 成员呼吁“程序性决定”，但成员们在这一想法上仍存在分歧。2015 年，TRIPs 特别会议举行了一次非正式的信息发布会，秘书处在该会议上详细介绍了 TRIPs 特别会议过去的工作，并追溯了 1997 年至 2011 年葡萄酒和烈酒地理标志注册的谈判情况。2018 年 7 月和 11 月，TRIPs 理事会特别会议主席与多边地理标志注册谈判中表现最积极的成员举行了两次非正式协商，各成员重申了它们对地理标志注册的重视。

（三）电子商务

在 1998 年 5 月的第二届部长级会议上，部长们认识到全球电子商务正在增长，并为贸易创造了新的机会，通过了《全球电子商务宣言》。

在 2015 年 12 月的第十届部长会议中，部长们决定“基于当前的任务和准则的工作方案，并根据由 WTO 成员提交的建议，他们将继续现有的工作方案。”部长会议还提出了总理事会举行定期审查工作方案并向下一届部长级会议提出报告，并决定维持现行的不对电子传输征收关税的做法，2017 年第十一届部长级会议决定在 2019 年举行的下一届部长级会议之前延续现行不对电子传输征收关税的做法。

2016 年 6 月，TRIPs 理事会恢复了对关于电子商务的讨论，这一讨论是基于加拿大提交的文件（IP/C/W/613），加拿大分享了其在应对网售赝品方面的经验。在 2016 年 11 月的理事会中，加拿大呼吁各成员继续分享经验和做法，以支持理事会对部长会议的要求做出反馈。代表团表现出了对电子商务和知识产权的持续关注，在 2017 年 3 月的会议中，主席鼓励成员考虑如何在 TRIPs 会议中提出有关电子商务的问题，鼓励大家开展深入的讨论以推进工作进程并为成员间的信息交流提供机会和平台。2017 年的第十一届部长级会议决定继续开展《电子商务工作计划》下的工作，并发布了“促进电子商务”倡议。2018 年 11 月，总理事会举办非正式会议讨论了电子传输的范围和定义、暂停电子商务对收入的影响、针对电子传输征收关税的技术可行性以及暂停贸易和工业化的广泛影响。

（四）成员间技术让渡

发展中成员将技术转让视为他们同意保护 TRIPs 的一部分原因。TRIPs 包含了一些关于这方面的条款。例如，其保护知识产权的目的之一是促进创新和技术转让，并有利于技术知识和技术的生产者和使用者的共同利益，同时特别要求发达成员提供激励措施，鼓励其公司促进技术向最不发达成员的转让。第 66.2 条中提到了发达成员为技术转让提供激励的义务。最不发达成员希望这一要求更加有效。在多哈，部长们一致同意 TRIPs 理事会建立一种机制来确保这项义务的充分执行和监督。理事会于 2003 年 2 月通过了一项建立该机制的决定（IP/C/28），该决定详细介绍了发达成员要在每年年底之前提供有关其激励机制在实践中的作用的信息。

在 2016 年 11 月的理事会会议中，理事会主席提到：根据第 66.2 条，第五份详细年度报告已于 2015 年 10 月提交给安理会。在 2016 年 6 月，理事会已经要求发达国家成员及时更新其年度报告。同时理事会对第 66.2 条第 2 段进行了解释：年度审查会议为成员提供了提出与所交材料有关问题的机会、讨论促进和鼓励技术转让给最不发达国家成员的激励措施的有效性，以便使理事会能够建立健全和可行的技术基础，并考虑与报告程序的运作有关的各类观点。会议还讨论了关于提高信息获取和流动效率的方法，秘书还提到他们正在筹建相关网站以方便成员咨询或查找信息。应最不发达成员的要求，在该次会议之后，秘书处将最不发达成员和发达成员专家聚集在一起，组织了一个关于第 66.2 条的技术转让的讲习班。

（五）最不发达成员的特殊需求

2011 年 WTO 部长级会议提出希望 TRIPs 理事会能够充分考虑最不发达成员关于延长适用 TRIPs 缓冲期的请求，在缓冲期内最不发达成员可以不执行该协定，这也符合 TRIPs 第 66.1 条关于授权延长缓冲期的规定。

在 2012 年 11 月的 TRIPs 理事会会议中，最不发达国家集团提出了关于延长政策缓冲期的请求。2013 年 3 月，TRIPs 理事会第一次对其进行了审议。在 TRIPs 理事会主席的协调下，最不发达成员与某些发达成员就这一问题进行了一系列的磋商。同年 5 月，相关成员代表向理事会主席递交了关于开启集体磋商流程的请求。除与这些代表开展磋商之外，理事会主席也就这一议题在整个理事会内部举行了一系列非正式会议。最终在 2013 年 6 月的会议上，TRIPs 理事会通过了关于延长最不发达成员第 66.1 条下缓冲期的决定。该决定对最不发达成员的缓冲期延长了 8 年（截至 2021 年 7 月 1 日）。TRIPs 理事会也充分意识到最不发达成员由于经济、金融和管理的限制，需要更灵活的政策，这样他们就可以建立切实可行的技术基础。

在药物方面，2001 年多哈贸易部长会议已经指示 TRIPs 委员会延长其在

2016 年之前遵守药品条款的期限。2015 年 12 月，TRIPs 理事会正式通过了一项决议。进一步延长了这个过渡时期，直到 2033 年 1 月 1 日，或者当某个成员在 2033 年之前离开了最不发达成员行列。作为补充，总理事会还决定免除有关“邮箱”（Mailbox，即使没有专利保护，也允许发明人提交专利申请）和“独家销售权利”（Exclusive Marketing Rights）的某些义务，否则，根据 TRIPs 第 70.8 条和第 70.9 条，其将适用于最不发达国家成员。

（六）非违反之诉

非违反之诉是 WTO 争端解决机制中比较有特色的一项规则。非违反之诉是指这样的一种情形：案件是指如果一成员实施了某项措施，并致使另一成员依照《WTO 协定》而合理预期的利益受到抵消或损害，即使该项措施并没有违反《WTO 协定》，利益受到抵消或损害的成员仍然有权依照 WTO 争端解决程序提起申诉，如果裁定非违反之诉成立，被诉方虽然没有义务撤销被诉的措施，但有义务与申诉方达成满意的调整或进行补偿。非违反之诉已经适用于货物和服务，但在现行规定下还不适用于知识产权。

2015 年 11 月 23 日，TRIPs 理事会通过了一项就“非违反之诉”应用于知识产权的部长级决定草案，达成一致的建议这样写道：“我们注意到 TRIPs 理事会根据 2013 年 12 月 7 日关于‘TRIPs 非违反之诉和情境之诉’的决议所做的工作，指示 TRIPs 理事会继续审查 GATT 1994 第 23.1 条（b）和（c）款规定的诉讼类型的范围和形式并在 2017 年召开的下一届会议上提出建议。其间，成员同意不在 TRIPs 协定下提出此等诉讼。”TRIPs 理事会提议，将中止令延长到 2017 年第十一届部长级会议。在此期间，有关这些类型的争端对 TRIPs 的适用性的讨论应继续。许多成员强调，应在内罗毕部长级会议后立即就这一问题的永久解决方案进行讨论，美国和瑞士同意在不损害其意见的情况下延长 2 年。

2015 年 12 月，在内罗毕举办的第十届部长级会议上，会议通过了对 TRIPs 中非违反之诉暂缓期延长至 2017 年的决定。

在 2017 年 6 月的会议上，主席提到延长暂缓期的指示反映了 TRIPs 第 64.3 条所载的原始任务。截至 2018 年底，理事会还没有找到解决办法。在 2017 年 12 月第十一届部长级会议上，部长们同意再次将暂停令延长至 2019 年第十二届部长级会议。在此期间，应继续讨论将此类争端适用于 TRIPs。

二、涉及 TRIPs 的贸易争端

从 WTO 成立到 2018 年底，各成员提起的贸易争端案件中共有 39 起涉及

TRIPs 协定。其中，2012—2018 年共提起 10 起贸易争端案件。具体见表 6.2。

表 6.2　　2012—2018 年涉及 TRIPs 的争端解决磋商请求

案件编号	标题	申诉方	磋商时间
DS567	沙特阿拉伯——关于知识产权保护的措施	卡塔尔	2018 年 10 月 1 日
DS542	中国——关于知识产权保护的某些措施	美国	2018 年 3 月 23 日
DS528	沙特阿拉伯——有关商品和服务贸易以及与贸易有关的知识产权方面的措施	卡塔尔	2017 年 7 月 31 日
DS527	巴林——有关商品和服务贸易以及与贸易有关的知识产权方面的措施	卡塔尔	2017 年 7 月 31 日
DS526	阿联酋——有关商品和服务贸易以及与贸易有关的知识产权方面的措施	卡塔尔	2017 年 7 月 31 日
DS467	澳大利亚——烟草制品包装的商标、地理标志和其他简易包装有关规定措施	印度尼西亚	2013 年 9 月 20 日
DS458	澳大利亚——烟草制品包装的商标、地理标志和其他简易包装有关规定措施	古巴	2013 年 5 月 3 日
DS441	澳大利亚——烟草制品包装的商标、地理标志和其他简易包装有关规定措施	多米尼加	2012 年 7 月 18 日
DS435	澳大利亚——烟草制品包装的商标、地理标志和其他简易包装有关规定措施	洪都拉斯	2012 年 4 月 4 日
DS434	澳大利亚——烟草制品包装的商标、地理标志和其他简易包装有关规定措施	乌克兰	2012 年 3 月 13 日

资料来源：根据 WTO 网站资料整理，https://www.wto.org/english/tratop_e/dispu_e/dispu_status_e.htm，2018－12－31。

1. DS567：沙特阿拉伯——关于知识产权保护的措施

申诉方：卡塔尔

磋商时间：2018 年 10 月 1 日

最新进展：2018 年 10 月 1 日，卡塔尔要求就沙特阿拉伯未能为卡塔尔实体所拥有或申请的知识产权提供充分保护问题与沙特阿拉伯进行磋商。2018 年 11 月 9 日，卡塔尔要求成立一个专家小组。在 2018 年 12 月 4 日的会议上，DSB 推迟了专家组的建立。在 2018 年 12 月 18 日的会议上，DSB 成立了专家组。

2. DS542：中国——关于知识产权保护的某些措施

申诉方：美国

磋商时间：2018 年 3 月 23 日

最新进展：2018 年 3 月 23 日，美国要求就保护知识产权的某些措施与中国进行磋商。2018 年 10 月 18 日，美国要求成立一个专家小组。在 2018 年 11 月 21 日的会议上，DSB 成立了一个小组。2018 年 12 月 12 日，美国请总干事组成专家小组。

3. DS528：沙特阿拉伯——有关商品和服务贸易以及与贸易有关的知识产权方面的措施

申诉方：卡塔尔

磋商时间：2017 年 7 月 31 日

最新进展：2017 年 7 月 31 日，卡塔尔要求与沙特阿拉伯就有关货物贸易、服务贸易以及与贸易有关的知识产权的措施进行协商

4. DS527：巴林——有关商品和服务贸易以及与贸易有关的知识产权方面的措施

申诉方：卡塔尔

磋商时间：2017 年 7 月 31 日

最新进展：2017 年 7 月 31 日，卡塔尔要求与巴林就有关货物贸易、服务贸易以及与贸易有关的知识产权的措施进行协商。

5. DS526：阿联酋——有关商品和服务贸易以及与贸易有关的知识产权方面的措施

申诉方：卡塔尔

磋商时间：2017 年 7 月 31 日

最新进展：2017 年 7 月 31 日，卡塔尔要求与巴林就有关货物贸易、服务贸易以及与贸易有关的知识产权的措施进行协商。2017 年 10 月 6 日，卡塔尔要求成立一个专家小组。在 2017 年 10 月 25 日的会议上，DSB 推迟了专家组的建立。在 2017 年 11 月 22 日的会议上，DSB 成立了一个小组。经双方同意，专家小组于 2018 年 9 月 3 日组成。在专家小组主席去世后，双方同意任命新的主席。

6. DS467：澳大利亚——烟草制品包装的商标、地理标志和其他简易包装有关规定措施

申诉方：印度尼西亚

磋商时间：2013 年 9 月 20 日

最新进展：2014 年 5 月 5 日，总干事组成专家组。2014 年 10 月 10 日，专家组主席通知 DSB，专家组按照时间表在 2016 年上半年发布其最终报告。2016 年 6 月 29 日，专家组主席表示，由于案件的复杂性，专家组将在 2016 年年底发布其最终报告。2016 年 12 月 1 日，专家组主席表示，由于所涉及法律和事实问题的复杂性，专家组将在 2017 年 5 月之前发布其最终报告。2017 年 9 月 21 日，专家组主席告诉争端解决机构，由于关于争端的法律和事实问题的复杂性，双方问题的最终报告将于 2017 年第三季度末发布。2018 年 6 月 28 日，专家组报告分发给成员。在 2018 年 8 月 27 日的会议上，DSB 通过了专家组报告。

7. DS458：澳大利亚——烟草制品包装的商标、地理标志和其他简易包装有关规定措施

申诉方：古巴

磋商时间：2013 年 5 月 3 日

最新进展：2014 年 5 月 5 日，总干事组成专家组。2014 年 10 月 10 日，该专家组主席通知 DSB，专家组按照时间表在 2016 年上半年发布其最终报告。2016 年 6 月 29 日，专家组主席通知 DSB，由于案件的复杂性，专家组将在 2016 年年底发布其最终报告。2016 年 12 月 1 日，专家组主席通知 DSB，由于所涉及法律和事实问题的复杂性，专家组将在 2017 年 5 月之前发布其最终报告。专家组 2018 年 6 月 28 日，专家组报告分发给成员。在 2018 年 8 月 27 日的会议上，DSB 通过了专家组报告。

8. DS441：澳大利亚——烟草制品包装的商标、地理标志和其他简易包装有关规定措施

申诉方：多米尼加

磋商时间：2012 年 7 月 18 日

最新进展：2014 年 5 月 5 日，总干事组成专家组。2014 年 10 月 10 日，专家组通知 DSB，按照时间表在 2016 年上半年发布其最终报告。2016 年 6 月 29 日，专家组主席表示，由于案件的复杂性，专家组将在 2016 年底发布其最终报告。2016 年 12 月 1 日，专家组主席表示，由于所涉及法律和事实问题的复杂性，专家组将在 2017 年 5 月前发布其最终报告。2018 年 6 月 28 日，专家组报告分发给成员。2018 年 8 月 23 日，多米尼加共和国通知 DSB 其决定向上诉机构上诉专家组报告中的某些法律和法律解释问题。2018 年 9 月 17 日，上诉机构通知 DSB，它决定合并澳大利亚专家组报告的呼吁——烟草无装饰包装（洪都拉斯

（DS435）和多米尼加共和国（DS441））的上诉。上诉机构将与参与者和 DSB 成员进行适当的沟通，安排听证会。

9. DS435：澳大利亚——烟草制品包装的商标、地理标志和其他简易包装有关规定措施

申诉方：洪都拉斯

磋商时间：2012 年 4 月 4 日

最新进展：2014 年 5 月 5 日，总干事组成专家组。2014 年 10 月 10 日，专家组通知 DSB，按照时间表在 2016 年上半年发布其最终报告。2016 年 6 月 29 日，专家组主席表示，由于案件的复杂性，专家组将在 2016 年年底发布其最终报告。2016 年 12 月 1 日，专家组主席表示，由于所涉及法律和事实问题的复杂性，专家组将在 2017 年 5 月之前发布其最终报告。2018 年 6 月 28 日，专家组报告分发给成员。2018 年 7 月 19 日，洪都拉斯将其在专家组报告中向上诉机构上诉的某些法律和法律解释问题通知 DSB。2018 年 9 月 17 日，上诉机构通知 DSB，它决定合并澳大利亚专家组报告的呼吁——烟草无装饰包装（洪都拉斯（DS435）和多米尼加共和国（DS441））的上诉。上诉机构将与参与者和 DSB 成员进行适当的沟通，安排听证会。

10. DS434：澳大利亚——烟草制品包装的商标、地理标志和其他简易包装有关规定措施

申诉方：乌克兰

磋商时间：2012 年 3 月 13 日

最新进展：2014 年 5 月 5 日，总干事组成专家组。2014 年 10 月 10 日，专家组表示按照时间表在 2016 年上半年发布其最终报告。2015 年 5 月 28 日，乌克兰要求专家组暂停工作程序。2015 年 5 月 29 日澳大利亚致信专家组，表示同意乌克兰的暂停要求，并在信中表示，暂停将是“为了找到一个一致的解决方案”。2015 年 6 月 2 日，专家组通报其同意乌克兰的暂停并推迟专家组工作请求的决定。根据 DSU 的第 12.12 条，2016 年 5 月 30 日，专家组的管辖权失效，因为未被要求在专家组诉讼程序暂停后的 12 个月内恢复工作。

第七章

争 端 解 决

第一节　2017—2018 年争端解决机构的主要活动

截至 2018 年 12 月 31 日，WTO 成员共提起争端解决案件 574 起[①]。其中，2017—2018 年争端解决机构（Dispute Settlement Body，DSB）收到 WTO 成员基于《关于争端解决规则与程序的谅解》（Understanding on Rules and Procedures Governing the Settlement of Disputes，DSU）提起的 56 起正式磋商请求（见表 7.1），包括 2017 年提起的 17 起和 2018 年提起的 39 起。

表 7.1　　　　2017—2018 年 WTO 成员提出的争端解决磋商请求

案件编号	标题	申诉方	磋商时间	涉及协议
DS519	中国——对原铝生产者的补贴措施	美国	2017 年 1 月 12 日	GATT 1994、《补贴与反补贴措施协议》
DS520	加拿大——对葡萄酒的销售限制措施	美国	2017 年 1 月 18 日	GATT 1994
DS521	欧盟——对自俄罗斯进口的冷轧钢板的反倾销措施	俄罗斯	2017 年 1 月 27 日	GATT 1994、《反倾销协议》
DS522	加拿大——与商用飞机贸易有关的措施	巴西	2017 年 2 月 8 日	《补贴与反补贴措施协议》
DS523	美国——对从土耳其进口的钢管产品的反补贴措施	土耳其	2017 年 3 月 8 日	GATT 1994、《补贴与反补贴措施协议》

① WTO，https://www.wto.org/english/tratop_e/dispu_e/dispu_e.htm.

续表

案件编号	标题	申诉方	磋商时间	涉及协议
DS524	哥斯达黎加——对产自墨西哥牛油果实施的进口限制措施	墨西哥	2017 年 3 月 8 日	《实施卫生与植物卫生措施协议》
DS525	乌克兰——与货物贸易和服务贸易相关的措施	俄罗斯	2017 年 5 月 19 日	GATT 1994、GATS、《进口许可程序协议》、《实施卫生与植物卫生措施协议》、《技术性贸易壁垒协议》、《俄罗斯加入 WTO 议定书》
DS526	阿联酋——货物和服务贸易以及与贸易有关的知识产权方面的措施	卡塔尔	2017 年 7 月 31 日	GATT 1994、GATS、TRIPs
DS527	巴林——货物和服务贸易以及与贸易有关的知识产权方面的措施	卡塔尔	2017 年 7 月 31 日	GATT 1994、GATS、TRIPs
DS528	沙特阿拉伯——货物和服务贸易以及与贸易有关的知识产权方面的措施	卡塔尔	2017 年 7 月 31 日	GATT 1994、GATS、TRIPs
DS529	澳大利亚——A4 复印纸的反倾销措施	印度尼西亚	2017 年 9 月 1 日	《反倾销协议》
DS530	哈萨克斯坦——钢管反倾销措施	乌克兰	2017 年 9 月 19 日	GATT 1994、《反倾销协议》
DS531	加拿大——杂货店葡萄酒销售管理措施	美国	2017 年 9 月 28 日	GATT 1994
DS532	俄罗斯——某些乌克兰产品进口和过境的措施	乌克兰	2017年10月 13 日	GATT 1994、《贸易便利化协议》、《实施卫生与植物卫生措施协议》、《技术性贸易壁垒协议》、《俄罗斯加入 WTO 议定书》
DS533	美国——对加拿大软木木材的反补贴措施	加拿大	2017 年 11 月 28 日	GATT 1994、《补贴与反补贴措施协议》
DS534	美国——对加拿大软木木材采用差异定价方法的反倾销措施	加拿大	2017 年 11 月 28 日	GATT 1994、《反倾销协议》

续表

案件编号	标题	申诉方	磋商时间	涉及协议
DS535	美国——某些系统性贸易救济措施	加拿大	2017年12月20日	GATT 1994、《反倾销协议》、《关于争端解决规则与程序的谅解》
DS536	美国——对越南鱼片的反倾销措施	越南	2018年1月8日	GATT 1994、《反倾销协议》
DS537	加拿大——葡萄酒销售管理措施	澳大利亚	2018年1月12日	GATT 1994
DS538	巴基斯坦——对阿联酋进口的双轴取向聚丙烯薄膜的反倾销措施	阿联酋	2018年1月24日	GATT 1994、《反倾销协议》
DS539	美国——某些产品的反倾销和反补贴税以及现有事实的使用	韩国	2018年2月14日	GATT 1994、《WTO协定》、《补贴与反补贴措施协议》、《反倾销协议》
DS540	美国——有关越南某些海产品的贸易措施	越南	2018年2月22日	GATT 1994、《实施卫生与植物卫生措施协议》
DS541	印度——出口相关措施	美国	2018年3月14日	《补贴与反补贴措施协议》
DS542	中国——关于知识产权保护的某些措施	美国	2018年3月23日	TRIPs
DS543	美国——对来自中国的某些商品的关税措施	中国	2018年4月4日	GATT 1994、《关于争端解决规则与程序的谅解》
DS544	美国——钢铁和铝制品的某些措施	中国	2018年4月5日	GATT 1994、《保障措施协议》
DS545	美国——晶体硅光伏产品进口的保障措施	韩国	2018年5月14日	GATT 1994、《保障措施协议》
DS546	美国——进口大型家用洗衣机的保障措施	韩国	2018年5月14日	GATT 1994、《保障措施协议》
DS547	美国——钢铁和铝产品的某些措施	印度	2018年5月18日	GATT 1994、《保障措施协议》
DS548	美国——钢铁和铝制品的某些措施	欧盟	2018年6月1日	GATT 1994、《保障措施协议》、《WTO协定》

续表

案件编号	标题	申诉方	磋商时间	涉及协议
DS549	中国——关于技术转让的某些措施	欧盟	2018 年 6 月 1 日	GATT 1994、TRIPs、《中国加入 WTO 议定书》
DS550	美国——钢铁和铝制品某些措施	加拿大	2018 年 6 月 1 日	GATT 1994、《保障措施协议》、《WTO 协定》
DS551	美国——钢铁和铝制品的某些措施	墨西哥	2018 年 6 月 5 日	GATT 1994、《保障措施协议》、《WTO 协定》
DS552	美国——钢铁和铝产品的某些措施	挪威	2018 年 6 月 12 日	GATT 1994、《保障措施协议》、《WTO 协定》
DS553	韩国——不锈钢条的反倾销税日落复审	日本	2018 年 6 月 18 日	GATT 1994、《反倾销协议》
DS554	美国——钢铁和铝产品的某些措施	俄罗斯	2018 年 6 月 29 日	GATT 1994、《保障措施协议》
DS555	摩洛哥——关于作业簿的临时反倾销措施	突尼斯	2018 年 7 月 5 日	《反倾销协议》
DS556	美国——钢铁和铝产品的某些措施	瑞士	2018 年 7 月 9 日	GATT 1994、《保障措施协议》、《WTO 协定》
DS557	加拿大——对美国某些产品的附加关税	美国	2018 年 7 月 16 日	GATT 1994
DS558	中国——对美国某些产品的附加关税	美国	2018 年 7 月 16 日	GATT 1994
DS559	欧盟——对美国某些产品的附加关税	美国	2018 年 7 月 16 日	GATT 1994
DS560	墨西哥——对美国某些产品的附加关税	美国	2018 年 7 月 16 日	GATT 1994
DS561	土耳其——对美国某些产品的附加关税	美国	2018 年 7 月 16 日	GATT 1994
DS562	美国——晶体硅光伏产品进口的保障措施	中国	2018 年 8 月 14 日	GATT 1994、《保障措施协议》
DS563	美国——有关可再生能源的某些措施	中国	2018 年 8 月 14 日	GATT 1994、《保障措施协议》、TRIMs、《补贴与反补贴措施协议》

续表

案件编号	标题	申诉方	磋商时间	涉及协议
DS564	美国——钢铁和铝产品的某些措施	土耳其	2018年8月15日	GATT 1994、《保障措施协议》、《WTO 协定》
DS565	美国——对来自中国的某些商品的关税措施 II	中国	2018年8月23日	GATT 1994、《关于争端解决规则与程序的谅解》
DS566	俄罗斯——对美国某些产品的附加关税	美国	2018年8月27日	GATT 1994
DS567	沙特阿拉伯——知识产权保护措施	卡塔尔	2018年10月1日	TRIPs
DS568	中国——关于食糖进口的某些措施	巴西	2018年10月16日	GATT 1994、《保障措施协议》、《中国加入 WTO 议定书》
DS569	亚美尼亚——钢管反倾销措施	乌克兰	2018年10月17日	GATT 1994、《反倾销协议》
DS570	吉尔吉斯斯坦——钢管反倾销措施	乌克兰	2018年10月17日	GATT 1994、《反倾销协议》
DS571	韩国——影响商业船贸易的措施	日本	2018年11月6日	GATT 1994、《补贴与反补贴措施协议》
DS572	秘鲁——对阿根廷生物柴油的反倾销和反补贴措施	阿根廷	2018年11月29日	GATT 1994、《反倾销协议》《补贴与反补贴措施协议》、《WTO 协定》
DS573	土耳其——从泰国进口空调器的其他关税	泰国	2018年12月5日	GATT 1994、《保障措施协议》
DS574	美国——与货物和服务贸易有关的措施	委内瑞拉	2018年12月28日	GATT 1994、GATS

资料来源：根据 WTO 官网资料整理，https://www.wto.org/english/tratop_e/dispu_e/dispu_e.htm。

从案件涉及的国家来看（见表 7.2 和表 7.3），申诉方涉及的成员共计 23 个，有 48%（11 个）成员仅发起 1 起案件。发起案件最多的国家是美国，共计 11 起，占比 20%；次之是中国，共计 5 起案件，占比 9%；乌克兰、卡塔尔和加拿大均各 4 起案件。从被诉方来看，涉及成员共计 21 个，有 62%（13 个）成员仅被诉 1 起。被诉案件最多的仍是美国，共计 23 起，占比高达 41%；次之是中国和加拿大，各被诉 5 起，各占比 9%。

表 7.2　　2017—2018 年作为申诉方的涉案经济体的案件数

成员	案件数	成员	案件数	成员	案件数
美国	11	墨西哥	2	挪威	1
中国	5	欧盟	2	瑞士	1
乌克兰	4	日本	2	泰国	1
卡塔尔	4	土耳其	2	突尼斯	1
加拿大	4	越南	2	委内瑞拉	1
俄罗斯	3	阿根廷	1	印度	1
韩国	3	阿联酋	1	印度尼西亚	1
巴西	2	澳大利亚	1		

资料来源：根据 WTO 官网资料整理，https://www.wto.org/english/tratop_e/dispu_e/dispu_e.htm。

表 7.3　　2017—2018 年作为被诉方的涉案经济体的案件数

成员	案件数	成员	案件数	成员	案件数
美国	23	土耳其	2	吉尔吉斯斯坦	1
中国	5	阿联酋	1	秘鲁	1
加拿大	5	澳大利亚	1	摩洛哥	1
俄罗斯	2	巴基斯坦	1	墨西哥	1
韩国	2	巴林	1	乌克兰	1
欧盟	2	哥斯达黎加	1	亚美尼亚	1
沙特阿拉伯	2	哈萨克斯坦	1	印度	1

资料来源：根据 WTO 官网资料整理，https://www.wto.org/english/tratop_e/dispu_e/dispu_e.htm。

第二节　2017—2018 年争端解决案件的最新进展

2017—2018 年 WTO 争端解决机构共跟进了 95 起案件。以下是 2017—2018

年 DSB 审理案件的最新进展。案件顺序按照其编号大小（即提起的时间先后）排列。

1. DS316：欧共体等——影响大型民用飞机贸易的措施

申诉方：美国

被诉方：欧共体、法国、德国、西班牙、英国

（1）基于 DSU 第 21 条的执行程序

2011 年 12 月 9 日，美国根据 DSU 第 21.5 条，要求与欧盟进行磋商。2012 年 3 月 30 日，美国要求成立执行专家组。2016 年 9 月 22 日，执行专家组报告散发。2016 年 10 月 13 日，欧盟通知 DSB 其决定对执行专家组报告中某些法律条款和司法解释提出上诉。2016 年 11 月 10 日，美国通知 DSB 其将提起交叉上诉。2018 年 5 月 15 日，上诉机构报告散发。2018 年 5 月 28 日，DSB 通过了上诉机构报告。

2018 年 5 月 29 日，欧盟根据 DSU 第 21.5 条，要求与美国进行磋商。2018 年 7 月 31 日，欧盟要求成立执行专家组，在 2018 年 8 月 15 日的会议上，DSB 推迟成立执行专家组。2018 年 8 月 27 日，DSB 同意根据 DSU 第 21.5 条的规定，在可能的情况下将欧盟提出的事项转交给原专家组。由于原专家组中两名专家无法参与，执行专家组需重新组成。澳大利亚、巴西、加拿大、中国、印度、日本和俄罗斯保留第三方权利。2018 年 11 月 16 日，执行专家组主席通知 DSB，由于争端的复杂性，执行专家组预计不会在 2019 年底之前完成工作。

（2）基于 DSU 第 22 条的授权报复仲裁程序

2011 年 12 月 9 日，美国根据 DSU 第 22 条提出授权报复的仲裁请求。2012 年 1 月 19 日，仲裁程序暂时中止。2018 年 7 月 17 日，仲裁主席通知 DSB，应美国要求，仲裁工作于 2018 年 7 月 13 日恢复。

2. DS353：美国——影响大型民用飞机贸易的措施

申诉方：欧共体

被诉方：美国

2017 年 6 月 29 日，欧盟通知 DSB，其决定对执行专家组报告中某些法律条款和司法解释提出上诉。2017 年 8 月 10 日，美国将其交叉上诉的决定通知 DSB。

2017 年 9 月 18 日，上诉机构通知 DSB，由于执行程序的规模和复杂性，报告不能在到期 60 日内或 DSU 第 17.5 条规定的 90 日内散发。同时，报告散发时间将会与涉案方和第三方成员沟通。

3. DS371：泰国——对菲律宾香烟的海关和财税措施

申诉方：菲律宾

被诉方：泰国

2017 年 5 月 15 日，执行专家组主席通知 DSB，执行专家组预计将在 2018 年第一季度向双方发布最终报告。2018 年 11 月 8 日，执行专家组主席通知 DSB，已于 2018 年 3 月 12 日向双方发布了最终报告，该报告原定于 2018 年 9 月 25 日公开，已推迟至 2018 年 11 月 12 日。2018 年 11 月 12 日，执行专家组报告散发给成员。

2017 年 7 月 4 日，菲律宾根据 DSU 第 21.5 条要求进行第二次磋商，主要针对泰国在该争端中执行 DSB 裁决建议的分歧。菲律宾于 2018 年 2 月 21 日提交了对 2017 年 7 月 4 日第二次磋商请求的修订版。2018 年 3 月 14 日，菲律宾根据 DSU 第 21.5 条要求成立执行专家组。2018 年 3 月 27 日，DSB 同意在可能的情况下将菲律宾提出的事项转交给原专家组。澳大利亚、中国、哥伦比亚、欧盟、印度、印度尼西亚、日本、俄罗斯、新加坡和美国保留第三方权利。

2018 年 5 月 9 日，执行专家组由与第一次执行程序中的执行专家组相同的成员组成。2018 年 11 月 30 日，执行专家组主席通知 DSB，执行专家组预计将于 2019 年 4 月向双方发布最终报告。

4. DS381：美国——涉及金枪鱼及制品进口和销售的措施

申诉方：墨西哥

被诉方：美国

（1）基于 DSU 第 22 条的授权报复仲裁程序

2017 年 4 月 25 日，仲裁裁决散发给成员。裁定美国 2013 年采取的关于金枪鱼标签的规定对墨西哥造成利益丧失和减损水平为每年 1.63 亿美元。据此，墨西哥可向 DSB 申请报复授权，报复水平为每年不超过 1.63 亿美元。

2017 年 5 月 11 日，墨西哥根据仲裁裁定请求 DSB 授权中止某些关税减让及相关义务。2017 年 5 月 22 日，DSB 应墨西哥请求，依据 DSU 第 22.7 条的规定，针对美国 2013 年金枪鱼标签规定对墨西哥造成的利益丧失和减损，授权墨西哥对美实施报复措施，报复水平为每年不超过 1.63 亿美元。

（2）基于 DSU 第 21 条的执行程序

2016 年 4 月 11 日，美国根据 DSU 第 21.5 条要求成立执行专家组。2016 年 6 月 9 日，墨西哥根据 DSU 第 21.5 条要求成立第二个执行专家组。在 2016 年 6 月 22 日的会议上，DSB 同意根据 DSU 第 21.5 条的规定，在可能的情况下，将美国、墨西哥提出的事项转交给原专家组。2017 年 10 月 26 日，执行专家组报告散发给成员。2017 年 12 月 1 日，墨西哥通知 DSB 其决定对执行专家组报告中的某些法律条款和司法解释提出上诉。上诉机构在 2018 年 1 月 29 日通知 DSB，报告不能在到期 60 日内或 DSU 第 17.5 条规定的 90 日内散发。2018 年 11 月 20 日，上诉机构主席通知 DSB 主席，报告将最迟于 2018 年 12 月 14 日散发。2018 年 12 月 14 日，报告散发给成员。

5. DS427：中国——对进口自美国的白羽鸡的双反措施

申诉方：美国

被诉方：中国

2018 年 1 月 18 日，执行专家组报告已散发给成员。2018 年 2 月 28 日，DSB 通过了执行专家组报告。

6. DS435、DS441、DS458、DS467：澳大利亚——对香烟产品及包装的商标和包装要求

申诉方：洪都拉斯、多米尼加、古巴、印度尼西亚

被诉方：澳大利亚

2018 年 6 月 28 日，专家组报告已散发给成员。

2018 年 7 月 19 日，洪都拉斯通知 DSB 其决定对专家组报告中的某些法律条款和司法解释提出上诉。

7. DS437：美国——对中国产品的反补贴措施

申诉方：中国

被诉方：美国

2018 年 3 月 21 日，执行专家组报告散发给成员。

2018 年 4 月 27 日，美国通知 DSB 其决定对执行专家组报告中的某些法律条款以及司法解释提出上诉。2018 年 5 月 2 日，中国将其交叉上诉的决定通知 DSB。

8. DS442：欧盟——对脂肪醇的反倾销措施

申诉方：印度尼西亚

被诉方：欧盟

2017 年 2 月 10 日，印度尼西亚通知 DSB 其决定对执行专家组报告中的某些法律条款以及司法解释提出上诉。2017 年 2 月 15 日，欧盟将其交叉上诉的决定通知 DSB。

2017 年 4 月 11 日，上诉机构通知 DSB，报告不能在到期 60 日内或 DSU 第

17.5 条规定的 90 日内散发。2017 年 9 月 5 日，上诉机构报告散发给成员。2017 年 9 月 29 日，DSB 通过了上诉机构报告。

9. DS461：哥伦比亚——纺织品、服装和鞋类进口的相关措施

申诉方：巴拿马

被诉方：哥伦比亚

2017 年 2 月 9 日，巴拿马请求 DSB 批准根据 DSU 第 22.2 条中止减让或其他义务，指控哥伦比亚在此案的合理时间内未执行 DSB 的建议和裁决。2017 年 2 月 17 日，哥伦比亚反对中止巴拿马要求的减让或其他义务。在 2017 年 2 月 20 日的 DSB 会议上，此案根据 DSU 第 22.6 条提交仲裁。

2017 年 2 月 9 日，哥伦比亚要求成立执行专家组。在 2017 年 2 月 20 日的会议上，DSB 推迟了成立执行专家组的时间。2017 年 2 月 27 日，哥伦比亚回应巴拿马在 2017 年 2 月 20 日的 DSB 会议上的发言，要求哥伦比亚根据 DSU 第 21.5 条就巴拿马为遵守 DSB 的裁决建议而采取的某些措施进行磋商。在 2017 年 3 月 6 日的会议上，DSB 同意根据 DSU 第 21.5 条的规定，在可能的情况下，将哥伦比亚提出的事项转交给原专家组。澳大利亚、中国、厄瓜多尔、欧盟、危地马拉、洪都拉斯、印度、韩国、俄罗斯、中国台湾和美国保留第三方权利。

2017 年 9 月 22 日，执行专家组主席通知 DSB，将在 2018 年 9 月前向双方发布最终报告。2018 年 10 月 5 日，执行专家组报告散发给成员。2018 年 11 月 20 日，巴拿马通知了 DSB 其决定对执行专家组报告中的某些法律条款以及司法解释提出上诉。

10. DS464：美国——对大型洗衣机反倾销反补贴措施

申诉方：韩国

被诉方：美国

2018 年 1 月 11 日，韩国以美国未在合理的时间内执行 DSB 的裁决为由，要求 DSB 批准根据 DSU 第 22.2 条中止减让或其他义务。

2018 年 1 月 19 日，美国通知 DSB，其反对韩国根据 DSU 第 22.6 条提议的中止减让水平。在 2018 年 1 月 22 日的 DSB 会议上，DSB 主席注意到该案已按照 DSU 第 22.6 条的规定转交仲裁，仲裁员由原专家组成员组成。

11. DS471：美国——涉及中国的反倾销程序中的方法及其适用

申诉方：中国

被诉方：美国

2017 年 5 月 11 日，上诉机构报告散发给成员。2017 年 5 月 22 日，DSB 通

过了上诉机构报告。

在 2017 年 6 月 19 日的 DSB 会议上，美国表示打算以遵守其 WTO 义务的方式执行 DSB 的建议和裁决，其补充说明需要一段合理的时间来执行。中国于 2017 年 10 月 17 日要求根据 DSU 第 21.3（c）条通过具有约束力的仲裁确定合理的期限。2017 年 11 月 7 日，总干事根据 DSU 第 21.3（c）条任命 Simon Farbenbloom 先生为仲裁员，同日，Simon Farbenbloom 先生接受了任命。2018 年 1 月 19 日，仲裁员裁决书散发给各成员。仲裁员确定合理的期限为 15 个月，于 2018 年 8 月 22 日到期。

2018 年 9 月 9 日，中国以美国未在合理的时间内遵守 DSB 的建议和裁决为由，要求 DSB 批准根据 DSU 第 22.2 条中止减让或其他义务。2018 年 9 月 19 日，美国告知 DSB，其反对中国根据 DSU 第 22.6 条提议的中止减让水平。在 2018 年 9 月 21 日的 DSB 会议上，DSB 主席注意到，美国提出的事项已根据 DSU 第 22.6 条移交给仲裁。

12. DS472、DS497：巴西——税费措施

申诉方：欧盟、日本

被诉方：巴西

2017 年 8 月 30 日，专家组报告散发给成员。2017 年 9 月 28 日，巴西通知 DSB 其决定对专家组报告中的某些法律条款以及司法解释提出上诉。2017 年 10 月 3 日，欧盟和日本分别通知 DSB 其交叉上诉的决定。

2017 年 11 月 27 日，上诉机构通知 DSB，报告不能在到期 60 日内或 DSU 第 17.5 条规定的 90 日内散发。2018 年 11 月 19 日，上诉机构主席通知 DSB 主席，报告将最迟于 2018 年 12 月 13 日散发。2018 年 12 月 13 日上诉机构报告散发给成员。

13. DS475：俄罗斯——猪肉制品进口措施

申诉方：欧盟

被诉方：俄罗斯

2017 年 2 月 23 日，上诉机构报告散发给成员。2017 年 3 月 21 日，DSB 通过了上诉机构报告。

14. DS476：欧盟——能源产业措施

申诉方：俄罗斯

被诉方：欧盟

2017 年 4 月 4 日，专家组主席通知 DSB，鉴于本案的复杂性和大量的举证

工作，预计其最终报告将于 2017 年年底散发。2018 年 8 月 10 日，专家组报告散发给成员。

2018 年 9 月 21 日，欧盟通知 DSB 其决定对专家组报告中的某些法律条款以及司法解释提出上诉。俄罗斯于 2018 年 9 月 26 日通知了 DSB 其交叉上诉的决定。2018 年 11 月 20 日，上诉机构通知 DSB，报告不能在到期 60 日内或 DSU 第 17.5 条规定的 90 日内散发。

15. DS477、DS478：印度尼西亚——农产品进口限制措施

申诉方：新西兰、美国

被诉方：印度尼西亚

2017 年 4 月 13 日，上诉机构通知 DSB，报告不能在到期 60 日内或 DSU 第 17.5 条规定的 90 日内散发。

2017 年 10 月 18 日，上诉机构主席通知 DSB 预计将不晚于 2017 年 11 月 9 日散发上诉机构报告。2017 年 11 月 9 日，上诉机构报告散发，其中包含 DS477 和 DS478 两个案件。

16. DS479：俄罗斯——汽车反倾销措施

申诉方：欧盟

被诉方：俄罗斯

2017 年 1 月 27 日，专家组报告散发。

2017 年 2 月 20 日，俄罗斯通知 DSB 就专家组报告的某些法律条款和司法解释提起上诉。2017 年 2 月 27 日，欧盟也在提起上诉。

2017 年 4 月 13 日，上诉机构通知 DSB，报告不能在到期 60 日内或 DSU 第 17.5 条规定的 90 日内散发。2018 年 3 月 22 日，上诉机构报告已散发给成员。2018 年 4 月 9 日，DSB 通过了上诉机构报告。

17. DS480：欧盟——生物柴油反倾销措施

申诉方：印度尼西亚

被诉方：欧盟

2018 年 1 月 25 日专家组报告散发给成员。2018 年 2 月 28 日，DSB 通过了专家组报告。

18. DS482：欧盟——对中国台湾碳钢管的反倾销措施

申诉方：中国台湾

被诉方：欧盟

2017 年 1 月 25 日，DSB 通过了专家组报告。

19. DS483：中国——对进口浆粕的反倾销措施

申诉方：加拿大

被诉方：中国

2017 年 4 月 25 日，专家组报告散发给成员。2017 年 5 月 22 日，DSB 通过了专家组报告。

20. DS484：印度尼西亚——鸡肉和鸡产品的进口措施

申诉方：巴西

被诉方：印度尼西亚

2017 年 3 月 31 日，专家组主席通知 DSB，由于案件的复杂性，预计其最终报告将于 2017 年 5 月上旬散发。

2017 年 10 月 17 日，专家组报告散发给成员。2017 年 11 月 22 日，DSB 通过了专家组报告。

21. DS486：欧盟——对某些聚对苯二甲酸乙二醇酯的反补贴措施

申诉方：巴基斯坦

被诉方：欧盟

2017 年 7 月 6 日，专家组报告散发给成员。2017 年 8 月 30 日，欧盟通知 DSB，其决定就专家组报告中的法律条款和司法解释将提起上诉。2017 年 9 月 4 日，巴基斯坦通知了 DSB 其交叉上诉的决定。

2017 年 10 月 27 日，上诉机构通知 DSB，报告不能在到期 60 日内或 DSU 第 17.5 条规定的 90 日内散发。2018 年 5 月 16 日，上诉机构报告散发给各成员。2018 年 5 月 28 日，DSB 通过了上诉机构报告。

22. DS487：美国——大型民用飞机税收激励

申诉方：欧盟

被诉方：美国

2017 年 9 月 4 日，上诉机构报告散发给成员。2017 年 9 月 22 日，DSB 通过了上诉机构报告。

23. DS488：美国——石油专用管反倾销措施

申诉方：韩国

被诉方：美国

2017 年 11 月 14 日，专家组报告散发给成员。在 2018 年 1 月 12 日的会议上，DSB 通过了专家组报告。

24. DS490、DS496：印度尼西亚——钢铁产品的保障措施

申诉方：中国台湾

被诉方：印度尼西亚

2017 年 8 月 18 日，专家组报告散发给成员。

2017 年 9 月 28 日，印度尼西亚通知 DSB 就专家组报告的某些法律条款和司法解释提起上诉。2017 年 10 月 3 日，中国台湾也提起上诉。2017 年 11 月 27 日，上诉机构通知 DSB，报告不能在到期 60 日内或 DSU 第 17.5 条规定的 90 日内散发。2018 年 8 月 15 日，上诉机构报告散发给成员。2018 年 8 月 27 日，DSB 通过了上诉机构报告，包括 DS490、DS496 两个案件。

25. DS491：美国——对产自印度尼西亚铜版纸的反倾销和反补贴措施

申诉方：印度尼西亚

被诉方：美国

2017 年 12 月 6 日专家组报告散发给成员。2018 年 1 月 12 日，DSB 通过了专家组报告。

26. DS492：欧盟——影响某些禽肉制品关税减让的措施

申诉方：中国

被诉方：欧盟

2017 年 3 月 28 日，专家组报告散发给成员。2017 年 4 月 19 日，DSB 通过了专家组报告。

27. DS493：乌克兰——对硝酸铵的反倾销措施

申诉方：俄罗斯

被诉方：乌克兰

2018 年 7 月 20 日，专家组报告散发给成员。2018 年 8 月 23 日，乌克兰通知 DSB 就专家组报告的某些法律条款和司法解释提起上诉。

2018 年 10 月 22 日，上诉机构通知 DSB，报告不能在到期 60 日内或 DSU 第 17.5 条规定的 90 日内散发。

28. DS494：欧盟——对自俄罗斯进口产品实行反倾销措施成本调整措施（第二次上诉）

申诉方：俄罗斯

被诉方：欧盟

2018 年 12 月 17 日专家组成立。

29. DS495：韩国——对放射性核素的禁止进口、检测和认证要求

申诉方：日本

被诉方：韩国

2017年5月29日，专家组主席通知DSB，鉴于本案司法问题和法律实践的复杂性以及时间上的冲突，与双方协商后，预计其最终报告将于2017年10月上旬散发。2018年2月22日，专家组报告散发给成员。

2018年4月9日，韩国通知DSB就专家组报告的某些法律条款和司法解释提起上诉。日本于2018年4月16日通知了DSB其交叉上诉的决定。2018年6月8日，上诉机构通知DSB，报告不能在到期60日内或DSU第17.5条规定的90日内散发。

30. DS499：俄罗斯——影响铁路设备和零部件进口措施

申诉方：乌克兰

被诉方：俄罗斯

2018年7月30日，专家组报告散发给成员。2018年8月27日，乌克兰通知DSB就专家组报告的某些法律条款和司法解释提起上诉。2018年9月3日，俄罗斯通知了DSB其交叉上诉的决定。

2018年10月24日，上诉机构通知DSB，报告不能在到期60日内或DSU第17.5条规定的90日内散发。

31. DS504：韩国——对自日本进口的气动阀门征收反倾销税

申诉方：日本

被诉方：韩国

2017年3月7日，专家组主席通知DSB，鉴于与双方协商后的时间安排，预计其最终报告将于2017年下半年散发。2018年4月12日，专家组报告散发给成员。

2018年5月28日，日本通知DSB就专家组报告的某些法律条款和司法解释提起上诉。2018年6月4日，韩国通知了DSB其交叉上诉的决定。

32. DS505：美国——对自加拿大进口的超级压光纸实施反补贴措施

申诉方：加拿大

被诉方：美国

2017年1月27日，专家组主席通知DSB，专家组的启动推迟，预计于2017年年底前散发其最终报告。2018年7月5日，专家组报告散发给成员。

2018年8月27日，美国通知DSB就专家组报告的某些法律条款和司法解释提起上诉。2018年10月24日，上诉机构通知DSB，报告不能在到期60日内或DSU第17.5条规定的90日内散发。

33. DS510：美国——与可再生能源产业相关的某些措施

申诉方：印度

被诉方：美国

2017 年 1 月 17 日，印度要求成立专家组。2017 年 2 月 20 日，DSB 推迟成立专家组。2017 年 3 月 21 日，DSB 指定专家组。巴西、中国、欧盟、印度尼西亚、日本、挪威、俄罗斯、沙特阿拉伯、新加坡、中国台湾和土耳其保留第三方权利。2018 年 4 月 11 日，印度请总干事组建专家组。2018 年 4 月 24 日，专家组成立。

2018 年 10 月 11 日，专家组主席通知 DSB，由于争端的复杂性，预计将在 2019 年第二季度向各当事方发布其最终报告。

34. DS511：中国——对农业种植户的国内支持

申诉方：美国

被诉方：中国

2017 年 1 月 25 日，DSB 指定专家组。澳大利亚、加拿大、哥伦比亚、厄瓜多尔、埃及、巴西、萨尔瓦多、欧盟、危地马拉、印度、印度尼西亚、以色列、日本、哈萨克斯坦、韩国、挪威、巴基斯坦、巴拉圭、菲律宾、俄罗斯、沙特阿拉伯、新加坡、中国台湾、泰国、土耳其、乌克兰和越南保留第三方权利。

2017 年 6 月 24 日，专家组成立。2018 年 2 月 22 日，专家组主席通知 DSB 将不迟于 2018 年第三季度向各当事方发布其最终报告。

35. DS512：俄罗斯——与转运相关的措施

申诉方：乌克兰

被诉方：俄罗斯

2017 年 2 月 9 日，乌拉圭要求成立专家组。2017 年 2 月 20 日，DSB 推迟成立专家组。2017 年 3 月 21 日，DSB 指定专家组。澳大利亚、玻利维亚、巴西、加拿大、智利、中国、欧盟、印度、日本、韩国、摩尔多瓦、挪威、巴拉圭、沙特阿拉伯、新加坡、土耳其和美国保留第三方权利。

2017 年 5 月 22 日，俄罗斯要求总干事指定专家组成员。2017 年 6 月 6 日，专家组成立。2018 年 9 月 28 日，专家组主席告知 DSB，鉴于此案中法律和事实问题的复杂性，预计将在 2019 年第一季度向双方发布最终报告。

36. DS513：摩洛哥——对自土耳其进口的热轧钢实施反倾销措施

申诉方：土耳其

被诉方：摩洛哥

2017年1月12日，土耳其要求成立专家组。2017年1月25日，DSB推迟成立专家组。2017年3月21日，DSB指定专家组。中国、埃及、欧盟、印度、日本、哈萨克斯坦、韩国、俄罗斯、新加坡和美国保留第三方权利。

2017年5月8日，土耳其要求总干事指定专家组成员。2017年5月17日，专家组成立。2018年10月31日，专家组报告散发给成员。2018年11月20日，摩洛哥通知DSB就专家组报告的某些法律条款和司法解释提起上诉。

37. DS515：美国——与价格比较方法相关的措施

申诉方：中国

被诉方：美国

2017年1月4日，墨西哥请求加入磋商。2017年1月17日，欧盟请求加入磋商。随后，美国通知DSB其接受了加拿大、日本和墨西哥加入磋商的请求。

38. DS516：欧盟——与价格比较方法相关的措施

申诉方：中国

被诉方：欧盟

2017年3月9日，中国要求成立专家组。2017年3月21日，DSB推迟成立专家组。2017年4月3日，DSB指定专家组。澳大利亚、巴林、巴西、加拿大、哥伦比亚、厄瓜多尔、印度、印度尼西亚、日本、哈萨克斯坦、韩国、墨西哥、挪威、俄罗斯、中国台湾、塔吉克斯坦、土耳其、阿联酋和美国保留了其作为第三方的权利。

2017年6月29日，中国要求总干事指定专家组成员。2017年7月10日，专家组成立。

39. DS518：印度——与钢铁产品进口相关的措施

申诉方：日本

被诉方：印度

2017年1月17日，中国台湾请求加入磋商。2017年1月18日，俄罗斯请求加入磋商。2017年1月19日，乌克兰请求加入磋商。

2017年3月9日，日本要求成立专家组。2017年3月21日，DSB推迟成立专家组。2017年4月3日，DSB指定专家组。澳大利亚、中国、欧盟、印度尼西亚、哈萨克斯坦、韩国、阿曼、卡塔尔、俄罗斯、新加坡、中国台湾、乌克兰、美国和越南保留其作为第三方的权利。2017年6月12日，日本要求总干事指定专家组成员。2017年6月22日，专家组成立。

2018 年 11 月 6 日，专家组报告散发给成员。2018 年 12 月 14 日，印度通知 DSB 就专家组报告的某些法律条款和司法解释提起上诉。2018 年 12 月 21 日，日本通知了 DSB 其交叉上诉的决定。

40. DS519：中国——对原铝生产者的补贴措施

申诉方：美国

被诉方：中国

2017 年 1 月 12 日，美国就中国对原铝生产者的补贴措施，提起 WTO 争端解决机制项下的磋商请求。

2017 年 1 月 23 日，日本请求加入磋商。2017 年 1 月 27 日，加拿大和俄罗斯请求加入磋商。2017 年 1 月 30 日，欧盟请求加入磋商。

41. DS520：加拿大——对葡萄酒的销售限制措施

申诉方：美国

被诉方：加拿大

2017 年 1 月 18 日，美国就加拿大英属哥伦比亚省对葡萄酒的销售限制措施提起磋商请求。

2017 年 1 月 30 日，新西兰请求加入磋商。2017 年 2 月 1 日，澳大利亚和欧盟请求加入磋商。2017 年 2 月 2 日，阿根廷请求加入磋商。随后，加拿大通知 DSB 接受阿根廷、澳大利亚、欧盟和新西兰加入磋商的请求。

42. DS521：欧盟——对自俄罗斯进口的冷轧钢板的反倾销措施

申诉方：俄罗斯

被诉方：欧盟

2017 年 1 月 27 日，俄罗斯就欧盟对自俄罗斯进口的冷轧钢板的反倾销措施提起磋商请求。

43. DS522：加拿大——与商用飞机贸易有关的措施

申诉方：巴西

被诉方：加拿大

2017 年 2 月 8 日，巴西就加拿大与商用飞机贸易有关的措施提起磋商请求。

2017 年 2 月 23 日，日本请求加入磋商。2017 年 2 月 24 日，欧盟和美国请求加入磋商。随后，加拿大通知 DSB 接受欧盟、日本和美国加入磋商的请求。2018 年 1 月 29 日，巴西申请成立专家组。2018 年 2 月 6 日，专家组成立。专家组主席于 2018 年 6 月 18 日通知 DSB，由于争端的复杂性，预计将于 2019 年下半年向双方发布最终报告。

44. DS523：美国——对从土耳其进口的钢管产品的反补贴措施

申诉方：土耳其

被诉方：美国

2017 年 3 月 8 日，土耳其就美国对其某些型号的钢管产品实行反补贴措施提起磋商请求。2017 年 5 月 11 日，土耳其要求成立专家组。2017 年 5 月 22 日，DSB 推迟成立专家组。2017 年 6 月 19 日，DSB 指定专家组。巴西、加拿大、中国、欧盟、日本、哈萨克斯坦、韩国、墨西哥、俄罗斯、沙特阿拉伯和阿联酋保留其作为第三方的权利。2017 年 9 月 4 日，土耳其要求总干事指定专家组成员。2017 年 9 月 14 日，专家组成立。

2018 年 3 月 6 日，专家组主席告知 DSB，由于秘书处缺乏律师，专家组的工作被推迟，预计在 2018 年下半年向各方发布其最终报告。2018 年 12 月 18 日，专家组报告散发给成员。

45. DS524：哥斯达黎加——对产自墨西哥牛油果实施的进口限制措施

申诉方：墨西哥

被诉方：哥斯达黎加

2017 年 3 月 8 日，墨西哥就哥斯达黎加对产自墨西哥牛油果实施的进口限制措施提起磋商请求。

2018 年 11 月 22 日，墨西哥要求成立专家组。加拿大、中国、欧盟、萨尔瓦多、洪都拉斯、印度、巴拿马、俄罗斯和美国保留第三方权利。

46. DS525：乌克兰——与货物贸易和服务贸易相关的措施

申诉方：俄罗斯

被诉方：乌克兰

2017 年 5 月 19 日，俄罗斯就乌克兰在货物贸易、服务贸易及转运领域所采取的限制、禁止、要求和程序措施提起磋商请求。

47. DS526：阿联酋——与货物和服务贸易以及与贸易有关的知识产权方面的措施

申诉方：卡塔尔

被诉方：阿联酋

2017 年 7 月 31 日，卡塔尔就阿联酋在货物和服务贸易以及与贸易有关的知识产权方面的措施提起磋商请求。2017 年 10 月 6 日，卡塔尔要求成立专家组。2017 年 10 月 25 日，DSB 推迟了专家组的成立。

2017 年 11 月 22 日，DSB 指定了专家组。阿富汗、澳大利亚、巴林、巴西、加拿大、中国、埃及、欧盟、危地马拉、洪都拉斯、日本、哈萨克斯坦、韩国、马来西亚、墨西哥、挪威、菲律宾、俄罗斯、沙特阿拉伯、新加坡、中国台湾、土耳其、乌克兰、美国和也门保留第三方权利。2018 年 9 月 3 日，专家组成立。

48. DS527：巴林——货物和服务贸易以及与贸易有关的知识产权方面的措施

申诉方：卡塔尔

被诉方：巴林

2017 年 7 月 31 日，卡塔尔就巴林在货物和服务贸易以及与贸易有关的知识产权方面的措施提起磋商请求。

49. DS528：沙特阿拉伯——货物和服务贸易以及与贸易有关的知识产权方面的措施

申诉方：卡塔尔

被诉方：沙特阿拉伯

2017 年 7 月 31 日，卡塔尔就沙特阿拉伯在货物和服务贸易以及与贸易有关的知识产权方面的措施提起磋商请求。

50. DS529：澳大利亚——A4 复印纸的反倾销措施

申诉方：印度尼西亚

被诉方：澳大利亚

2017 年 9 月 1 日，印度尼西亚就澳大利亚对 A4 复印纸的反倾销措施提起磋商请求。2018 年 3 月 14 日，印度尼西亚要求成立专家组。在 2018 年 3 月 27 日的会议上，DSB 推迟了专家组的成立。

2018 年 4 月 27 日，DSB 指定了专家组。加拿大、中国、埃及、欧盟、印度、以色列、日本、韩国、俄罗斯、新加坡、泰国、乌克兰、美国和越南保留第三方权利。2018 年 7 月 12 日，专家组成立。

51. DS530：哈萨克斯坦——钢管反倾销措施

申诉方：乌克兰

被诉方：哈萨克斯坦

2017 年 9 月 19 日，乌克兰就哈萨克斯坦在海关领土上对某些类型钢管的反倾销措施提起磋商请求。

2017 年 10 月 6 日，俄罗斯要求参加磋商。随后，哈萨克斯坦告知 DSB 已经接受俄罗斯加入磋商的要求。2018 年 9 月 7 日，乌克兰补充了其 2017 年 9 月 19 日的磋商请求。

52. DS531：加拿大——杂货店葡萄酒销售管理措施

申诉方：美国

被诉方：加拿大

2017 年 9 月 28 日，美国就加拿大英属哥伦比亚省对杂货店销售葡萄酒的措施提起磋商请求。2017 年 10 月 11 日，阿根廷、澳大利亚和新西兰要求参加磋商。2017 年 10 月 12 日，欧盟要求参加磋商。随后，加拿大通知 DSB 已接受阿根廷、澳大利亚、欧盟和新西兰加入磋商的要求。

2018 年 5 月 25 日，美国要求成立专家组。2018 年 6 月 22 日，DSB 推迟了专家组的成立。在 2018 年 7 月 20 日的会议上，DSB 指定了专家组。阿根廷、澳大利亚、智利、中国、欧盟、印度、以色列、韩国、墨西哥、新西兰、俄罗斯、南非和中国台湾保留第三方权利。

53. DS532：俄罗斯——某些乌克兰产品进口和过境的措施

申诉方：乌克兰

被诉方：俄罗斯

2017 年 10 月 13 日，乌克兰就俄罗斯在果汁产品、啤酒、啤酒饮料和其他酒精饮料、糖果、墙纸和类似墙面材料方面的贸易措施提起磋商请求。

54. DS533：美国——对加拿大软木木材的反补贴措施

申诉方：加拿大

被诉方：美国

2017 年 11 月 28 日，加拿大请求就美国针对加拿大软木产品的某些反补贴措施与美国进行磋商。2018 年 3 月 15 日，加拿大请求成立专家组。2018 年 3 月 27 日，DSB 推迟了专家组的成立。

2018 年 4 月 9 日，DSB 指定了专家组。巴西、中国、欧盟、日本、哈萨克斯坦、韩国、俄罗斯、土耳其和越南保留第三方权利。2018 年 6 月 27 日，加拿大请总干事组成专家组。2018 年 7 月 6 日，专家组成立。

55. DS534：美国——对加拿大软木木材采用差异定价方法的反倾销措施

申诉方：加拿大

被诉方：美国

2017 年 11 月 28 日，加拿大就美国对加拿大软木木材采用差异定价方法的反倾销措施提起磋商请求。2018 年 3 月 15 日，加拿大请求成立专家组。在 2018 年 3 月 27 日的会议上，DSB 推迟了专家组的成立。

2018 年 4 月 9 日，DSB 指定了专家组。巴西、中国、欧盟、日本、哈萨克斯坦、韩国、俄罗斯和越南保留其第三方权利。2018 年 5 月 9 日，加拿大请总干事组成专家组。2018 年 5 月 22 日，专家组成立。

2018 年 11 月 9 日，专家组主席通知 DSB 将在 2019 年上半年向各方发布最终报告。

56. DS535：美国——某些系统性贸易救济措施

申诉方：加拿大

被诉方：美国

2017 年 12 月 20 日，加拿大就美国针对反倾销和反补贴的程序（调查、审查或其他程序）的有关法律法规提起磋商请求。

2018 年 1 月 19 日，阿根廷和俄罗斯要求参加磋商。

57. DS536：美国——对越南鱼片的反倾销措施

申诉方：越南

被诉方：美国

2018 年 1 月 8 日，越南就美国对越南鱼片的某些反倾销措施和其他法律条款提起磋商请求。2018 年 6 月 8 日，越南要求成立专家组。2018 年 6 月 22 日，DSB 推迟了专家组的成立。

2018 年 7 月 20 日，DSB 指定了专家组。加拿大、中国、欧盟、埃及、印度、日本、马来西亚、俄罗斯、新加坡和泰国保留其第三方权利。

2018 年 11 月 22 日，越南请总干事组成专家组。2018 年 11 月 30 日，专家组成立。

58. DS537：加拿大——葡萄酒销售管理措施

申诉方：澳大利亚

被诉方：加拿大

2018 年 1 月 12 日，澳大利亚就加拿大政府以及加拿大英属哥伦比亚省、安大略省、魁北克省和新斯科舍省的葡萄酒销售措施提起磋商请求。2018 年 1 月 17 日，新西兰要求参加磋商。2018 年 1 月 19 日，美国要求参加磋商。2018 年 1 月 25 日，阿根廷和欧盟要求参加磋商。2018 年 1 月 26 日，智利要求参加磋商。随后，加拿大通知 DSB 已接受阿根廷、智利、欧盟、新西兰和美国参加磋商的要求。

2018 年 8 月 13 日，澳大利亚要求成立专家组。在 2018 年 8 月 27 日的会议上，DSB 推迟了专家组的成立。在 2018 年 9 月 26 日的会议上，DSB 指定了专家组。阿根廷、智利、中国、欧盟、印度、以色列、韩国、墨西哥、新西兰、俄罗斯、南非、中国台湾、乌克兰、美国和乌拉圭保留第三方权利。

59. DS538：巴基斯坦——对阿联酋进口的双轴取向聚丙烯薄膜的反倾销措施

申诉方：阿联酋

被诉方：巴基斯坦

2018 年 1 月 24 日，阿联酋就巴基斯坦对从阿联酋进口双轴取向聚丙烯薄膜采取的反倾销措施提起磋商请求。2018 年 5 月 15 日，阿联酋要求成立专家组。在 2018 年 5 月 28 日的会议上，DSB 推迟了专家组的成立。

2018 年 10 月 29 日，DSB 指定了专家组。阿富汗、中国、欧盟、日本、俄罗斯、沙特阿拉伯和美国保留第三方权利。2018 年 11 月 14 日，阿曼保留了第三方权利。2019 年 5 月 7 日，专家组成立。

60. DS539：美国——某些产品的反倾销和反补贴税以及可用事实的使用

申诉方：韩国

被诉方：美国

2018 年 2 月 14 日，韩国就美国对韩国产品征收的某些反倾销和反补贴税措施以及其在使用反倾销中可用事实方面保持的某些法律法规和其他措施提起磋商请求。2018 年 4 月 16 日，韩国要求成立专家组。2018 年 4 月 27 日，DSB 推迟了专家组的成立。

2018 年 5 月 28 日，DSB 指定了专家组。巴西、加拿大、中国、埃及、欧盟、印度、日本、哈萨克斯坦、墨西哥、挪威和俄罗斯保留其第三方权利。2018 年 12 月 5 日，专家组成立。

61. DS540：美国——有关越南某些海产品的贸易措施

申诉方：越南

被诉方：美国

2018 年 2 月 22 日，越南就美国对越南某些海产品的贸易措施提起磋商请求。2018 年 3 月 8 日，中国要求参加磋商。

62. DS541：印度——出口相关措施

申诉方：美国

被诉方：印度

2018 年 3 月 14 日，美国就印度某些出口补贴措施提起磋商请求。2018 年 5 月 17 日，美国要求成立专家组。在 2018 年 5 月 28 日的会议上，DSB 指定了专家组。巴西、加拿大、中国、埃及、欧盟、日本、哈萨克斯坦、韩国、俄罗斯、斯里兰卡、中国台湾和泰国保留第三方权利。

2018 年 7 月 16 日，美国请总干事组成专家组。2018 年 7 月 23 日，专家组成立。2018 年 12 月 3 日专家组主席通知 DSB，专家组工作开始时间推迟。

63. DS542：中国——关于知识产权保护的某些措施

申诉方：美国

被诉方：中国

2018 年 3 月 23 日，美国就中国保护知识产权的某些措施提起磋商请求。2018 年 4 月 3 日，日本要求参加磋商。2018 年 4 月 4 日，欧盟和乌克兰要求参加磋商。2018 年 4 月 5 日，沙特阿拉伯和中国台湾要求参加磋商。随后，中国告知 DSB 接受欧盟和日本的要求。2018 年 10 月 18 日，美国要求成立专家组。2018 年 10 月 29 日，DSB 推迟了专家组的成立。

2018 年 11 月 21 日，DSB 指定了专家组。澳大利亚、巴西、加拿大、埃及、欧盟、印度、日本、哈萨克斯坦、韩国、新西兰、挪威、俄罗斯、新加坡、瑞士、中国台湾、土耳其和乌克兰保留第三方权利。2018 年 12 月 12 日，美国请总干事组成专家组。

64. DS543：美国——对来自中国的某些商品的关税措施

申诉方：中国

被诉方：美国

2018 年 4 月 4 日，中国就美国对某些中国商品的关税措施提起磋商请求。

2018 年 12 月 6 日，中国要求成立专家组。2018 年 12 月 18 日，DSB 推迟了专家组的成立。

65. DS544：美国——钢铁和铝制品的某些措施

申诉方：中国

被诉方：美国

2018 年 4 月 5 日，中国就美国对进口钢铁和铝产品征收的某些关税提起磋商请求。2018 年 4 月 17 日，印度要求参加磋商。2018 年 4 月 18 日，俄罗斯和泰国要求参加磋商。2018 年 4 月 19 日，欧盟和中国香港要求参加磋商。2018 年 10 月 18 日，中国要求成立专家组。2018 年 10 月 29 日，DSB 推迟了专家组的成立。

2018 年 11 月 21 日，DSB 指定了专家组。巴林、巴西、加拿大、哥伦比亚、埃及、欧盟、危地马拉、中国香港、冰岛、印度、印度尼西亚、日本、哈萨克斯坦、马来西亚、墨西哥、挪威、新西兰、卡塔尔、俄罗斯、沙特阿拉伯、新加坡、南非、瑞士、中国台湾、泰国、土耳其、乌克兰、阿联酋和委内瑞拉保留第三方权利。

66. DS545：美国——晶体硅光伏产品进口的保障措施

申诉方：韩国

被诉方：美国

2018 年 5 月 14 日，韩国就美国对某些晶体硅光伏产品进口采取的最终保障措施提起磋商请求。2018 年 5 月 24 日，中国要求参加磋商。2018 年 5 月 25 日，欧盟、马来西亚、泰国和俄罗斯要求参加磋商。随后，美国告知 DSB 已接受中国、欧盟、马来西亚和泰国加入磋商的要求。2018 年 8 月 14 日，韩国要求成立专家组。2018 年 8 月 27 日，DSB 推迟了专家组的成立。

2018 年 9 月 26 日，DSB 指定了专家组。巴西、加拿大、中国、欧盟、埃及、印度、日本、哈萨克斯坦、马来西亚、墨西哥、挪威、菲律宾、俄罗斯、新加坡、中国台湾、泰国和越南保留第三方权利。

67. DS546：美国——进口大型家用洗衣机的保障措施

申诉方：韩国

被诉方：美国

2018 年 5 月 14 日，韩国就美国对进口大型家用洗衣机的最终保障措施提起磋商请求。2018 年 5 月 25 日，泰国要求参加磋商。随后，美国告知 DSB 已接受泰国参加磋商的要求。

2018 年 8 月 14 日，韩国要求成立专家组。在 2018 年 8 月 27 日的会议上，DSB 推迟了专家组的成立。

在 2018 年 9 月 26 日的会议上，DSB 指定了专家组。巴西、中国、欧盟、埃及、印度、日本、哈萨克斯坦、墨西哥、挪威、俄罗斯、泰国和越南保留第三方权利。

68. DS547：美国——钢铁和铝产品的某些措施

申诉方：印度

被诉方：美国

2018 年 5 月 18 日，印度就美国为调整钢铁和铝的进口量所采取的某些措施提起磋商请求。2018 年 5 月 31 日，中国和俄罗斯要求参加磋商。2018 年 6 月 1 日，欧盟和泰国要求参加磋商。2018 年 6 月 4 日，中国香港要求参加磋商。

2018 年 11 月 8 日，印度要求成立专家组。在 2018 年 11 月 21 日的会议上，DSB 推迟了专家组的成立。

2018 年 12 月 4 日，DSB 指定了专家组。巴林、巴西、加拿大、中国、哥伦比亚、埃及、欧盟、危地马拉、中国香港、冰岛、印度尼西亚、日本、哈萨克斯坦、马来西亚、墨西哥、新西兰、挪威、卡塔尔、俄罗斯、沙特阿拉伯、新加坡、南非、瑞士、中国台湾、泰国、土耳其、乌克兰、阿联酋和委内瑞拉保留第三方权利。

69. DS548：美国——钢铁和铝制品的某些措施

申诉方：欧盟

被诉方：美国

2018 年 6 月 1 日，欧盟就美国为调整钢铁和铝的进口量所采取的某些措施提起磋商请求。2018 年 6 月 8 日，日本要求参加磋商。2018 年 6 月 13 日，中国要求参加磋商。2018 年 6 月 14 日，泰国和土耳其要求参加磋商。2018 年 6 月 15 日，加拿大、中国香港、印度、墨西哥、挪威和俄罗斯要求参加磋商。2018 年 6 月 18 日，印度尼西亚要求参加磋商。

欧盟于 2018 年 10 月 18 日要求成立专家组。2018 年 10 月 29 日，DSB 推迟了专家组的成立。

2018 年 11 月 21 日，DSB 指定了专家组。巴林、巴西、加拿大、中国、哥伦比亚、埃及、危地马拉、中国香港、冰岛、印度、印度尼西亚、日本、哈萨克斯坦、马来西亚、墨西哥、新西兰、挪威、卡塔尔、俄罗斯、沙特阿拉伯、新加坡、南非、瑞士、中国台湾、泰国、土耳其、乌克兰、阿联酋和委内瑞拉保留第三方权利。

70. DS549：中国——关于技术转让的某些措施

申诉方：欧盟

被诉方：中国

2018 年 6 月 1 日，欧盟就中国关于技术转让的某些措施提起磋商请求。2018 年 6 月 8 日，日本要求参加磋商。2018 年 6 月 14 日，美国要求参加磋商。2018 年 6 月 15 日，中国台湾要求参加磋商。

2018 年 12 月 20 日，欧盟替换了其于 2018 年 6 月 1 日与中国进行磋商的请求。

71. DS550：美国——钢铁和铝制品某些措施

申诉方：加拿大

被诉方：美国

2018 年 6 月 1 日，加拿大就美国为调整钢铁和铝的进口量所采取的某些措施提起磋商请求。2018 年 10 月 18 日，加拿大要求成立专家组。2018 年 10 月

29日，DSB推迟了专家组的成立。

2018年11月21日，DSB指定了专家组。巴林、巴西、中国、哥伦比亚、埃及、欧盟、危地马拉、中国香港、冰岛、印度、印度尼西亚、日本、哈萨克斯坦、马来西亚、墨西哥、新西兰、挪威、卡塔尔、俄罗斯、沙特阿拉伯、新加坡、南非、瑞士、中国台湾、泰国、土耳其、乌克兰和委内瑞拉保留第三方权利。

72. DS551：美国——钢铁和铝制品的某些措施

申诉方：墨西哥

被诉方：美国

2018年6月5日，墨西哥就美国为调整钢铁和铝的进口量所采取的某些措施提起磋商请求。2018年6月8日，日本要求参加磋商。2018年6月13日，中国要求参加磋商。2018年6月14日，泰国要求参加磋商。2018年6月15日，加拿大、欧盟、印度、挪威和俄罗斯要求参加磋商。墨西哥于2018年10月18日要求成立专家组。2018年10月29日，DSB推迟了专家组的成立。

2018年11月21日，DSB指定了专家组。巴林、巴西、加拿大、中国、哥伦比亚、埃及、欧盟、危地马拉、洪都拉斯、中国香港、冰岛、印度、印度尼西亚、日本、哈萨克斯坦、马来西亚、新西兰、挪威、卡塔尔、俄罗斯、沙特阿拉伯、新加坡、南非、瑞士、中国台湾、泰国、土耳其、乌克兰和委内瑞拉保留第三方权利。

73. DS552：美国——钢铁和铝制品的某些措施

申诉方：挪威

被诉方：美国

2018年6月13日，挪威就美国为调整钢铁和铝的进口量所采取的某些措施提起磋商请求。2018年6月19日，欧盟要求参加磋商。2018年6月20日，加拿大、墨西哥和泰国要求参加磋商。俄罗斯于2018年6月26日要求参加磋商。2018年6月27日，印度要求参加磋商。2018年6月28日，中国要求参加磋商。2018年10月18日，挪威要求成立专家组。2018年10月29日，DSB推迟了专家组的成立。

2018年11月21日，DSB指定了专家组。巴林、巴西、加拿大、中国、哥伦比亚、埃及、欧盟、危地马拉、中国香港、冰岛、印度、印度尼西亚、日本、哈萨克斯坦、马来西亚、墨西哥、新西兰、卡塔尔、俄罗斯、沙特阿拉伯、新加坡、南非、瑞士、中国台湾、泰国、土耳其、乌克兰、阿联酋和委内瑞拉保留第三方权利。

74. DS553：韩国——不锈钢条的反倾销税日落复审

申诉方：日本

被诉方：韩国

2018 年 6 月 18 日，日本就韩国决定继续对日本不锈钢棒征收反倾销税的决定提起磋商请求。2018 年 9 月 13 日，日本请求成立专家组。2018 年 9 月 26 日，DSB 推迟了专家组的成立。

2018 年 10 月 29 日，DSB 指定了专家组。中国、欧盟、印度、哈萨克斯坦、俄罗斯、中国台湾和美国保留第三方权利。

75. DS554：美国——钢铁和铝产品的某些措施

申诉方：俄罗斯

被诉方：美国

2018 年 6 月 29 日，俄罗斯就美国为调整钢铁和铝的进口量所采取的某些措施提起磋商请求。2018 年 7 月 9 日，墨西哥要求参加磋商。2018 年 7 月 10 日，挪威要求参加磋商。2018 年 7 月 11 日，加拿大和泰国要求参加磋商。2018 年 7 月 12 日，中国、欧盟和印度要求参加磋商。2018 年 8 月 29 日，美国要求 DSB 驳回加拿大、中国、欧盟、印度、墨西哥、挪威和泰国提交的参加磋商请求。

2018 年 10 月 18 日，俄罗斯要求成立专家组。2018 年 10 月 29 日，DSB 推迟了专家组的成立。

2018 年 11 月 21 日，DSB 指定了专家组。巴林、巴西、加拿大、中国、哥伦比亚、埃及、欧盟、危地马拉、中国香港、冰岛、印度、印度尼西亚、日本、哈萨克斯坦、马来西亚、墨西哥、新西兰、挪威、卡塔尔、沙特阿拉伯、新加坡、南非、瑞士、中国台湾、泰国、土耳其、乌克兰、阿联酋和委内瑞拉保留其第三方权利。

76. DS555：摩洛哥——关于作业簿的临时反倾销措施

申诉方：突尼斯

被诉方：摩洛哥

2018 年 7 月 5 日，突尼斯就摩洛哥对从突尼斯进口的作业簿征收临时反倾销税的措施提起磋商请求。

77. DS556：美国——钢铁和铝产品的某些措施

申诉方：瑞士

被诉方：美国

2018 年 7 月 9 日，瑞士就美国为调整钢铁和铝的进口量所采取的某些措施提起磋商请求。2018 年 7 月 13 日，泰国要求参加磋商。2018 年 7 月 18 日，加拿大要求参加磋商。2018 年 7 月 20 日，中国、墨西哥和俄罗斯要求参加磋商。2018 年 7 月 23 日，欧盟要求参加磋商。2018 年 8 月 29 日，美国要求 DSB 驳回加拿大、中国、欧盟、墨西哥、俄罗斯和泰国提出的参加磋商的请求。

2018 年 11 月 8 日，瑞士请求成立专家组。2018 年 11 月 21 日，DSB 推迟了专家组的成立。

2018 年 12 月 4 日，DSB 指定了专家组。巴林、巴西、加拿大、中国、哥伦比亚、埃及、欧盟、危地马拉、中国香港、冰岛、印度、印度尼西亚、日本、哈萨克斯坦、马来西亚、墨西哥、新西兰、挪威、卡塔尔、俄罗斯、沙特阿拉伯、新加坡、南非、中国台湾、泰国、土耳其、乌克兰、阿联酋和委内瑞拉保留第三方权利。

78. DS557：加拿大——对美国某些产品的附加关税

申诉方：美国

被诉方：加拿大

2018 年 7 月 16 日，美国就加拿大对原产于美国的某些产品加征关税的问题提起磋商请求。

2018 年 10 月 18 日，美国要求成立专家组。在 2018 年 10 月 29 日的会议上，DSB 推迟了专家组的成立。

2018 年 11 月 21 日，DSB 指定了专家组。巴西、中国、埃及、欧盟、危地马拉、印度、印度尼西亚、日本、哈萨克斯坦、墨西哥、新西兰、挪威、俄罗斯、新加坡、南非、瑞士、中国台湾、泰国、土耳其、乌克兰和委内瑞拉保留了第三方权利。

79. DS558：中国——对美国某些产品的附加关税

申诉方：美国

被诉方：中国

2018 年 7 月 16 日，美国就中国对原产于美国的某些产品征收附加关税提起磋商请求。

2018 年 10 月 18 日，美国要求成立专家组。2018 年 10 月 29 日，DSB 推迟了专家组的成立。

2018 年 11 月 21 日，DSB 指定了专家组。巴西、加拿大、埃及、欧盟、危地马拉、印度、印度尼西亚、日本、哈萨克斯坦、墨西哥、新西兰、挪威、俄罗斯、新加坡、南非、瑞士、中国台湾、泰国、土耳其、乌克兰和委内瑞拉保留了第三方权利。

80. DS559：欧盟——对美国某些产品的附加关税

申诉方：美国

被诉方：欧盟

2018 年 7 月 16 日，美国就欧盟对原产于美国的某些产品征收附加关税提起磋商请求。2018 年 10 月 18 日，美国要求成立专家组。2018 年 10 月 29 日，DSB 推迟了专家组的成立。

2018 年 11 月 21 日，DSB 指定了专家组。巴西、加拿大、中国、埃及、危地马拉、印度、印度尼西亚、日本、哈萨克斯坦、墨西哥、新西兰、挪威、俄罗斯、新加坡、南非、瑞士、中国台湾、泰国、土耳其、乌克兰和委内瑞拉保留第三方权利。

81. DS560：墨西哥——对美国某些产品的附加关税

申诉方：美国

被诉方：墨西哥

2018 年 7 月 16 日，美国就墨西哥对原产于美国的某些产品征收附加关税提起磋商请求。

2018 年 10 月 18 日，美国要求成立专家组。2018 年 10 月 29 日，DSB 推迟了专家组的成立。

2018 年 11 月 21 日，DSB 指定了专家组。巴西、加拿大、中国、埃及、欧盟、危地马拉、印度、印度尼西亚、日本、哈萨克斯坦、新西兰、挪威、俄罗斯、新加坡、瑞士、中国台湾、泰国、土耳其、乌克兰和委内瑞拉保留第三方权利。

82. DS561：土耳其——对美国某些产品的附加关税

申诉方：美国

被诉方：土耳其

2018 年 7 月 16 日，美国就土耳其对原产于美国的某些产品征收的附加关税提起磋商请求。

2018 年 12 月 20 日，美国要求成立专家组。

83. DS562：美国——晶体硅光伏产品进口的保障措施

申诉方：中国

被诉方：美国

2018 年 8 月 14 日，中国就美国对某些晶体硅光伏产品进口实施的最终保障措施提起磋商请求。2018 年 8 月 24 日，欧盟要求参加磋商。2018 年 8 月 27 日，泰国要求参加磋商。2018 年 10 月 22 日，美国通知 DSB 已接受参加磋商的两项请求。

84. DS563：美国——有关可再生能源的某些措施

申诉方：中国

被诉方：美国

2018 年 8 月 14 日，中国就美国某些州和市政府的可再生能源补贴措施提起磋商请求。2018 年 8 月 24 日，欧盟要求参加磋商。2018 年 10 月 22 日，美国通知 DSB 已接受该请求。

85. DS564：美国——钢铁和铝产品的某些措施

申诉方：土耳其

被诉方：美国

2018 年 8 月 15 日，土耳其就美国对钢铁和铝进口实施的某些措施提起磋商请求。2018 年 8 月 24 日，欧盟要求参加磋商。2018 年 8 月 29 日，俄罗斯要求参加磋商。2018 年 8 月 30 日，加拿大、中国、墨西哥和泰国要求参加磋商。2018 年 10 月 11 日，美国要求 DSB 主席拒绝所有请求参与磋商的要求。2018 年 10 月 18 日，土耳其要求成立专家组。2018 年 10 月 29 日，DSB 推迟了专家组的成立。

2018 年 11 月 21 日，DSB 指定了专家组。巴林、巴西、加拿大、中国、哥伦比亚、埃及、欧盟、危地马拉、中国香港、冰岛、印度、印度尼西亚、日本、哈萨克斯坦、马来西亚、墨西哥、新西兰、挪威、卡塔尔、俄罗斯、沙特阿拉伯、新加坡、南非、瑞士、中国台湾、泰国、乌克兰、阿联酋和委内瑞拉保留第三方权利。

86. DS565：美国——对来自中国的某些商品的关税措施 II

申诉方：中国

被诉方：美国

2018 年 8 月 23 日，中国就美国对来自中国的某些商品征收关税的措施提起磋商请求。

87. DS566：俄罗斯——对美国某些产品的附加关税

申诉方：美国

被诉方：俄罗斯

2018 年 8 月 27 日，美国就俄罗斯对原产于美国的某些产品征收附加关税的措施提起磋商请求。2018 年 11 月 22 日，美国要求成立专家组。2018 年 12 月 4 日，DSB 推迟了专家组的成立。

2018 年 12 月 18 日，DSB 指定了专家组。巴西、加拿大、中国、欧盟、埃及、印度、印度尼西亚、日本、哈萨克斯坦、马来西亚、墨西哥、新西兰、挪威、卡塔尔、沙特阿拉伯、新加坡、瑞士、中国台湾、泰国、土耳其、乌克兰和委内瑞拉保留第三方权利。

88. DS567：沙特阿拉伯——知识产权保护措施

申诉方：卡塔尔

被诉方：沙特阿拉伯

2018 年 10 月 1 日，卡塔尔就沙特阿拉伯未能为卡塔尔实体提供充分的知识产权保护提起磋商请求。2018 年 11 月 9 日，卡塔尔要求成立专家组。2018 年 12 月 4 日，DSB 推迟了专家组的成立。

2018 年 12 月 18 日，DSB 指定了专家组。澳大利亚、巴林、巴西、加拿大、中国、欧盟、印度、日本、韩国、墨西哥、挪威、俄罗斯、新加坡、中国台湾、土耳其、乌克兰、阿联酋、美国和也门保留了第三方权利。

89. DS568：中国——关于食糖进口的某些措施

申诉方：巴西

被诉方：中国

2018 年 10 月 16 日，巴西就中国关于食糖进口的某些措施提起磋商请求。

2018 年 10 月 30 日，欧盟要求参加磋商。2018 年 10 月 31 日，泰国要求参加磋商。2018 年 11 月 1 日，危地马拉要求参加磋商。

90. DS569：亚美尼亚——钢管反倾销措施

申诉方：乌克兰

被诉方：亚美尼亚

2018 年 10 月 18 日，乌克兰就亚美尼亚对某些类型钢管的反倾销措施提起磋商请求。

91. DS570：吉尔吉斯斯坦——钢管反倾销措施

申诉方：乌克兰

被诉方：吉尔吉斯斯坦

2018 年 10 月 18 日，乌克兰就吉尔吉斯斯坦对进口某些类型的钢管采取的反倾销措施提起磋商请求。

92. DS571：韩国——影响商业船贸易的措施

申诉方：日本

被诉方：韩国

2018 年 11 月 6 日，日本就韩国采取的可能影响商业船舶贸易的以下措施提起磋商请求：（1）支持韩国造船企业重组的措施；（2）与向韩国造船商下订单有关的融资担保和其他保险；（3）装运前贷款、新造船计划的部分措施以及向韩国造船商下订单的其他融资；（4）生态船替代补贴；（5）为支持商业船只购买而采取的其他措施；（6）修正案和其他措施。

2018 年 11 月 20 日，欧盟要求参加磋商。2018 年 11 月 21 日，中国台湾要求参加磋商。随后，韩国通知 DSB 已经接受了欧盟参加磋商的要求。

93. DS572：秘鲁——对阿根廷生物柴油的反倾销和反补贴措施

申诉方：阿根廷

被诉方：秘鲁

2018 年 11 月 29 日，阿根廷就秘鲁对阿根廷生物柴油实施的某些反倾销和反补贴措施提起磋商请求。

94. DS573：土耳其——从泰国进口空调器的其他关税

申诉方：泰国

被诉方：土耳其

2018 年 12 月 5 日，泰国就土耳其对从泰国进口的空调机征收的附加关税提起磋商请求。

95. DS574：美国——与货物和服务贸易有关的措施

申诉方：委内瑞拉

被诉方：美国

2018 年 12 月 28 日，委内瑞拉就美国对以下方面采取的措施提起磋商请求：对委内瑞拉原产地商品采取的措施、对从委内瑞拉进口的黄金采取的措施、与委内瑞拉公共债务有关的某些措施、与委内瑞拉数字货币交易有关的措施以及委内瑞拉某些国民在服务提供和消费方面的措施。

第三节　2017—2018 年上诉机构活动

一、上诉机构成员

2017 年，上诉机构出现了成员空缺。2017 年 6 月 30 日，埃尔南德斯（Ricardo Ramírez－Hernández，墨西哥）任期届满。2017 年 8 月 1 日，金炫宗（Hyun Chong Kim，韩国）辞去上诉机构成员职务。2017 年 12 月 11 日，皮特・凡登鲍雪（Peter Van den Bossche，比利时）任期届满。截至年底，仅剩 4 名成员：巴蒂亚・辛格・乌贾（Ujal Singh Bhatia，印度，任期 2011—2019 年）、托马斯・R. 格雷姆（Thomas R.Graham，美国，任期 2011—2019 年）、瑟凡辛（Shree Baboo Chekitan Servansing，毛里求斯，任期 2014—2018 年）；赵宏（Hong Zhao，中国，任期 2016—2020 年）。巴蒂亚・辛格・乌贾（Ujal Singh Bhatia，印度）于 2017 年 1 月 1 日至 12 月 31 日担任上诉机构主席，2017 年 12 月 13 日，其再次当选，自 2018 年 1 月 1 日至 2018 年 12 月 31 日，担任上诉机构主席。

2018 年 9 月 30 日，瑟凡辛任期届满，未获得连任。2018 年 12 月 12 日，经过上诉机构成员选举，赵宏将于 2019 年 1 月 1 日至 2019 年 6 月 30 日担任上诉机构主席，托马斯・R. 格雷姆将于 2019 年 7 月 1 日至 2019 年 12 月 31 日担任上诉机构主席。虽然多次会议中均对新上诉机构成员甄选程序进行了讨论，但成员未能就启动和填补空缺达成共识。

二、上诉机构工作概况

2017 年上诉机构共收到 8 起案件 15 次对专家组报告提出的上诉申请，2018 年上诉机构共收到 11 起案件的 20 次上诉申请，详见表 7.4。

表 7.4　　2017—2018 年 WTO 上诉机构案件情况

争端名称	上诉日期	上诉方	报告编号
欧盟——对脂肪醇的反倾销措施	2017 年 2 月 10 日	印度尼西亚	WT/DS442/5
欧盟——对脂肪醇的反倾销措施	2017 年 2 月 10 日	欧盟	WT/DS442/6
印度尼西亚——农产品进口限制措施	2017 年 2 月 17 日	印度尼西亚	WT/DS477/11 WT/DS478/11

续表

争端名称	上诉日期	上诉方	报告编号
俄罗斯——汽车反倾销措施	2017年2月20日	俄罗斯	WT/DS479/6
俄罗斯——汽车反倾销措施	2017年2月20日	欧盟	WT/DS479/7
美国——影响大型民用飞机贸易的措施	2017年6月29日	欧盟	WT/DS353/27
美国——影响大型民用飞机贸易的措施	2017年6月29日	美国	WT/DS353/28
欧盟——对某些聚对苯二甲酸乙二醇酯的反补贴措施	2017年8月30日	欧盟	WT/DS486/6
欧盟——对某些聚对苯二甲酸乙二醇酯的反补贴措施	2017年8月30日	巴基斯坦	WT/DS486/7
印度尼西亚——钢铁产品的保障措施	2017年9月28日	印度尼西亚	WT/DS490/5 WT/DS496/6
印度尼西亚——钢铁产品的保障措施	2017年9月28日	中国台湾	WT/DS490/6
巴西——税费措施	2017年9月28日	巴西	WT/DS472/8 WT/DS497/6
巴西——税费措施	2017年9月28日	欧盟	WT/DS472/9
巴西——税费措施	2017年9月28日	日本	WT/DS497/7
美国——涉及金枪鱼及制品进口和销售的措施	2017年12月1日	墨西哥	WT/DS381/45
韩国——对放射性核素的禁止进口、检测和认证要求	2018年4月9日	韩国	WT/DS495/8
韩国——对放射性核素的禁止进口、检测和认证要求	2018年4月9日	日本	WT/DS495/9
美国——对中国产品的反补贴措施	2018年4月27日	美国	WT/DS437/24
美国——对中国产品的反补贴措施	2018年4月27日	中国	WT/DS437/25
韩国——对自日本进口的气动阀门征收反倾销税	2018年5月28日	日本	WT/DS504/5
韩国——对自日本进口的气动阀门征收反倾销税	2018年5月28日	韩国	WT/DS504/6

续表

争端名称	上诉日期	上诉方	报告编号
澳大利亚——对香烟产品及包装的商标和包装要求	2018 年 7 月 19 日	洪都拉斯	WT/DS435/23
澳大利亚——对香烟产品及包装的商标和包装要求	2018 年 8 月 23 日	多米尼加	WT/DS441/23
乌克兰——对硝酸铵的反倾销措施	2018 年 8 月 23 日	乌克兰	WT/DS493/6
俄罗斯——影响铁路设备和零部件进口措施	2018 年 8 月 27 日	乌克兰	WT/DS499/6
俄罗斯——影响铁路设备和零部件进口措施	2018 年 8 月 27 日	俄罗斯	WT/DS499/7
美国——对自加拿大进口的超级压光纸实施反补贴措施	2018 年 8 月 27 日	美国	WT/DS505/6
欧盟——能源产业措施	2018 年 9 月 21 日	欧盟	WT/DS476/6
欧盟——能源产业措施	2018 年 9 月 21 日	俄罗斯	WT/DS476/7
哥伦比亚——纺织品、服装和鞋类进口的相关措施	2018 年 11 月 20 日	巴拿马	WT/DS461/28
哥伦比亚——纺织品、服装和鞋类进口的相关措施	2018 年 11 月 20 日	哥伦比亚	WT/DS461/29
摩洛哥——对自土耳其进口的热轧钢实施反倾销措施	2018 年 11 月 20 日	摩洛哥	WT/DS513/5
摩洛哥——对自土耳其进口的热轧钢实施反倾销措施	2018 年 11 月 20 日	土耳其	WT/DS513/6
印度——与钢铁产品进口相关的措施	2018 年 12 月 14 日	印度	WT/DS518/8
印度——与钢铁产品进口相关的措施	2018 年 12 月 14 日	日本	WT/DS518/9

资料来源：根据 WTO 官网资料整理，https://www.wto.org/english/tratop_e/dispu_e/ab_an_rep_e.htm。

2017 年上诉机构经过审理对 5 起案件发布了上诉机构报告，2018 年对 6 起案件发布了上诉机构报告，详见表 7.5。

表 7.5　　2017—2018 年 WTO 上诉结构报告发布情况

争端名称	上诉机构报告发布日期	报告编号
俄罗斯——猪肉制品进口措施	2017 年 2 月 23 日	WT/DS475/AB/R
美国——涉及中国的反倾销程序中的方法及其适用	2017 年 5 月 11 日	WT/DS471/AB/R
美国——大型民用飞机税收激励	2017 年 9 月 4 日	WT/DS487/AB/R
欧盟对脂肪醇的反倾销措施	2017 年 9 月 5 日	WT/DS442/AB/R
印度尼西亚——农产品进口限制措施	2017 年 11 月 9 日	WT/DS477/AB/R WT/DS478/AB/R
俄罗斯——汽车反倾销措施	2018 年 3 月 22 日	WT/DS479/AB/R
欧共体等——影响大型民用飞机贸易的措施	2018 年 5 月 15 日	WT/DS316/AB/RW
欧盟——对某些聚对苯二甲酸乙二醇酯的反补贴措施	2018 年 5 月 16 日	WT/DS486/AB/R
印度尼西亚——钢铁产品的保障措施	2018 年 8 月 15 日	WT/DS490/AB/R WT/DS496/AB/R
巴西——税费措施	2018 年 12 月 13 日	WT/DS472/AB/R WT/DS497/AB/R
美国——涉及金枪鱼及制品进口和销售的措施	2018 年 12 月 14 日	WT/DS381/AB/RW/ USA WT/DS381/AB/RW/2

资料来源：根据 WTO 官网资料整理，https://www.wto.org/english/tratop_e/dispu_e/ab_an_rep_e.htm。

第八章

贸易政策审议

第一节　2018 年贸易政策审议

2018 年，WTO 贸易政策审议机构对 18 个 WTO 成员进行了贸易政策审议。截至 2018 年 12 月，该机构共召开 377 次审议会议，完成了对 155 个 WTO 成员进行的 485 次贸易政策审议。①

一、2018 年参与贸易政策审议的成员情况

2018 年，参加贸易政策审议的 WTO 成员依次为：冈比亚、马来西亚、埃及、菲律宾、几内亚、毛里塔尼亚、哥伦比亚、挪威、乌拉圭、中国、以色列、黑山、中国台湾、瓦努阿图、亚美尼亚、中国香港、尼泊尔、美国。其中，对黑山与瓦努阿图的审议是自两国 2012 年加入 WTO 以来的首次。2018 年各成员参加贸易政策审议详情见表 8.1。

表 8.1　　　　2018 年参加贸易政策审议的 WTO 成员一览表

成员	审议日期
冈比亚	2018 年 1 月 23—25 日
马来西亚	2018 年 2 月 14—16 日
埃及	2018 年 2 月 20—22 日
菲律宾	2018 年 3 月 26—28 日

① WTO/Trade Policy Review Body – Trade Policy Review Mechanism – Report of the Trade Policy Review Body for 2018, WT/TPR/426, page1, 2018 – 11 – 23.

续表

成员	审议日期
几内亚	2018 年 5 月 29—31 日
毛里塔尼亚	2018 年 5 月 29—31 日
哥伦比亚	2018 年 6 月 12—14 日
挪威	2018 年 6 月 18—20 日
乌拉圭	2018 年 6 月 27—29 日
中国	2018 年 7 月 11—13 日
以色列	2018 年 7 月 17—19 日
黑山	2018 年 8 月 11—13 日
中国台湾	2018 年 9 月 12—14 日
瓦努阿图	2018 年 10 月 23—25 日
亚美尼亚	2018 年 11 月 20—22 日
中国香港	2018 年 11 月 26—28 日
尼泊尔	2018 年 12 月 3—5 日
美国	2018 年 12 月 17—19 日

资料来源：WTO，https://www.wto.org/english/tratop_e/tpr_e/tp_rep_e.htm#chronologically.

截至 2018 年 12 月，美国接受贸易政策审议的次数最多，达到 14 次；欧盟与日本次之，皆为 13 次；加拿大审议 10 次，居第三位；中国香港审议 8 次，居第四位；澳大利亚、巴西、中国、韩国、马来西亚、挪威、新加坡、瑞士、泰国各自审议 7 次；印度、印度尼西亚、墨西哥、土耳其各审议 6 次；智利、冰岛、哥伦比亚、以色列、列支敦士登、摩洛哥、新西兰、尼日利亚、菲律宾、南非、乌拉圭各审议 5 次；其余成员中有 30 个成员审议 4 次，30 个成员审议 3 次，其他成员审议少于 3 次。

二、2018 年贸易政策审议机构的活动情况

（一）为最不发达成员举办审议结果培训

对最不发达成员进行贸易政策审议有利于增强这些国家对 WTO 协定的理解，使其能更好地遵守并融入多边贸易体系。因此，在 WTO 36 个最不发达成

员中，有 32 个在 2018 年底前就进行了审议。

应有关成员的要求，秘书处组织了后续研讨会，与成员内部利益相关者讨论贸易政策审议的结果。除进一步传播贸易政策审议成果外，应成员要求，秘书处还与接受审议的成员密切合作，根据贸易政策审议报告和贸易政策审议机构的讨论，安排反映其优先事项和技术援助需求的研讨会。2018 年，贸易政策审议机构为安哥拉、贝宁、哥伦比亚、埃及、巴拉圭、菲律宾和多哥举办了 7 次后续讲习班。此外，机构还在贝宁举办了区域贸易政策讲习班，主要针对西非经济货币联盟国家。

（二）监测成员贸易及贸易相关措施

根据《WTO 协定》附件 3，贸易政策审议机构要求成员及时提供有关重大贸易政策变化的信息，经秘书处信息整合后提交给总干事，用于编写国际贸易环境发展年度报告。

《国际贸易环境发展报告 2018》①回顾了 2017 年 10 月中旬至 2018 年 5 月中旬 WTO 成员相关贸易限制措施和便利化政策的最新趋势和发展情况，发现全球贸易政策的制定出现了一些新趋势：各成员在采取贸易便利化措施的同时，也在增加贸易限制措施的数量。这显然是在贸易紧张局势加剧之际发生的。此外，虽然进口便利措施的贸易覆盖面大于进口限制措施，但在审查期间，前者与后者的比率在大幅下降。报告强调，在全球经济开始从金融危机中走出来并逐渐回暖之际，贸易限制政策的扩散给世界带来了不确定性。这种扩散的进一步加剧甚至可能给多边体系带来潜在的巨大风险。面对这些挑战，多边体系的复原力和功能性将取决于每一个成员。所以各成员务必利用一切手段缓和局势，以促进国际贸易的进一步复苏。

第二节　2018 年主要成员贸易政策审议情况

一、2018 年中国参加贸易政策审议情况

（一）WTO 秘书处对中国贸易政策的审议情况

WTO 秘书处对中国贸易政策审议的报告共 193 页，文件编号为 WT/TPR/S/375/Rev.1，包括经济环境、贸易和投资体制、影响贸易的政策和措施、行业贸

① WTO/Trade Policy Review Body-Trade Policy Review Mechanism-Overview of Developments in the International Trading Environment-Annual Report by the Director-General, pages:263, WT/TPR/OV/21, 2018 – 11 – 27.

易政策4个部分。[①]

1. 中国经济环境总体情况

审议期间，中国经济依然是世界经济增长的主要推动力量。然而，随着经济进入“新常态”，中国的实际GDP增速一直在放缓，预计未来将维持在7%左右。拉动中国经济增长的主要力量从投资转为了消费，从外部需求转为了内部需求，从制造业转为了服务业。同时，收入不平等现象有所缓和，贫困水平有所下降。中国政府高度关注经济的发展质量和可持续发展，推出“十三五”规划（2016—2020年），继续推进结构性改革和国有企业改革，推动私营企业发展，加大财政改革和金融部门改革，促进汇率利率市场化。审议期间，部分改革措施已初见成效，如产能过剩的缓解及规范地方政府债务管理。2016年，中国人民银行采取了更加市场化的货币政策，包括回购和逆回购政策、利率区间调控机制，继续实行有管理的浮动汇率制度，在汇率确定中引入逆周期因素，从而更好地反映中国经济基本面和国际外汇市场的变化。2016年以消费物价指数衡量的通货膨胀率为2%，2017年为1.6%。由于国内减税降费政策的施行，中国财政赤字有所扩大，财政赤字占GDP的比重由2015年的3.4%上升至2016年的3.5%。

审议期间，中国出口下降，贸易顺差缩减，2016年为2 022亿美元，占GDP的1.8%，2017年占GDP的1.3%。服务贸易赤字持续扩大，商品贸易进出口额均下降，其总额占GDP的比重从2015年的33.5%下降到2016年的31.2%。在对外投资方面，中国仍然是最大的外商直接投资接收国，其中80%以上来自中国香港。同时，中国的对外直接投资也呈上升趋势，投资领域主要为租赁和商业服务、银行业、制造业和批发零售贸易。

2. 中国贸易与投资体制变化

审议期间，中国与马尔代夫、格鲁吉亚签署了两个贸易协定，进一步扩大了区域贸易协定网络，RTA总数达到17个，但中国自由贸易协定涵盖的贸易量仍然很小，如果涉及主要贸易伙伴的新协议和对现有协议的修订谈判能够顺利进行，未来将会大大增加。同时，中国继续向最不发达国家提供单方面贸易优惠政策，截至2017年12月，最不发达国家获得了97%的关税税目的免税待遇。

自上一次审议以来，中国的一般贸易决策体制框架及其贸易政策目标基本

① Trade Policy Review Report by the Secretariat CHINA, WT/TPR/S/375/Rev.1.

没有变化。中国是 WTO 的积极成员。作为政府采购委员会的观察员，其正在就加入《政府采购协议》（GPA）进行谈判。作为《信息技术协议》（ITA）成员，已同意扩展该协定。在本报告所述期间，中国参与了 WTO 争端解决制度下的 7 起案件：5 起为被诉方，2 起为申诉方。同时作为第三方参与了争议解决机构（DSB）立案的 10 起案件。

3. 影响贸易的措施和政策变化

2013 年，中国（上海）自由贸易试验区的建立启动了外国投资体系的试点改革，在审议期间，试点自由贸易区已扩大到 11 个。2017 年，中国（上海）自由贸易试验区的总进口额为 8 000 亿元，出口额为 6 000 亿元。

2017 年，中国定期修订了《外商投资产业指导目录》，该目录为规范中国外国直接投资的主要工具。该目录首次在形式上落实了在全国范围（自由贸易试验区除外）适用的外商投资准入负面清单制度，进一步提高了服务业、制造业、采矿业开放水平，且表明对外国投资项目没有技术转让的要求。同时，中国继续努力改革和统一海关手续。目前约有三分之一的进口是通过单一窗口申报的，进口清关时间从 2016 年的 22 小时减少到 2017 年的 16.7 小时。

截至 2017 年 12 月，中国平均最惠国关税税率降为 9.3%，降低了约 200 种商品的适用最惠国关税，其中，农产品平均税率为 14.6%，非农产品为 8.5%。审议期内，中国有关贸易救济措施的法律框架保持不变。截至 2017 年 6 月，中国维持 91 起反倾销措施，1 起保障措施和 5 起反补贴措施。在审查期间，贸易保护措施和调查的总数相对稳定，其中反倾销措施主要针对日本、美国、欧盟和韩国。

为促进出口，商务部外贸发展事务局多次举办面向出口的培训活动，中国进出口银行提供公共出口融资，中国出口信用保险公司提供公共出口信用保险。《中华人民共和国反不正当竞争法》修正案于 2018 年 1 月 1 日生效。新法案删除了与《中华人民共和国反垄断法》的重复部分，禁止企业通过网上手段进行不正当竞争活动，如恶意干扰等。审议期内，中国继续在行政和司法层面加强知识产权执法，最高人民法院在各个城市设立了 11 个专门的知识产权法院以增强中国对知识产权的保护力度。

4. 行业贸易措施及政策变化

农业。中国仍然是农产品的净进口国。农产品进口额占 2017 年中国商品进口总额的 6.3%，同时 2017 年农产品出口增加。中国农业发展战略旨在通过改善结构，促进“绿色”生产，延长价值链，促进创新以及推动农村发展来深化改革，同时推动主要农产品价格机制改革，以增强市场机制的作用。

矿产资源。2015—2017 年，《外商投资产业指导目录》中采矿业禁止类别保持不变，即钨、钼、锡、锑、萤石、稀土和放射性矿物的勘探和开发。鼓励项目和限制项目做出了相应调整，如在石油和天然气领域使用新技术项目数量减少，特殊和稀有种类的煤炭和石墨的勘探和开发以及稀土的冶炼和分离以及钨的冶炼呈下降趋势。

能源。中国是世界上最大的能源消费国，其能源进口量占总能耗的 16%～18%，为了减少这一份额，缓解产能过剩，促进环境保护，中国实施了相关政策，短期目标是到 2020 年非化石能源在一次能源消费总量中的比例应在 15%左右，天然气消耗比例应达到 10%，与 2005 年相比，单位 GDP 的二氧化碳排放量应减少 40%～45%。

制造业。中国政府于 2015 年 5 月推出了“中国制造 2025”计划，引入各种政策来促进包括新能源汽车、集成电路和机器人技术在内的发展，并大力缓解产能过剩问题。

电信。中国于 2016 年 11 月出台了新的网络安全法——《中华人民共和国网络安全法》，旨在“确保网络安全，维护网络空间主权、国家安全和社会公共利益”。同时，中国还加强了有关禁止使用虚拟专用网络（VPN）访问互联网的法律执行，继续扩大其移动虚拟网络运营商（MVNO）试点计划，并部署其 LTE 第四代移动网络。

金融服务。中国于 2016 年 6 月和 2017 年 6 月发布了两项关于外国银行卡清算机构许可的实施条例。2017 年 3 月，中国放宽了对外资银行在中国提供投资银行服务并投资于国内银行机构的审批要求。审议期内，中国开放了面向国内外运营商的互联网保险市场，并允许外国保险公司在上海自由贸易试验区从事再保险业务，同时进一步开放了银行间债券市场。

（二）其他成员与中国就审议期内贸易政策的问答

WTO 其他成员与中国就相关审议内容的问答文件共 729 页，包含 41 个 WTO 成员的近千个问题，文件编号为 WT/TPR/M/375/Add.1。其中美国就近期中国结构性改革、金融政策和改革、对外直接投资的趋势及模式、市场化进程等进行了提问；日本就中国政府与市场的关系、政府行政管理体制和司法体制改革、可持续发展的贸易机制、外商投资、数据传输协议、知识产权保护等进行了提问。[①]

二、2018 年美国参加贸易政策审议情况

（一）WTO 秘书处对美国贸易政策的审议情况

WTO 秘书处独立完成的美国贸易政策审议报告全文共 238 页，文件编号为 WT/TPR/S/382/Rev.1，主要包括经济环境、贸易与投资制度、贸易政策和实践、行业贸易政策 4 个部分。[②]

1. 美国经济环境总体情况

审议期内，美国经济持续增长，2017 年，美国实际 GDP 增长 2.2%，2018 年第一季度，实际 GDP 年增长率为 2.2%，第二季度为 4.1%。同时，审议期内美国失业率一直处于低位，以个人消费支出（PCE）指数的百分比变化来衡量的通货膨胀率一直保持在 2%左右，这使得联邦基金利率温和上升，于 2018 年上半年达到了 1.75%～2.0%。随着 2017 年《减税和就业法》、2018 年《两党预算法》和 2018 年《合并拨款法》的颁布，美国财政政策转为顺周期调节，推出减税政策，企业税率从 35%降至 21%。因此 WTO 预测美国联邦预算赤字占 GDP 的比率将继续增加，从 2018 年的 4.2%将增加到 2022 年的 5.1%。

自 2013 年以来，美国的经常账户逆差持续增加，国民储蓄总额与总投资之间的差距进一步扩大，2017 年美国商品出口总额为 1.55 万亿美元，进口总额为 2.35 万亿美元，商品贸易逆差达到 8 075 亿美元（占 GDP 的 4.2%），经常账户逆差达到了 4 691 亿美元（占 GDP 的 2.4%）。同时，美国仍然是外国直接投资的主要接收国，其中 90%来自欧盟（2017 年占美国外商直接投资的 59%）、日本（12%）、加拿大（11%）和瑞士（8%）。

2. 美国贸易与投资制度变化

负责制定贸易政策的主要执行机构仍然是美国贸易代表办公室（USTR），其在《2018 年贸易政策议程》中提出，要重新谈判和修订贸易协议，实现自由、平等和互惠的贸易关系，同时在改革多边贸易体制方面，要与所有拥有公平和互惠贸易目标的 WTO 成员合作，对 WTO 进行合理和公正的改革。

美国与 20 个国家签有 14 个自由贸易协定，并已将所有自由贸易协定上报

① Trade Policy Review CHINA Minutes of the Meeting, WT/TPR/M/375/Add.1.

② Trade Policy Review Report by the Secretariat United States, WT/TPR/S/382/Rev.1.

给 WTO。审议期内，美国正在重新谈判《北美自由贸易协定》（NAFTA），以减少美国与 NAFTA 伙伴的贸易逆差，并分别于 2018 年 8 月和 10 月同墨西哥和加拿大达成了修改 NAFTA 的协议。同时，美国和韩国的自由贸易协定（KORUS）也已重新谈判，修订的协定于 2018 年 9 月 24 日签署。2017 年，美国退出跨太平洋伙伴关系协定（TPP），与欧盟的跨大西洋贸易和投资伙伴关系协定（TTIP）谈判也于 2016 年底暂停。

审议期间，美国的外商直接投资制度保持不变。外商投资委员会（CFIUS）负责监督外商投资对国家安全的影响，对认定为影响国家安全的项目进行限制、协商或禁止。

美国是 WTO 的创始成员，是《政府采购协议》的缔约方，扩展的《信息技术协议》的成员以及《民用飞机贸易协议》的签署方。审议期间，美国作为应诉方参与了 21 项争端解决案件，作为投诉方参与了 13 项。

3. 影响贸易的措施和政策变化

自上一次审议以来，美国贸易政策的重点已变为维护国家安全和促进本国经济发展。《2018 年贸易政策议程及 2017 年贸易报告》提出要达成更好的贸易协定，并在现有贸易协定下执行美国贸易法，维护美国权利，改革多边贸易体系。

美国实施了一系列促进贸易的计划，如海关商贸反恐怖计划（C－TPAT）、进口商自我评估计划（ISA）、自由和安全贸易计划（FAST）和集装箱安全计划（CSI）等。美国总体关税水平维持在为 4.8%，37.5%的应税商品可以免税入境，30.4%施以 5%或以下的进口税，其中农产品、纺织品、服装和鞋类的关税水平高于平均水平。在贸易保护政策方面，美国仍然是反倾销措施的积极使用者，截至 2018 年 7 月底共发起了 340 起反倾销措施，主要针对中国、中国台湾、欧盟、印度、日本和韩国。审议期间，美国恢复了“232 调查”，且在 2018 年对金属、铝、汽车和铀的进口进行了调查。

美国出口商品的 60%都涉及知识产权保护事项，且知识产权密集型产业产值占美国 GDP 的三分之一以上，故保护和实施知识产权一直是美国政府的优先事项。自 2016 年审议以来，美国知识产权立法方面未发生重大变化。在知识产权执法工具方面，美国贸易代表办公室根据“301 条款”对美国贸易伙伴的知识产权保护和执法状况进行年度审查，且在 2018 年发布报告指出 36 个贸易伙伴未对知识产权加以充分地保护。

4. 行业贸易措施及政策变化

农业。美国于 2018 年年初修订了《农场法案》，大力支持种子棉生产，通过《保证金保护计划》支持中小型奶牛场生产，同时提供更多的灾害救济。

能源。美国是一次性能源的主要生产国和消费国，在过去的10年中，国内页岩油生产技术的突破对全球能源市场产生了深远的影响。2018年7月，美国原油产量有史以来第一次达到了每天1 100万桶，成为石油产品和天然气的净出口国。

金融。2018年5月颁布的《经济增长、监管救济和消费者保护法》对包括监管救济、获取抵押信贷的条件以及银行控股公司监管等方面的金融服务监管条款进行了修订，允许资产规模为500亿美元至2 500亿美元之间的银行在监管不到位的情况下运营，资产规模少于100亿美元的银行免于遵守《沃尔克规则》，同时要求美联储针对银行规模制定不同法规，允许大型外资银行将其美元资产保持在2 500亿美元以下来避免监管。

电信。美国于2017年12月发布了新的电信监管令，规定宽带提供商不必与普通运营商遵守相同的规则。2017年的《恢复互联网自由法案》将互联网行业政策恢复到以前的轻巧框架，结束了对互联网的程序式监管，将宽带互联网访问服务恢复为信息服务类，并恢复了联邦贸易委员会（FTC）的权限以及针对监管互联网服务提供商（ISP）的隐私条例。

旅游业。美国对旅游服务业做出了全面的市场准入承诺和国民待遇承诺。美国商务部下属的国家旅游局（NTTO）通过旅游政策委员会协调机构之间的旅游政策，不断提高其旅游业的国际竞争力与出口。

（二）其他成员与美国就审议期内贸易政策的问答

WTO其他成员针对美国贸易政策审议报告以及美国在审议期内的贸易相关政策变化提出近千个问题，并得到美国的一一回答，相关文件编号为WT/TPR/M/382/Add.1。[①]

中国就审议期内美国的贸易政策和相关制度提出的问题涉及美国国家安全问题与自由贸易的关系、税收制度、自由贸易协定签订、关税制度、上诉机构改革等方面。加拿大提出的问题主要涉及非市场经济国家、反倾销等保护措施、产品税率等方面。

三、2018年中国香港参加贸易政策审议情况

（一）WTO秘书处对中国香港贸易政策的审议情况

WTO秘书处独立完成的中国香港贸易政策审议报告全文共115页，文件编

① Trade Policy Review United States of America Minutes of the Meeting, WT/TPR/M/ 382/Add.1.

号为 WT/TPR/S/380/Rev.1，主要包括经济环境、贸易与投资制度、贸易政策和实践、行业贸易政策 4 个部分。[①]

1. 中国香港经济环境总体情况

2014—2017 年，由于内需和出口的推动，中国香港经济以年均 2.8%的速度增长，其中服务贸易和金融对 GDP 的贡献为 92%，对总就业的贡献达到 88%，反映了中国香港全球贸易和金融中心的地位。

中国香港经济拥有强大的财政和金融基础。审议期内，中国香港利用其财政盈余增加公共开支，主要用于基础建设和社会福利。货币政策则着力于使汇率与美元挂钩，以实现汇率稳定。审议期内，中国香港的通货膨胀率一直处于下降趋势，从 2014 年的 4.4%下降至 2017 年的 1.5%。但尽管中国香港宏观经济基本面表现良好，仍面临着多重挑战，包括国际市场动荡加剧、贸易保护主义抬头、房价居高不下、人口老龄化和收入差距加大等。

2. 中国香港贸易与投资制度变化

中国香港于 2014 年 12 月成为第一个签署《贸易便利化协议》的成员，并将其所有条款指定为 A 类立即实施，同时，中国香港也是 WTO《政府采购协议》（GPA）和《信息技术协议》（ITA）（包括其扩展协议）的签署方。自上次审议（2014 年）以来，中国香港已与东盟、格鲁吉亚和中国澳门签署了自由贸易协定；继续加强其与内地的经济金融联系，并签订了 CEPA 4 份附属协议。

3. 影响贸易的措施和政策变化

审议期内，中国香港的开放贸易制度基本维持不变。中国香港海关进一步简化了海关程序并加强了其作为过境枢纽的作用，加强了公路货物跟踪系统，全面实施授权经济运营商（AEO）计划，并对进出口报关费实行上限管理。目前，中国香港海关正在建立一个完善的贸易窗口，以使商家可以以电子方式提交 50 多个单据，满足货物进出口的监管要求。

审议期内，中国香港进口管制制度基本上保持不变，没有关于反倾销、反补贴和保障措施的立法。2014 年 11 月 21 日，中国香港取消了对纺织品进口的许可和通知要求。中国香港对出口不征收任何关税或税款，并通过出口信用保险计划为出口活动提供资金，同时对首次购买电动汽车和环保型商用汽车的用户进行税收减免，对购买知识产权产生的资本支出利得税进行减免，非税收激励措施主要以贷款和现金赠予的形式提供，以支持中小企业、研发活动和专业

① Trade Policy Review Report by the Secretariat HONG KONG, CHINA, WT/TPR/S/ 380/Rev.1.

性服务。

2015年12月，《竞争条例》全面生效，规定商户不得合谋定价、瓜分市场、围标及限制产量等反竞争行为，意味着“公价”货品不复存在；商户也不可进行掠夺性减价，即不能以低于成本或进货价出售货品。审议期间，中国香港对政府采购政策进行了修改以与2014年4月6日生效的GPA保持一致。自上次审议以来，中国香港的知识产权制度大致维持不变，颁布了《2016年专利（修订）条例》，为在中国香港引入“原始授予”专利（OGP）提供了法律基础。同时中国香港在2017年启动了大数据分析系统，对互联网平台上的大量信息进行分析以加紧解决数字环境中的知识产权侵权活动。

4. 行业贸易措施及政策变化

2016年，中国香港宣布了一项新农业政策，包括成立5亿港元的可持续农业发展基金、建立农业园区等，以促进当地农业的现代化和可持续发展。能源方面，中国香港是能源进口经济体，通过与中国内地相连的电网和管道进口电力和天然气。电信领域，中国香港签署了三份包含电信承诺的自由贸易协定，为现有移动业务重新分配频谱并对运营商许可中的许可条件进行审查。同时，中国香港计划向电信公司提供财政激励措施，以鼓励其将光纤网络扩展到偏远地区。金融服务方面，中国香港于2017年6月26日成立了保险监管机构——中国香港保险业监管局。

（二）其他成员与中国香港就审议期内贸易政策的问答

WTO其他成员针对中国香港贸易政策审议报告以及中国香港在审议期内的贸易相关政策变化提出近500个问题，并得到中国香港的一一回答，相关文件编号为WT/TPR/M/380/Add.1。[①]

中国就审议期内香港地区的贸易政策和相关制度提出的问题涉及开放外商投资、航空货物清关系统（ACCS）和多式联运便利化计划（ITFS）的建立和运营、强制许可证的颁发等。欧盟提出的问题主要涉及“一带一路”的影响、WTO改革及中国香港在WTO中的地位等方面。

四、2018年中国台湾参加贸易政策审议情况

（一）WTO秘书处对中国台湾贸易政策的审议情况

WTO秘书处对中国台湾贸易政策审议的报告共175页，文件编号为

① Trade Policy Review HONG KONG, CHINA Minutes of the Meeting, WT/TPR/M/380/Add.1.

WT/TPR/S/377/Rev.1，内容主要包括经济环境、贸易和投资体制、影响贸易的政策和措施、行业贸易政策 4 个部分。①

1. 中国台湾经济环境总体情况

自上次 2014 年贸易政策审议以来，作为单独关税区，中国台湾经历了一轮周期性增长，其相对强劲的基本面和发展良好的外向型经济保持了宏观经济的稳定发展。2015 年中国台湾经济增长突然触底，主要原因是世界贸易的放缓和新兴经济体的竞争。2017 年后，在国际环境不确定性增强的情况下，中国和美国两大贸易伙伴相继出台的经济刺激计划，这有助于推动中国台湾经济复苏。

具体来看，尽管存在一些与创新和劳动力方面的担忧，但中国台湾仍保持着世界上具有竞争力的经济体、较高生活水平的地位，收入不均略有下降，一些领域的弱点也正在通过改革得以解决。尽管通胀率呈周期性变化，在 2017 年达到 0.6%，但失业率在 2017 年已下降至 3.8%。从国际贸易和跨境直接投资的发展趋势上看，亚太地区作为中国台湾的主要市场和来源地仍十分重要，中国大陆、日本、美国和欧盟仍然是其最主要的贸易伙伴，其主要直接投资伙伴依次是：欧盟、中国香港、中国和日本。

尽管中国台湾经济实力雄厚，仍然存在着下行风险。虽然技术升级将保持生产率的提高进而确保人均 GDP 的增长保持一定的水平，但劳动力的减少等内生长期风险需要予以重视。在未来，中国台湾的可持续增长将取决于经济从工业向服务业的转变，以及产品质量的提升和附加值增加。

2. 中国台湾贸易与投资制度变化

审议期内，中国台湾的贸易政策继续以贸易开放、全球贸易为前提。区域连通性、经济增长和绩效、生活水平和创新“三驾马车”紧密相连。中国台湾致力于提高经济竞争力，激发企业家精神以及互惠与公平下的进一步市场开放。

自 2014 年以来，中国台湾与贸易和投资有关的立法就几乎在地区内所有领域得到了修订或引入。此外，中国台湾重视其主要法律法规的透明化，查阅十分方便，其大多数与贸易和投资有关的法律法规都有英文版本，均可从有关部委和机构的网站或中国台湾法律法规数据库查阅。

---

① Trade Policy Review Report by the Secretariat－Separate Customs Territory of TAIWAN, PENGHU, KINMEN AND MATSU, WT/TPR/S/377/Rev.1.

3. 影响贸易的措施和政策变化

自上次贸易政策审议以来，中国台湾的贸易政策的主旨基本保持不变。但在某些领域，包括贸易便利化、关税、优惠贸易协定、卫生和植物卫生措施要求、政府采购、竞争政策和知识产权等领域，相关政策出现了一些新发展。

在关税方面，中国台湾征收关税的复杂性和最高税率保持不变。除其他收费外，对进出口商品继续按从价法征收贸易服务费用，海外航线的港务费用仍高于国内航线。先前实施的进口禁令、限制和许可仍然有效。关于反倾销和反补贴措施的立法在某些领域进行修订的同时，反倾销行动仍保持相对稳定，特别保障措施（SSG）也仍在实施。

在贸易政策审议期间，中国台湾的出口禁令和许可证范围有所扩大。根据新的政策目标，优惠条件下的出口贷款、担保和信用保险等措施帮助当地的制造商扩大了出口市场。此外，中国台湾出台的各项税收和非税收优惠措施，包括赠款和低息贷款，都在不断继续推动着国内生产和对外贸易的发展。

4. 行业贸易措施及政策变化

在贸易政策审议期间，2017 年中国台湾的农业、林业和渔业合计占 GDP 的 1.7%和总就业的 4.9%。上述产业的总产值持续增长，在 2014 年达到峰值，尽管 2015 年受气候和天气因素影响略有下降，但随后有所回升。大多数农牧业、林业、渔业和水产养殖业相关领域的外来投资都受到当地适用法律的限制，其中是否允许海外投资由投资委员会决定，投资委员会的决定主要依靠农业委员会的意见。审议期间流入这些行业的外国直接投资较少。

（二）其他成员与中国台湾就审议期内贸易政策的问答

WTO 其他 28 个成员针对中国台湾贸易政策审议报告以及中国台湾在审议期内的贸易相关政策变化提出问题，中国台湾就此进行答复，相关文件编号为 WT/TPR/M/377/Add.1。[①]

中国就审议期内中国台湾地区的贸易政策和相关制度提出的问题主要包括：出口导向型经济的目标与相关措施，中国台湾地区就贸易便利化和贸易相关的结构性改革所采取的措施，营商环境、海外航线港务费用和中小企业的相关措施等。

① Trade Policy Review-Questions and Answers by WTO MEMBERS-SEPARATE CUSTOMS TERRITORYOF TAIWAN, PENGHU, KINMEN AND MATSU, WT/TPR/M/377/Add.1.

第九章

区域贸易协定

第一节 区域贸易协定执行情况

区域贸易协定（Regional Trade Agreement，RTA）或称区域贸易安排，是指两个或多个政府间为了达到区域贸易自由化或贸易便利化的目标而签署的协定。在WTO框架下，区域贸易协定的“区域”是指一定的国家、单独关税区范围的“区域”，不仅属于同一或相邻地域；“协定”的内容不仅包括贸易协定，如货物贸易、投资、服务贸易、人员流动、知识产权保护、货币金融、政府采购、环境保护、标准化等领域的承诺协定，也包含经济一体化层次的协定。当前的区域贸易协定也被称为“WTO+”型，由此可以看出，区域贸易协定早已超越了传统的关税减让范围，甚至超过了现有多边贸易体制规范的范围。

一、RTA通报情况

WTO的成员（以前为GATT的缔约方）必须向WTO通报其加入的RTA。截至2018年底，所有的WTO成员都通报已参与一个或多个RTA，有些WTO成员是30多个RTA的成员。1948—1994年，GATT缔约方共有124起与货物贸易相关的RTA通报，自1995年WTO成立以来，已有超过400起覆盖货物和服务贸易的RTA的通报。

截全2018年底，GATT/WTO收到的各种类型的RTA通报共695个，其中481个通报已生效。RTA包括自由贸易协定和关税同盟。根据WTO规定，RTA的货物部分和服务部分，以及加入现有的RTA应分别进行通报，因此通报数量的统计包含了这3种情况。如果考虑同一个RTA有多个通报的情况，这695个通报涉及的RTA数量共481个。1995年以来，RTA的发展数量统计如图9.1和

图 9.2 所示。

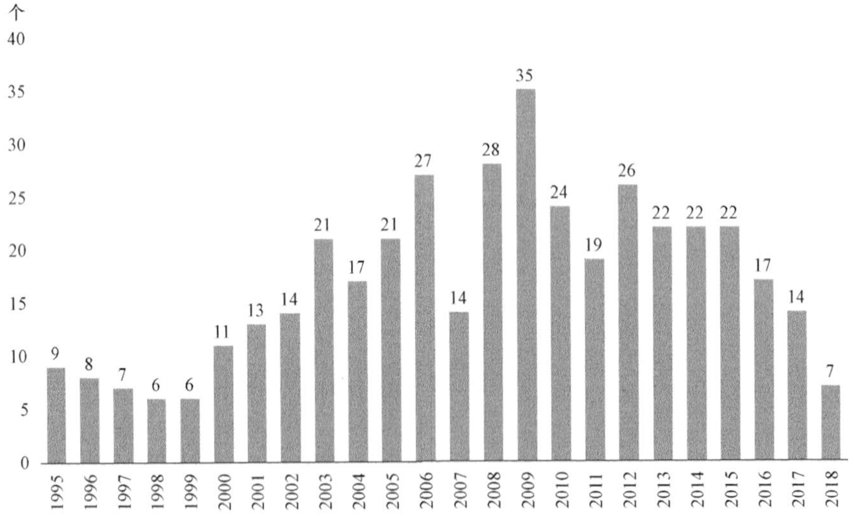

图 9.1　1995—2018 年每年生效的货物和服务 RTA

资料来源：根据 WTO 网站资料绘制，http://rtais.wto.org/UI/PublicMaintain RTAHome.aspx。

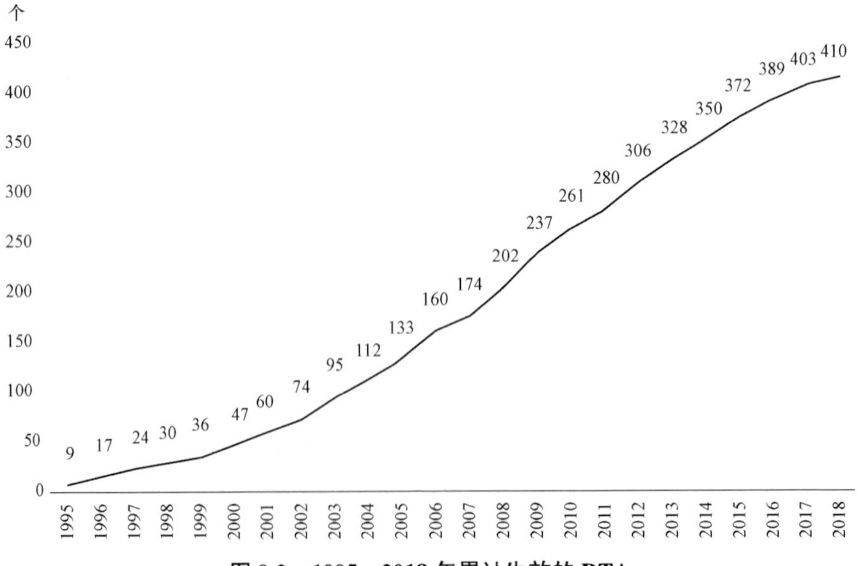

图 9.2　1995—2018 年累计生效的 RTA

资料来源：根据 WTO 网站资料绘制，http://rtais.wto.org/UI/PublicMaintain RTAHome.aspx。

从地理分布来看（见图 9.3），欧洲国家参与 RTA 最多（占所有已生效 RTA 的 20%），包括欧盟的扩大，与东欧和地中海盆地附近国家的协定，以及欧洲自由贸易区（EFTA）通报的协定；其次为东亚（17%）、南美洲（13%）和独联体国家（9%）。这些地区同时也是 RTA 谈判最活跃的地区。

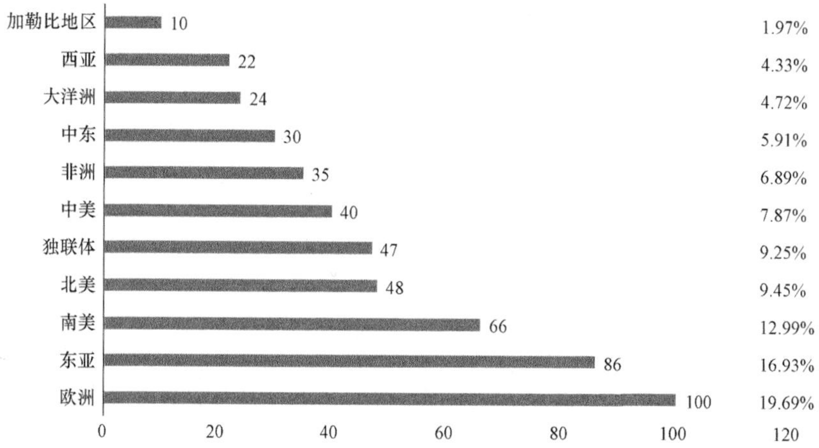

图 9.3 生效的 RTA 地区分布

资料来源：根据 WTO 网站资料绘制，http://rtais.wto.org/UI/PublicMaintain RTAHome.aspx。

WTO 成员被允许在 3 个规则所规定的条件下参与 RTA。这些规则包括：关于货物贸易领域关税同盟和 RTA 的组建和运作的 GATT 1994 第 24 条，适用于服务贸易领域经济一体化的GATS第5条和关于发展中国家成员之间货物贸易安排的授权条款（Enabling Clause）。

截至 2018 年 12 月 31 日，WTO 成员根据 GATT 第 24 条的通报有 264 个，根据授权条款的通报有 57 个，根据 GATS 第 5 条通报的有 160 个，详见表 9.1。

表 9.1　　按照通报类型分类的 RTA 通报统计量　　单位：个

类别	加入协定	新 RTA	合计
GATT1994 第 24 条	13	251	264
授权条款	5	52	57
GATS 第 5 条	7	153	160
合计	25	456	481

资料来源：根据 WTO 网站资料整理，http://rtais.wto.org/UI/publicsummary table.aspx。

按照 RTA 的类型划分，关税同盟相关通报共 30 个，占通报总数的 6.2%；经济一体化协定（EIA）相关通报有 160 个，占 33.3%；自由贸易协定（FTA）相关通报有 261 个，占 54.3%；部分贸易协定（PSA）相关通报有 30 个，占 6.2%。由此可见，RTA 仍以 FTA、EIA 为主，辅之以少量的关税同盟和 PSA，详见表 9.2。

表 9.2　　按照 RTA 类型分类的通报统计量　　单位：个

类别	授权条款	GATS 第 5 条	GATT1994 第 24 条	合计
关税同盟	7		11	18
关税同盟——加入	2		10	12
经济一体化协定		153		153
经济一体化协定——加入		7		7
自由贸易协定	17		240	257
自由贸易协定——加入	1		3	4
部分贸易协定	28			28
部分贸易协定——加入	2			2
合计	57	160	264	481

资料来源：根据 WTO 网站资料整理，http://rtais.wto.org/UI/publicsummary table.aspx。

从已通报并生效的 RTA 数量看，在 WTO 成员中，有 302 个已生效的 RTA，其中同时覆盖货物和服务贸易的 RTA 有 151 个，有 2 个协定仅涉及服务贸易，其余 149 个仅涉及货物贸易，详见表 9.3

近些年 RTA 开始注重向服务贸易领域延伸，由表 9.3 可以清晰地看出，截至 2018 年底，同时涵盖货物和服务领域的 RTA 数量与仅涉及货物贸易的 RTA 数量持平。

表 9.3　　按照 RTA 涵盖领域分类的 RTA 数量　　单位：个

货物领域（Goods）	149
服务领域（Services）	2
货物和服务领域（Goods&Services）	151
合计	302

资料来源：根据 WTO 网站资料整理，http://rtais.wto.org/UI/publicsummary table.aspx。

WTO成员通过RTA委员会（针对依据GATT第24条和GATS第5条的通报）或贸易与发展委员会（针对依据授权条款的通报）对RTA的通报进行考察。考察是基于由WTO秘书处根据RTA缔约国提供的信息和数据进行的事实陈述以及WTO成员之间的提问与回应。在2018年，WTO成员通过RTA委员会考察了14个RTA（共24个通报），通过贸易与发展委员会考察了2个RTA通报，截至2018年底，WTO成员考察的RTA总数达294个（对RTA的货物领域通报、服务领域通报以及加入RTA的通报分别进行统计）。

按照RTA在WTO考察进程中的状态分类（见表9.4），未发布事实陈述的共有75个，占15.6%；搁置事实陈述的有5个，占1%；发布事实陈述的有303个，占63%；发布事实概要的有71个，占14.8%；已发布并采纳报告的有19个，占4%；未发布报告的有8个，占1.7%。其中未发布事实陈述的RTA通报较2017年底减少了20个，搁置事实陈述的RTA通报增加了1个，发布事实陈述的RTA通报增加了47个，发布事实概要的RTA通报减少了一个，其他状态的RTA通报数量与2017年底相同。

表9.4　　按照在WTO考察进程中状态分类的RTA通报统计量　　单位：个

类别	授权条款	GATS第5条	GATT第24条	合计
未发布事实陈述	25	8	42	75
搁置事实陈述	0	5	0	5
发布事实陈述	12	126	165	303
未发布事实概要	0	0	0	0
发布事实概要	10	21	40	71
已发布并采纳报告	2	0	17	19
未发布报告	8	0	0	8
合计	57	160	264	481

注：事实陈述是指由“是”联结而成的陈述。

资料来源：根据WTO网站资料整理，http://rtais.wto.org/UI/publicsummary table.aspx。

二、2018年新通知的RTA

根据WTO的RTA数据库资料，在2018年，根据GATT1994第24条和GATS第5条新通知并且生效的RTA共有7个，详见表9.5。

表 9.5　　2018 年新通报并且生效的 RTA 一览表

序号	RTA	领域	类型	通知日期	生效日期
1	全面与进步跨太平洋伙伴关系协定（CPTPP）	货物与服务	FTA&EIA	2018 年 12 月 20 日	2018 年 12 月 30 日
2	欧洲自由贸易联盟—菲律宾	货物与服务	FTA&EIA	2018 年 10 月 26 日	2018 年 6 月 1 日
3	秘鲁—洪都拉斯	货物与服务	FTA&EIA	2018 年 10 月 11 日	2017 年 1 月 1 日
4	土耳其—新加坡	货物与服务	FTA&EIA	2018 年 9 月 14 日	2017 年 10 月 1 日
5	中国—格鲁吉亚	货物与服务	FTA&EIA	2018 年 4 月 5 日	2018 年 1 月 1 日
6	萨尔瓦多—厄瓜多尔	货物	PSA	2018 年 3 月 22 日	2017 年 11 月 16 日
7	南方共同市场—埃及	货物	FTA	2018 年 2 月 19 日	2017 年 9 月 1 日

资料来源：根据 WTO 网站资料整理，http://rtais.wto.org/UI/PublicALLRTAList.aspx。

在 2018 年向 WTO 通报的 RTA 中，有 4 个是发展中成员之间签订的 RTA，有 3 个是发达成员与发展中成员签订的 RTA。这表明近些年 RTA 呈现出“南南型”发展趋势。

三、2018 年 RTA 委员会大事记

在 2018 年，RTA 委员会召开 4 次正式会议，详见表 9.6。

表 9.6　　2018 年 RTA 委员会召开的正式会议

会议名称	时间	会议议程
RTA 委员会第 88 次会议	2018 年 4 月 9 日—10 日	RTA 委员会作关于未通报 RTA 现状及 RTA 透明度机制实施情况的报告；考察 5 个 RTA：科特迪瓦—欧盟经济伙伴关系协定（G）、日本—蒙古国经济伙伴关系（G&S）、韩国—东盟服务贸易协定（G&S）、土耳其—马来西亚 FTA（G）、土耳其—摩尔多瓦 FTA（G）
RTA 委员会第 89 次会议	2018 年 6 月 19 日—20 日	RTA 委员会作关于未通报 RTA 现状及 RTA 透明度机制实施情况的报告；考察 1 个 RTA：欧盟—圣马力诺合作与关税同盟协定（G）

续表

会议名称	时间	会议议程
RTA 委员会第 90 次会议	2018 年 9 月 18 日—19 日	RTA 委员会作关于未通报 RTA 现状及 RTA 透明度机制实施情况的报告；考察 2 个 RTA：塞舌尔加入南共体贸易议定书（G）、加勒比论坛国家与欧盟经济伙伴关系协定（G&S）
RTA 委员会第 91 次会议	2018 年 11 月 19 日	RTA 委员会作关于未通报 RTA 现状及 RTA 透明度机制实施情况的报告；考察 4 个 RTA：欧盟—加纳经济伙伴关系协定（G）、欧亚经济联盟条约（G&S）、亚美尼亚加入欧亚经济联盟条约（G&S）、吉尔吉斯斯坦加入欧亚经济联盟条约（G&S）；向总理事会提交 2018 年 RTA 报告

注：G 代表货物贸易领域，S 代表服务贸易领域。

资料来源：根据 WTO 资料库中 RTA 委员会会议纪要整理，https://www.wto.org/english/tratop_e/region_e/regcom_e.htm。

第二节 区域贸易协定发展特征与未来趋势

一、区域贸易协定发展特征

相比 2017 年，区域贸易协定（Regional Trade Agreements，RTA）签订的数量有所减少。2018 年，中美贸易摩擦给自由贸易前景蒙上了阴影。此外，美国对多个盟友威胁加征关税，重新谈判 NAFTA 并签署了《美国—墨西哥—加拿大协定》（简称《美墨加协定》。由于全球政治经济环境的不确定性，现有区域贸易协定发展受挫。

（一）签订协议类型和数量发生变化

对比 2017 年签订生效的 RTA 数量，2018 年生效的 RTA 数量明显减少，仅为 7 个。当前公布的 RTA 中局部自由贸易协定（Partial Scope Agreement，PSA）新增数量相比 2017 年有所减少，并且没有新增的关税同盟（Customs Union，CU）。

（二）协议内容全面与深入

新的 RTA 在以往基础上变得越来越全面，内容也更加深入。协议条款中包含关于开放服务和其他领域市场的具体规定条款不断丰富，并且不局限于 WTO 已有的规则层次，以超越 WTO 深层次的规则进行规则的构建。此外，从全球范围看，RTA 涉及条款的范围扩大，不仅仅局限于 WTO 范围内的扩张，第二代贸易议题（即 WTO－X 条款）谈判重新得到重视。WTO－X 条款旨在完善和协调各国国内政策、规则和制度的基础上，形成一个能够支撑和发展产品贸易—国际投资—服务相互依存关系的国际规则。亚太地区 WTO－X 条款覆盖率与承诺率的上升，令 RTA 内容更加深化。而且 RTA 呈现出包容性和开放性，在地理位置、政治制度、意识形态等各方面的差异逐渐被忽略，开始更大范围地吸纳新成员。

（三）RTA 主导力量缺失

全球经济政治形势在 2018 年发生变化，美国的贸易保护主义行动给区域贸易协定的未来发展带来阻碍。美国退出 TPP 谈判，其他发展中国家和发达国家围绕规则谈判展开了激烈博弈，使得多边区域贸易发展充满复杂性和不确定性。此外，韩国、日本和印度等国在 RCEP 推进态度上模棱两可，令东盟在 RCEP 谈判进行中面临挑战。发达国家的退步与发展中国家的力量受限同时影响着RTA 谈判进展。

（四）RTA 建设重心转移，亚太地位提升

区域贸易协定建设范围进一步扩大，建设中心由大西洋两岸转至亚太地区，亚太地区的贸易与谈判地位得到提升。2018 年 RTA 中 50%的谈判国家集中在亚太区域。由于美国主导力量缺失，英国公投脱欧带来政治不稳定效应，欧洲一体化进程放缓，全球范围内相比较最为稳定的就是亚太地区。在欧洲和美洲区域经济一体化进程受阻的现实背景下，CPTTP 于 2018 年 12 月 30 生效，RCEP 于 2019 年 11 月 4 日结束谈判，FTAAP 建设进程在不断推进，亚太地区在多边贸易协定发展中的地位有所提升。

二、区域贸易协定新进展

在世界经济和政治起伏变化的一年中，区域贸易谈判受到宏观因素的影响显著。2018 年，全面与进步跨太平洋伙伴关系协定（Comprehensive Progressive Trans－Pacific Partnership，CPTPP）生效，区域全面经济伙伴关系协定（Regional Comprehensive Economic Partnership，RCEP）谈判取得重大进展，美墨加协定（United States–Mexico–Canada Agreement，USMCA）谈判完成。

（一）全面与进步跨太平洋伙伴关系协定（CPTPP）

全面与进步跨太平洋伙伴关系协定原为跨太平洋伙伴关系协定（TPP），最初是由亚太经济合作组织成员国中的新西兰、新加坡、智利、文莱四国发

起，从 2002 年开始酝酿的一组多边关系的自由贸易协定，旨在促进亚太地区的贸易自由化，该协定通过削减关税及非关税壁垒，以减少国家间贸易阻力，建立自由贸易协定。同时，RTA 也通过降低成员间政策不确定性促进国家间贸易。

2017 年 1 月 23 日，美国宣布退出 TPP，致使 TPP 谈判暂时搁浅。在美国总统特朗普掀起的逆球化浪潮中，日本等 11 个 TPP 成员仍坚持促进谈判。2017 年 11 月 11 日，TPP 更名 CPTPP，并冻结 22 个美国支持但其他多个国家反对的条款，保留劳工、知识产权、国有企业和环境等多个核心领域规则，仍是一份高标准和高水平的自贸协定，超越了亚太地区现有的自由贸易协定水平，并将引领未来国际经贸规则制定和实施。2018 年 3 月 8 日，参与 CPTPP 的 11 个成员在智利首都圣地亚哥签署协定。2018 年 12 月 30 日，CPTPP 正式生效。由于 CPTPP 少了美国的参与，与其主旨相似的 RCEP 则占据了世界经济贸易的政治优势，南南贸易崛起的可能性加大。

（二）美国—墨西哥—加拿大协定（USMCA）

美墨加协定是美国、墨西哥与加拿大之间的一项自由贸易协定，是原 NAFTA 成员在 2017—2018 年重新谈判的结果，该协定又被称为 NAFTA2.0 版本，取代了生效 24 年之久的 NAFTA。2017 年 8 月，NAFTA 重新谈判正式启动，双方在农业和汽车行业等领域有着重大分歧，谈判屡次中断。2018 年 8 月，墨西哥首先向美国妥协并达成共识，随后加拿大也重新加入谈判，两国均向美国妥协。2018 年 10 月 1 日，美国、墨西哥、加拿大三国正式同意协议条款，同年 11 月 30 日，三方领导人在 G20 峰会期间于布宜诺斯艾利斯签署协定，等待各国立法机构批准协定生效。加拿大和墨西哥在汽车、农业领域对美国做出了让步，相比原 NAFTA，USMCA 引入了争端解决机制和日落条款，体现了特朗普政府“美国优先”的单边主义倾向，未来将在一定程度上影响国际经贸规则的制定。

（三）区域全面经济伙伴关系协定（RCEP）

由东盟 10 国发起，旨在统一市场的自由贸易协定（FTA），涵盖 16 个国家：10 个东盟（ASEAN）成员以及澳大利亚、中国、韩国、日本、印度和新西兰，覆盖了全球近一半人口和三分之一贸易量。RCEP 谈判正式启动于 2012 年在柬埔寨举行的东盟峰会，于 2016 年 12 月完成经济技术合作章节和中小企业章节的谈判，有关竞争政策章节的谈判也已取得重要进展。2017 年 3 月在日本展开第 17 回合谈判，同年 5 月在菲律宾展开第 18 回合谈判，7 月在印度展开第 19

回合谈判，9 月于菲律宾马尼拉展开第五次部长级会议。2017 年 11 月，RCEP 首次领导人级别会议在菲律宾马尼拉举行，各国在 2018 年谈判进程加速。2018 年 11 月，RCEP 第二轮领导人级别会议在新加坡举行。截至 2018 年底，RCEP 共举行了 24 轮谈判。RCEP 当前致力于将政治承诺转化为实际行动，并已在市场准入和规则谈判取得一定的进展。

（四）跨大西洋贸易与投资伙伴关系协定（TTIP）

TTIP 是由欧盟和美国发起的旨在加强多边贸易与多边经济发展的贸易协定，与 TTP 之间存在紧密的组织关系。欧盟贸易委员卡罗·古赫特（Karel de Gucht）认为 TTIP 是全球曾达到的最大的双边贸易协定，不仅仅因为它包括全球两大经济体，更因为其在未来合作伙伴和协定中潜在的全球影响力。TTIP 的 3 个主要领域是市场准入、具体规则以及广泛合作方式。TTIP 在第 15 轮谈判中取得进展，双方在监管领域谈判达成了一定共识，但对于其他敏感领域则存在较大分歧。该协议在 2016 年美国大选期间被中断，且英国脱欧也使欧盟失去了谈判的主要助推，TTIP 陷入“冷冻期”。2017 年 4 月 24 日，美国商务部部长罗斯与欧盟贸易委员马尔姆斯特伦在华盛顿重新讨论欲重启 TTIP，但欧盟内部情况复杂以及 TTIP 需适应英国脱欧后的欧盟，TTIP 仍发展受阻，进展缓慢。2018 年 6 月 1 日，美国对欧盟的钢铝产品加征关税，影响了双方经贸关系，为 TTIP 重启谈判蒙上了阴影。

除以上主要区域贸易协定外，其他自由贸易协定在 2018 年也取得进展，如欧洲自由贸易联盟—菲律宾、秘鲁—洪都拉斯、土耳其—新加坡、中国—格鲁吉亚、萨尔瓦多—厄瓜多尔、南方共同市场—埃及，以上多为“南—南”间协定，在全球自由贸易遭受打击的情况下，发展中国家间的合作为全球经贸注入活力。

三、区域贸易协定未来趋势

从区域贸易协定现有发展特征来看，多边化区域主义的发展主要特点为 RTA 范围不断扩大，内容逐渐深化，主导力量缺失，亚太地区核心地位凸显。区域贸易协定的短期发展取决于域内成员方的力量博弈，而长期来看，美国缺席的影响将不会长久存在，主导力量最终仍能回归。

（一）规则涉及内容将继续深化，范围持续扩大

现阶段 RTA 规则涉及的内容已经十分丰富广泛，WTO+X 与 WTO−X 数目与范围也在不断累加。WTO 秘书处对 2000 年以来通报的 RTA 研究显示，这些

协定中约有60%同时涉及商品和服务的开放承诺。此外，超过一半的协定包含了针对投资、政府采购、竞争、卫生和植物卫生措施、技术性贸易壁垒、贸易救济措施和知识产权的规则。一些RTA还包括WTO规则尚未涵盖的其他问题，如环境和劳工标准以及电子商务。此外，新的区域贸易协定在传统议题领域不断深化，如市场准入议题，发达国家推动的新规则将比现有规则标准更高，如美国通过“负面清单”的模式来推动各国服务贸易开放。随着全球化的浪潮袭来，区域贸易协定涵盖范围将更加广泛，在贸易、经济和社会领域将不断延伸。国家间的合作形式和层次也将由低级持续向高级发展，以区域贸易协定为基础的区域一体化程度日益加深，形成由低级到高级的金字塔阶梯式体系。

（二）跨地区与多重区域协定兴起，网络化趋势日益明显

WTO与其他组织双重成员资格数量变化，意味着跨地区与多重区域发展是未来不可避免的趋势。在多重区域协定中引入最惠国待遇原则等是多边区域主义发展过程中的基本表现。在美国等大国的推动下，美洲自由贸易区（FTAA）谈判启动、亚太自由贸易区（FTAAP）构想提出，多边化区域贸易协定不断发展。截至2017年9月，通报至GATT/WTO且生效的RTA有446个。RTA的大量涌现使得RTA网络愈发错综复杂，多边化区域主义将持续发展。

（三）区域和双边规则或将取代全球性规则

特朗普在任期间，美国国内对WTO批评声音不断出现，指责WTO争端解决机制，并表现出对多边主义的质疑。目前多边贸易体系规则谈判艰难，美中欧三方存在较大分歧，而发达国家开始转向区域或双边贸易协定，试图另起炉灶，以此来重构全球贸易规则，如CPTPP和USMCA的生效，WTO体系下的多边贸易规则面临被边缘化风险。

（四）“意大利面碗”效应加大，需改革规则加以防范

多边区域主义的不断发展是一把双刃剑，一方面全球经济化得以持续包容性地发展，但另一方面冗杂的RTA规则条款使得当前区域贸易协定的扩张不够明晰。在全球化不断发展的今天，“意大利面碗”效应不断加大。虽然在此过程中发达国家也受到较大影响，但影响更严重的是发展中国家。这是因为总体上发展中国家在世界经济中缺乏主导性，容易受到全球化浪潮的负面影响牵制。发展中国家应主动改革经济贸易规则，防范“意大利面碗”带来的负面影响。

（五）大国为中心格局不变，新兴经济体话语权增强

特朗普政府的一系列单边主义和保护主义行动对全球贸易影响巨大，但无

论从政治角度还是经济角度，美国在全球仍具有强大的话语权和主导权，因此美国将不可避免地继续参与国际经贸规则的制定。大国作为全球经济中心的主导力量，仍将在区域协定中发挥主导作用。与此同时，新兴经济体在贸易规则制定上的话语权和决策权也在不断增强，未来新兴经济体和发达经济体围绕规则制定将展开更激烈博弈，国际贸易规则的重构充满了不确定性。

第三篇

WTO 改革专题

第十章

WTO 取得的成就和面临的挑战

1995 年 1 月 1 日 WTO 正式成立，距今已经 20 年有余。WTO 的成立始于经济全球化，并且始终以“透明度、非歧视、贸易自由化和公平竞争”作为基本指导原则。WTO 主要通过组织贸易谈判、审议贸易政策和解决贸易争端等方式来发挥自己的作用。

第一节　WTO 发展取得的成就

WTO 成立 20 余年来，取得了卓越的成就，本节将从 WTO 的发展历程和主要制度来论述 WTO 取得的成就。首先，从发展历程上来看，WTO 始于乌拉圭回合谈判，截至 2019 年底共举行了 11 届部长级会议，并且积极引入了多哈回合谈判。虽然发展历程中多有波折并且时有停滞，但总体发展趋势仍然是曲折向上的，各国的关税壁垒与非关税壁垒均有一定程度的减让，坚持协商共进，并且根据时代发展，积极引入符合时代需求的崭新议题；其次，从 WTO 的主要制度来看，争端解决机制和贸易审议制度都是 WTO 的优秀创新，为成员间贸易摩擦的解决做出了巨大的贡献。同时 WTO 积极与其他国际组织的协调，保证贸易政策的顺利执行。最后，WTO 的制度优势和为了推进国际间自由贸易所做出的巨大努力，促进了国际货物贸易和服务贸易的急速增长上。WTO 成立 20 余年间，全球贸易总额增长了 4 倍以上①，近年来货物贸易增长略有迟缓，但服务贸易增长保持了高速发展。可以说在贸易保护主义抬头的大趋势下，世界贸易的发展趋势仍旧是积极向上的，这也得益于 WTO 体制的建设。

① WTO 官网国际贸易数据库，https://data.wto.org.

一、始终坚持推进乌拉圭回合协议，引入多哈回合谈判

WTO 是在乌拉圭回合谈判的基础上成立的，为了全面落实乌拉圭回合谈判达成的协议，共举行了 11 届部长级会议来监督协议的执行情况，见表 10.1。根据历届 WTO 部长级会议的内容，我们大致可以将 WTO 分为三个时期，即后乌拉圭时期、多哈回合时期和后多哈回合时期。

第一届至第三届 WTO 部长级会议主要是在监督乌拉圭回合议题的执行成果，故称为后乌拉圭时期。乌拉圭回合是 GATT 主持下的第八轮多边谈判，也是 GATT 的最后一轮谈判。从 1986 年 9 月谈判的启动到 1994 年 4 月最终协议的签署共历时 8 年，谈判议题包括传统议题和新议题，传统议题包括关税、非关税措施、热带产品、自然资源产品、纺织品服装、农产品、保障条款、补贴和反补贴措施、争端解决问题等。新议题则涉及服务、与贸易有关的措施和与贸易有关的知识产权[①]。此次多边谈判的主要成果：一是强化了多边贸易体制，特别是将农产品和纺织品纳入到自由化的轨道，并加强了争端解决机制。二是进一步改善了货物和服务业市场准入的条件，关税水平进一步下降，通过这轮谈判发达国家和发展中国家平均降税三分之一，发达国家制成品平均关税税率降为 3.5%左右。同时通过谈判达成了《服务贸易总协定》、《与贸易有关的投资措施协定》和《与贸易有关的知识产权协定》。三是建立了 WTO。乌拉圭回合谈判中，成员虽然就关税削减达成了共识，但对于关税削减的幅度和消减关税的产品项目并不明确。2000 年以前，WTO 的主要职责是在评估乌拉圭回合谈判的效力。

第四届至第八届 WTO 部长级会议主要是对多哈回合谈判进行商榷，多哈回合谈判先后 5 次设置最终谈判期限，中间还经历了 1 次暂停和重组，成为全球历时最长的多边贸易谈判。该轮谈判确定了 8 个谈判领域，即农业、非农产品市场准入、服务、知识产权、规则、争端解决、贸易与环境以及贸易和发展问题。同时关注电子商务和跨国公司对外投资等新的经济领域。多哈回合中农业和非农产品市场准入被认为是最关键也是 WTO 成员分歧最集中的两个议题。农业和非农产品市场准入议题非常复杂，基本上归为三大方面，即农业补贴、农产品关税和工业品关税。长期以来，WTO 成员无法在农业补贴、农产品关税和工业品关税的削减幅度、削减公式和削减方法上达成一致。主要分歧还是发达

① 伍先斌．WTO 贸易体制［M］．北京：线装书局，2007．

成员和发展中成员之间的分歧，主要原因是发展水平不同，因此利益和需求也不同。美欧等发达成员的主要目标是进一步打开发展中成员的工业品和服务市场，而发展中成员则希望美欧降低农业补贴并开放农业市场，如何达成一项平衡的协议，使各方均得到好处而又尽量避免损失就成了谈判中的最大难题。[①]并且受到金融危机的全球影响，贸易保护主义抬头，各成员政府也因为多边贸易协定耗时耗力，在短时间内表现出更加青睐区域贸易协定。

第九届至第十一届WTO部长级会议主要是对多哈回合协议进行改良，长达10年谈判的停滞说明了在谈判结果的范围和深度上降低预期的必要性，一个缩小简化版的多哈回合成果将是现实可行的。在第九届部长级会议上达成的《巴厘一揽子协定》就是很好的典范，这份协定获得了WTO共159个成员全数通过，主要涵盖贸易便利化方面的内容，例如简化海关及口岸通关程序、建立单一窗口以简化清关手续等。巴厘岛会议的成果标志着多哈回合长达12年的僵局终于获得了历史性的突破。在其后的第十届和第十一届部长级会议中，WTO成员都积极缩小了议题的范围，力求在小的议题范围内能达成共识，并且与时俱进，聚焦于贸易投资便利化以及电子商务的发展。但值得注意的是，发达成员与发展中成员在农业议题方面仍旧僵持不下，未来还有很长的协商道路要去推进。

表10.1　　WTO历届部长级会议概览

届数	时间	地点	议题	代表性成果
第一届	1996.12.9	新加坡	WTO成立以来的工作及乌拉圭回合协议的执行成果，决定成立贸易与投资、贸易与竞争政策、政府采购透明度三个工作组	《新加坡部长宣言》《信息技术协议》
第二届	1998.5.18	瑞士	已达成的贸易协议的执行情况、既定日程和未来的谈判日程	《日内瓦部长宣言》
第三届	1999.11.30	美国	启动“千年回合”	失败告终
第四届	2001.11.9	卡塔尔	启动新一轮全球多边贸易谈判，批准中国加入WTO	《多哈部长宣言》《TRIPs与公共健康宣言》
第五届	2003.9.10	墨西哥	对WTO新一轮谈判做出中期评估	《坎昆部长宣言》
第六届	2005.12.13	中国香港	推动多哈回合谈判	《香港部长宣言》

① 林笑．取消农产品出口补贴影响几何［J］．农经，2016（02）：98–99．

续表

届数	时间	地点	议题	代表性成果
第七届	2009.11.30	瑞士	重点审议 WTO 的工作	
第八届	2011.12.15	瑞士	多边贸易体系和 WTO 的重要性、贸易与发展、多哈发展议程，批准俄罗斯加入 WTO	
第九届	2013.12.3	印度尼西亚	贸易便利化、农业和发展，达成《巴厘一揽子协定》	《巴厘部长宣言》
第十届	2015.12.15	肯尼亚	农业、棉花以及与最不发达国家有关的六项部长宣言，批准利比亚和阿富汗加入 WTO	《内罗毕部长宣言》
第十一届	2017.12.10	阿根廷	农业、渔业补贴、服务贸易国内规制、电子商务以及投资便利化、中小微企业等	《关于投资便利化的部长联合声明》

资料来源：WTO 官网资料整理。

纵观 WTO 成立 20 多年来的发展历史，乌拉圭回合谈判的议题是在被持续推进的，并且与时俱进将 WTO 涉及的范围拓展延伸到了许多新的领域，例如，电子商务。WTO 发展虽然历经曲折，但总体趋势仍旧是在曲折中不断前进。截至 2019 年底，WTO 仍旧是世界上最全面、可行性较高和最完整的多边贸易体制。

二、参与度史无前例，管辖领域不断扩张

截至 2019 年底，WTO 共有 164 个成员，并且涵盖了全球贸易的 98%，其覆盖范围之大，影响范围之广都是毋庸置疑的。WTO 的长期目标是吸纳世界上的每个经济体，加快经济全球化和贸易自由化的进程，充分显示多边贸易体制的重要性和巨大的吸引力。除了扩展地理范围以外，WTO 成功拓展了管辖领域，自成立以来涵盖的议题不断拓展，与时俱进涵盖了贸易中可能遇到的大多数的问题（见表 10.2）。

表 10.2　　WTO 涵盖议题概览

WTO 主要议题	相关协议
农业协议	《农业协议》

续表

WTO 主要议题	相关协议
贸易救济措施	《反倾销协议》
	《补贴与反补贴措施协议》
	《保障措施协议》
非关税措施	《原产地规则协议》
	《进口许可程序协议》
	《装运前检验协议》
	《实施卫生与植物卫生措施协议》
	《技术性贸易壁垒协议》
服务贸易、投资措施与知识产权	《服务贸易总协定》
	《与贸易有关的投资措施协议》
	《与贸易有关的知识产权协定》
争端解决	WTO 争端解决机制
贸易政策审议	贸易政策审议机制
其他协定	《政府采购协议》

资料来源：WTO 官网资料整理。

三、创新使用争端解决机制，为 WTO 保驾护航

争端解决机制是多边贸易体制最坚固的基石，也是 WTO 对全球经济贸易争端解决的创新性发明。如果没有解决纠纷的手段，WTO 规则难以顺利执行，基于规则的系统将不太有效。WTO 的争端解决机制凸显了法治，它使贸易体系更加安全和可预测。争端解决机制基于明确定义的规则，并附有案件裁决进程的时间表，见表 10.3。

关税与贸易总协定下存在解决争端程序，但它没有固定的时间表，裁决更容易被阻止，导致许多案件长期拖延下来。乌拉圭回合协议引入了一个更加结构化的程序，在程序中有更明确的阶段。它在一个案件需要解决的时间长度上引入了更严格的纪律，并在程序的各个阶段设定了灵活的截止日期。虽然争端解决程序为案件裁决的每个时间段设立了目标解决时间，但具体执行起来灵活性较强，各国可以在任何阶段自行解决争端。乌拉圭协议强调，如果 WTO

有效运作，迅速解决问题至关重要。如果一个案件的初步裁决全面执行，通常情况下不会超过一年，如果案件上诉，通常不会超过 15 个月，商定的时间限制是灵活的。

表 10.3　　　　争端解决机制流程

时间	工作内容
60 天	咨询、调解等
45 天	专家组成立和专家组成员任命
6 个月	最终专家组报告散发给各成员
3 周	WTO 成员的最终专家组报告
60 天	争端解决机构通过报告（未上诉）
总计=1 年	未上诉
60～90 天	上诉报告
30 天	争端解决机构通过上诉报告
总计=1 年 3 个月	上诉

资料来源：WTO 官网资料整理。

WTO 成立以来，1995 年至 2020 年 3 月，WTO 成员共向争端解决机构提出了 594 起磋商申请，在 WTO 成立的前 10 年内（1995—2004 年），争端解决案起处于高位，年均 30 起以上。之后争端解决案件有所减少，但总体仍保持在年均 20 起左右，但近年来由于贸易保护主义的抬头，全球贸易摩擦加剧，争端解决案件激增，2018 年共 38 起案件，达到近 10 年峰值。在此背景下，争端解决机制始终对多边贸易体制的稳定性具有十分重要的作用。

四、补充贸易政策审议，合理预见贸易政策影响

贸易政策审议主要是对各成员全部贸易政策和做法及其对多边贸易体制运行的影响进行定期的集体审议和评估，目的在于促进所有成员更好地遵守根据多边贸易协议及适用的诸边贸易协定所制定的规则、纪律和承诺。通过定期审议各国贸易政策和措施，可以确保成员的贸易政策与 WTO 规定相一致，从而促进乌拉圭回合协议所规定的义务得到全面而迅速地执行。

需要注意的是，贸易政策审议机制与 WTO 其他专门委员会针对具体协议执行情况的评估和争端解决程序不同，贸易政策审议机构不是一个执行机构，不能给成员增加新的政策承诺，审议的对象虽然是贸易政策，但也要考虑更广泛的经济发展需要和外部环境。更确切地说，贸易政策审议机制是让接受审议的成员有机会了解其他成员面临的问题和对问题的不同理解，说明贸易政策与经济发展如何联系，并解释贸易政策可能对其他贸易伙伴产生的影响与造成的困难。需要注意的是，贸易政策审议报告是由 WTO 秘书处独立完成的，报告内容并不能作为其他成员诉诸争端解决程序的证据，但近一半的争端解决案件所涉及的贸易政策都在之前的贸易政策审议报告中被提及过，可以说贸易政策审议报告预测了很多之后会被诉诸争端解决的政策措施。

WTO 成立之后，贸易政策审议工作量随成员数量的增加而逐年加大。贸易政策审议机制规定的审议频率为：在世界贸易市场份额中居前 4 名的成员每两年审议一次，第 5～20 名的成员每 4 年审议一次，其他成员每 6 年审议一次，最不发达成员可以有更长的审议间隔时间。审议成员的发展程度也十分多样化，涵盖了发展中成员、发达成员和极度不发达成员，为全球经贸发展做出向导。截至 2019 年底，WTO 正式成员共 164 个，这意味着贸易政策审议机构每年要审议 20 余个成员，这对于秘书处和审议国来说工作量都非常大，所以后来允许两个或多个成员一起完成对部分成员的审议，即联合审议，在一定程度上缓解了秘书处的工作负担。

五、与其他国际组织合作，保证国际贸易体制协调

1995 年 WTO 取代 GATT，从体制和法律意义上成为一个真正的国际组织。截至 2019 年底，有 140 余个国际组织在 WTO 中有观察员地位，包括联合国、IMF、世界银行、OECD 等，使 WTO 渗透到国际社会的方方面面，并且具有良好的协同联动作用，从体制上促进国际贸易的发展，见表 10.4。

表 10.4　　WTO 重要国际合作关系

年份	组织	协议	内容
1995	联合国（UN）	《与其他国际组织有效合作的安排：WTO 与 UN 的关系》	促进 WTO 与 UN 之间的合作，使其在全球政策制定上更趋协调

续表

年份	组织	协议	内容
1996	IMF	《IMF 与 WTO 合作协议》	1. 在制定全球经济政策时，为求得最大协调，WTO 必须与 IMF 在货币储备、国际收支、外汇安排等方面协商 2. WTO 中涉及 IMF 管辖的汇率事宜，必须与 IMF 协商 3. IMF 所提供的管辖范围事宜，应当载入 WTO 议事录
1997	世界银行（WB）	《WB 与 WTO 合作协议》	1. 促进 WTO 与 WB 之间的合作，使其在全球政策制定上更趋协调 2. 共享彼此的经济、社会数据，包括全球债务表、货物服务准入承诺和减让表等 3. 承担联合研究与技术合作，交换各自报告和其他文件

资料来源：根据 WTO 官网资料整理。

六、全面推进国际贸易，促进货物与服务贸易高速增长

1948 年 GATT 生效时，世界货物贸易出口总额为 585 亿美元，到 1995 年 WTO 成立时，世界货物贸易总出口额为 5.17 万亿美元。WTO 的第一个十年，即 2004 年，世界货物贸易出口总额为 9.12 万亿美元，相比成立时翻了一番，WTO 体制下货物贸易极速发展。WTO 的第二个十年，即 2014 年，世界货物贸易出口额为 18.5 万亿美元，货物贸易保持了稳定的增速。截至 2018 年，世界货物贸易出口额为 19.67 万亿美元，由于经济危机的蔓延，全球区域保护主义思想盛行，货物贸易增速大幅下降，但大体上仍旧保持了向上的增长趋势。

GATS 达成后，服务贸易正式纳入多边贸易体制的管辖范围。随着产品移动、资本移动、人员移动和商业存在等服务贸易壁垒的削减，世界服务贸易也迅速发展。1995 年 WTO 成立时，世界服务贸易出口总额为 0.41 万亿美元。WTO 的第一个十年，即 2004 年，世界服务贸易出口总额为 0.91 万亿美元，服务贸易在这十年内高速增长。WTO 的第二个十年，即 2014 年，世界服务出口总额为 1.73 万亿美元，较 2004 年翻了一番，服务贸易保持了持续高速的增长。截至 2018 年，世界服务贸易出口总额为 5.63 万亿元，短短 4 年间翻了 4 倍，与几乎发展停滞的货物贸易形成鲜明的对比，这主要得益于互联网和信息技术的发展，在大数据时代，数字贸易是撬动国际贸易发展的新动能。总的来说，自 WTO 成立

以来，得益于其持续推进的货物与服务贸易壁垒削减政策，全球贸易得到了充分发展，劳动力、资本的全球适配性大大提高，前 20 年国际贸易由货物贸易主导，后 10 年则是数字贸易的时代，WTO 也注重及时转型，将电子商务议题纳入讨论范围中。

第二节 WTO 面临的宏观环境变化

从现阶段来看，世界经济的发展已经步入一个新的全面发展阶段，发达国家和发展中国家的力量差距进一步缩小，原有的全球价值链打破重构，全球经济增长的动力由原来的体量驱动转换为技术驱动，在第四次科技革命蓄势待发之际，各国都在争取抓住先机，重构自己的全球地位。同时，世界经济发展的过程中还受到很多不可控因素的干扰，如来自贸易保护主义的破坏，这些都对 WTO 机制正常运行提出了严峻考验。

一、经济增长国别分化加大，发展中国家地位提升

从世界经济发展现状来看，存在普遍的经济增长分化现象，主要是由于当前世界经济正处于一个逐渐复苏的回暖时期，经济增长速度表现出了较为明显的分化现象。从经济总量上来看，发达国家仍保持高位并与大多数发展中国家拉开较大的差距，2018 年 GDP 前 20 国家中发达国家占据 90%以上，见表 10.5。从经济增长速度上来看，发达国家整体上保持稳定，维持在 5%左右。发展中国家则差异性较大，发展势头良好的中国保持了 12.05%的增长率，印度也以 6.41%紧随其后，但诸如巴西、土耳其等则出现了负增长。但整体来看，发达国家经济增速显著低于发展中国家经济增速。

（一）发展中国家抓住第四次科技革命契机，实现弯道超车

发展中国家大多是借助自己的资源优势或是人口红利在 20 年间迅速发展起来，在第四次科技革命即将到来之际，全球产业格局发生了极大的变化。以互联网、人工智能为代表的高科技发展突飞猛进，传统部门经济向新兴数字产业转变较为迅速。发展中国家一方面以其人口红利和资源优势承接了发达国家大量的传统制造业转移，影响了发达国家传统制造部门的就业与收入。另一方面，发展中国家抓住产业转型的契机，将大量的资源投入到新兴的信息科技产业中去，实现对发达国家的弯道超车。所以在传统与新兴行业，发展中国家均展现出了相当的活力和发展前景，经济增速大规模超越发达国家。

发达国家中值得注意的是美国和英国，美国自特朗普政府上台以后，经济结构性问题彰显，美国国内零售业和制造业业绩出现下滑，同时政府和企业债务过高，劳动生产率不足，贫富差距扩大等结构性问题长期困扰美国经济，增速下滑迹象已经开始显露，5.18%的增速也创下历史新低。英国则是由于脱欧问题迟迟不决，许多国内政策法规无法落实，影响了海外投资者的信心，导致其经济增速显著低于其他欧洲发达国家。

表 10.5　　2018 年 GDP 前 20 国家　　单位：亿美元，%

排名	国家	2018 GDP	2017 GDP	增量	增速
1	美国	204 940.5	194 854	10 087	5.18%
2	中国	136 105.2	121 463.7	14 641.47	12.05%
3	日本	49 706.09	48 597.83	1 108.26	2.28%
4	德国	39 998.82	37 024.39	2 974.43	8.03%
5	英国	28 234.5	26 411.52	1 822.98	6.90%
6	法国	27 766.41	25 907.97	1 858.44	7.17%
7	印度	27 163.04	25 526.05	1 636.99	6.41%
8	意大利	20 719.4	19 480.07	1 239.33	6.36%
9	巴西	18 697.52	20 528.87	−1 831.35	−8.92%
10	加拿大	17 109.32	16 495.98	613.34	3.72%
11	俄罗斯	16 514.2	15 787.64	726.56	4.60%
12	韩国	16 195.52	15 302.56	892.96	5.84%
13	西班牙	14 256.89	13 174.07	1 082.815	8.22%
14	澳大利亚	14 166.57	13 853.86	312.71	2.26%
15	墨西哥	12 245.01	11 591.92	653.09	5.63%
16	印度尼西亚	10 427.21	10 154.38	272.83	2.69%
17	荷兰	9 127.38	6 885.86	2 241.52	32.55%
18	沙特阿拉伯	7 824.83	6 885.86	938.97	13.64%
19	土耳其	7 749.79	8 521.33	−771.54	−9.05%
20	瑞士	7 051.29	6 790.98	260.31	3.83%

资料来源：世界银行（WB）官网。

（二）经济增速整体放缓，发展中国家与发达国家矛盾升级

无论是 IMF、世界银行还是 OECD，都在 2019 年多次表示，全球经济增长疲软，世界经济已处于下行区间。OECD 表示，全球前景变得越来越脆弱和不确定。不断升级的国际经济紧张局势正在对信心和投资造成越来越大的损害。OECD 在 2019 年下调对美国和一些发展中国家的增长预测（见表 10.6），预计美国国内生产总值 2020 年、2021 两年分别增长 2%和 1.98%，该组织对墨西哥、阿根廷、巴西、印度、俄罗斯、沙特阿拉伯和南非 2019 年经济增长预测下调幅度更大。

但是，我们也应当正确认识全球经济增长放缓这一现象。一方面，自 2008 年以来的这轮经济复苏已经持续较长时间，继续保持较快增长的动能会减弱，单一追求总量的增长而忽视经济发展的质量显然是不合理的；另一方面，全球价值链愈加深化，大国经济波动对其他价值链上的国家传导较快且效果较为明显，经济孤岛的时代已经过去，在经济全球化时代，经济波动会被成倍放大且具有乘数效应，这也放大了经济增速放缓的效应。

表 10.6　　2019 年 GDP 增速及 2020 年 GDP 增速预期

经济体	2019 年 GDP 增速	2020 年 GDP 增速预期
世界	2.91%	2.94%
欧盟	1.22%	1.07%
日本	1.02%	0.55%
英国	1.24%	1.00%
美国	2.32%	2.00%
中国	6.16%	5.73%
印度	5.76%	6.20%
俄罗斯	1.08%	1.57%

资料来源：OECD 官网。

整体来看，全球经济形势保持稳中向好，但近年来经济发展一直缺乏新的动能，经济总体量并未出现大幅增长。大数据、人工智能的出现虽然显示出极大的利好，但从理论发展到实际市场中的大面积投放应用显然还需要相当长的时间，并且发达国家与发展中国家的差距也在逐步缩小，在原有的经济市场中的竞争不断加剧。一方面是发展中国家利用自己的人口红利和资源优势经济逆

势蓬勃发展，占据了全球产业链低端位置，并且发展中国家中发展较好的经济体，如中国已经不仅仅满足于做发达国家的代工厂，开始由资源、劳动密集型生产逐步转型为技术密集型生产，并且在某些领域已实现了弯道超车。另一方面，发达国家在占据了全球价值链高端位置多年以后，以往凭借技术优势轻松赚取产品大部分价值的优势不再，并且自身经济发展中出现了不可避免的结构性问题，经济发展一度放缓，甚至某些小体量发达国家发生了负增长的现象。

从 WTO 层面上来看，发达成员试图重新划分 WTO 成员承担的责任和义务，认为现有的 WTO 体制给予了发展中成员过分的优惠政策，从而损害了发达成员的利益，在高新科技行业多采用技术限制等打压方式，在传统的制造业则频繁发起反补贴与反倾销诉讼，维护经济地位不动摇。发展中成员则对发达成员长期操控 WTO 决策表示不满。双方矛盾激化，并且态度都较为强硬。

二、全球经济失衡加剧，美国领导力变弱

2005 年，IMF 前总裁罗德里戈・拉托第一次正式提出“全球经济失衡”的概念，即“一国拥有大量贸易赤字，与该国贸易赤字相对应的贸易盈余则集中在其他一些国家”。全球经济失衡并不是当前刚出现的新现象，本轮始于 20 世纪 90 年代末，以美国为核心逆差国，以中国及石油输出国为核心顺差国的第六次全球经济失衡发展至今突出表现为美国经常账户逆差的不断扩大和净对外债务余额的不断攀升，表现出贸易金融双重失衡这一突出特点。[①] 毫无疑问，中美贸易失衡是导致全球经济失衡的最主要因素。据美国商务部统计，2019 年美国贸易逆差达 6 168 亿美元，占美国国内生产总值的比重为 2.9%，其中，位居前四位的贸易逆差伙伴分别为中国、欧盟、墨西哥、日本，美中贸易逆差占美国逆差总额的 74%。

本次全球经济失衡的根本原因在于美国在之前作为世界唯一的超级大国，将其实体经济与货币金融体系相联系，并主导全球经济治理体系。为了弥补其超额贸易赤字一直存在美元超发的现象，造成了虚假繁荣。美国深受巨额贸易逆差、国内股市泡沫破裂以及国民储蓄连年负增长的困扰，国内问题难以解决，在国际上的领导力也进一步下降。尤其是在特朗普上台以后，奉行鲜明的“美国优先”民族主义政策，退出了一系列的多边协定，并且为了解决国内制造业空心化以及就业问题，提出了一系列收紧限制的措施，引起了昔日盟友的不满。

① 马学玲. 当前全球经济失衡与中国应对之策［J］. 时代金融，2019（21）：146–147.

美国在全球化时代将自己置于经济孤岛之中，可以说是自己在远离世界领导的中心。

值得注意的是，美国为了弥补巨额贸易赤字，于 2018 年逐步发动了中美贸易战。中美贸易战也波及了全球贸易形势。根据 WTO 发布的监测报告，2018 年 5 月至 2019 年 5 月，G20 国家所采取的新贸易限制措施使全球贸易受到很大影响，涉及贸易规模达 8 168 亿美元。持续近十年的稳定贸易局势，已在这一年中被急剧增加的贸易限制措施所打破，并由此导致投资减少、贸易增长疲弱。

三、贸易保护限制措施显著增加，全球 FDI 持续下滑

发达国家与发展中国家的差距进一步缩小，发达国家显然不愿意让出自己全球价值链高端位置，反全球化思潮渐起。发达国家率先出台了一系列贸易限制以及直接投资限制，都是旨在遏制发展中国家的发展。

（一）反全球化思潮兴起，贸易限制措施显著增加

全球对外直接投资是受贸易保护主义影响较为明显的领域。2018 年，近 55 个经济体至少推出了 112 项影响外国投资的政策措施。限制或监管 FDI 的新措施占 34%，这也是自 2003 年以来的最高占比。在新推出的限制和监管措施中，发达国家采取的一些措施旨在解决对国家安全问题的担忧。发展中国家推出的一些措施是在某些行业设立新的外国所有权上限，或者限制收购住宅类资产，还有一些措施对本地化或者雇用本地员工提出新要求，其中包括将上述要求纳入公共采购规则。由于政府部门的介入，2018 年许多跨境并购交易（交易额超过 5 000 万美元）以失败告终，至少有 22 桩交易是因为监管或政治原因受阻或撤回，是 2017 年的两倍；有 9 桩交易因为国家安全原因受阻；3 桩交易因为引发反垄断部门担忧而撤回；还有 3 桩交易因为其他监管原因而放弃；7 桩交易因为东道国行政部门审批延误而放弃。值得注意的是，近年来，对 FDI 的审查日益普及，至少 24 个国家（其 FDI 存量占全球 FDI 存量的 56%）制定了具体的外国投资审查机制。同时，在区域层面也增强了因为安全及公共利益的担忧而对外国收购交易的管控。

WTO 规则中贸易救济措施主要包括反倾销、反补贴和保障措施三项，它们是应对经济全球化和贸易自由化所带来的不可预计风险的三道屏障，对 WTO 规则的权威性和有效性具有重要的保障意义。但是近年来，越来越多的成员出现滥用贸易救济措施的现象，贸易救济措施的易于使用反而成为贸易保护主义盛行的借口，且趋势愈演愈烈。虽然 WTO 对贸易救济措施的使用场合和条件做了

明确的规定和限制，但这三种措施仍然在贸易战中被滥用，并且为许多原本没有实施过贸易救济措施的成员提供了经验，使贸易救济措施的滥用从发达成员延伸至更多的发展中成员。反倾销是最常被使用的手段，并且在全世界范围内发起的次数居高不下，近年来数量激增，保持在每年 250 起左右。反补贴和保障措施由于其程序的复杂和难以快速认定，使用的次数相对较少，虽然近年来略有上升的趋势，但整体数量还是偏少。

（二）全球对外直接投资持续下降，发达国家 FDI 流入降至新低

2018 年全球外国直接投资流量仍然处于下降趋势（见表 10.7），降幅为 13%，从 2017 年 1.5 万亿美元降至 1.3 万亿美元，这也是全球 FDI 流量连续第三年下滑。造成当年 FDI 流量下滑的主要原因是美国于 2017 年底推出的税收改革措施，美国跨国公司（MNEs）随即在 2018 年将大量留存在海外的收益汇回国内，虽然 2018 年下半年全球 FDI 流量有所上涨，但仍无法遏制整体下滑趋势。2018 年全球跨境并购（M&A）交易额增长 18%，从 2017 年的 6 940 亿美元增至 8 160 亿美元。这主要是因为美国跨国公司的海外公司不再受税收措施的限制，从而获得大量流动资金。

2018 年流入发达国家 FDI 跌至 2004 年以来的最低点，其中受影响较为严重的是欧洲地区，减少了 50%左右，受美国跨国公司将大量收益汇回国内的影响，一些以吸引美国跨国公司投资为主的东道国的流入量甚至出现负值（即净流出）。爱尔兰与瑞士的流入量分别为－660 亿美元和－870 亿美元。由于股权投资减少一半以及脱欧进程的影响，流入英国的 FDI 也减少 36%，降至 640 亿美元。发展中国家的对外直接投资有所下降，但不太明显，约为 10%。整体来看，贸易保护主义的兴起导致发达国家 FDI 流入量急剧减少。在经济全球化时代，滥用贸易保护主义政策可能会短期内保护国内的相关制造业，但也会将一国置于经济孤岛的位置，产生较为严重的负面影响。

贸易保护主义在全球范围内频频出现，这与 WTO 所倡导的经济全球化显然是背道而驰的，但紧张的国际贸易形势显然会对 WTO 政策的实行和推广产生较为强劲的阻力。

表 10.7　　2018 全球前十 FDI 目的地　　单位：亿美元

排名	国家/地区	2018 流入量	2017 流入量
1	美国	2 518.1	2 772.6
2	中国	1 390.4	1 340.6

续表

排名	国家/地区	2018 流入量（亿美元）	2017 流入量（亿美元）
3	中国香港	1 156.6	1 106.9
4	新加坡	776.5	757.2
5	荷兰	696.6	581.9
6	英国	644.9	1 012.4
7	巴西	612.2	675.8
8	澳大利亚	604.4	422.9
9	新西兰	435.9	209.2
10	印度	422.9	399.0

资料来源：UNCTAD《2019 世界投资报告》。

四、贸易保护主义兴起，区域主义盛行

美国特朗普政府上台以来，奉行美国优先主义，贸易保护主义盛行。具体表现为大面积退出多边协定，转向自身话语权更高的双边或区域贸易协定。WTO 所代表的多边框架是经济全球化的支柱，FTA、RTA 则是区域经济一体化的支柱，二者的关系不能单纯以对立或者互斥来形容，更多的是一种处于发展状态的相互补充和互斥的关系。

但随着 WTO 成员数量的不断增加和谈判议题范围的不断扩大，在庞大的多边贸易协定中平衡各方的利益变得越来越困难，每轮谈判耗费的时间、资金和人力成本也在不断地增加。成员在执行承诺的过程中不免会从自身的利益考虑，一些成员明明知道其措施违反承诺，但仍然坚持己见，现行的 WTO 承诺又不能从根本上杜绝此类做法，这就削弱了多边贸易的权威性。并且由于各成员经济发展水平的差异，且相互之间的依赖程度不同，因此成员会倾向于在更小的范围内就更广泛的议题达成区域贸易协定。比较典型的例子是 NAFTA，其在服务贸易、知识产权保护、环境标准和投资等方面的规定都具有开创意义。APEC 也是一种开放型的区域实践，其贸易便利化措施不仅面向 APEC 成员，区域外非成员也可以享受有关好处。而更多的 RTA、FTA，之所以显得比 WTO 有效率、有活力，就是因为参与方有自己的话语权，只需实现两个或几个成员之间的大体平衡，就可以达成一致继续推动开放。

WTO 文件明确指出区域经济一体化与全球性多边安排相矛盾，因为区域经济一体化的本质特性是排斥他方利益，实际违反了最惠国待遇原则。但 GATT 第 24 条、GATS 第 5 条又允许区域经济一体化方式存在，前提是有关区域性安排不应对区域外经济体设置壁垒和障碍，关税同盟也有义务向 WTO 进行通报。WTO 下设有区域贸易协定委员会，专门负责审核申报的 RTA 是否满足相关要求。区域经济一体化是否会成为全球化的障碍，区域贸易协定是否最终会替代 WTO 多边贸易协定，这些都无法进行准确的预测，但可以确定的是在当今的贸易保护主义浪潮之下，区域主义被一再鼓吹确实威胁到了 WTO 体制的改革发展。

第三节　WTO 面临的制度挑战

随着世界经济增速放缓，经济发展方式进入转型期，WTO 原有制度也受到很多新的挑战。

一、WTO 多边谈判效力日渐低下，数字贸易领域法规缺失

（一）WTO 管辖范围不断扩大，协商一致原则遭到挑战

从谈判范围来看，WTO 成立 20 多年来，管辖范围不断扩大（见表 10.8），多边贸易谈判范围扩大到了成员的国内规则、文化偏好、政治经济制度等具有敏感性的国内规则领域，这些规则的谈判要比削减关税复杂得多，其中新议题有贸易便利化、竞争政策、技术援助、能力建设、电子商务、贸易与投资、贸易与环境、劳工标准等。随着国际贸易发展出的新现象，未来还会有越来越多被纳入多边贸易体制的管辖范围，新出现的议题中有的还涉及各国的主权管辖领域、经济制度问题等。

表 10.8　　WTO 主要管辖范围

管辖范围	相关法律法规
货物	《1994 年关税与贸易总协定》《农业协议》《实施卫生和植物卫生措施协议》《纺织品与服装协议》《技术性贸易壁垒协议》《与贸易有关的投资措施协议》《反倾销协议》《海关估价协议》《装运前检验协议》《原产地协议》《进口许可程序协议》《补贴与反补贴措施协议》《保障措施协议》
服务	《服务贸易总协定》及其附件

续表

管辖范围	相关法律法规
知识产权	《与贸易有关的知识产权协定》
贸易争端解决机制	《贸易争端解决程序与规则的谅解》
贸易政策审议机制	贸易政策审议机制

资料来源：根据 WTO 官网资料整理。

WTO 多边贸易谈判之前多使用协商一致原则，即在针对某项决议进行表决时，若有任何一成员表示正式反对，即视为未协商一致通过。协商一致原则在初期是 WTO 公平公正的体现，充分考虑了发达成员与发展中成员经济的差异性所导致的政治实力的差异性，以每位成员一票的方式兼顾各方利益。但随着 WTO 成员的不断增加，以及贸易议题的不断扩充，仍旧采取协商一致原则就很难在短时间之内达成协议，甚至会导致多边贸易谈判停滞不前。WTO 协商一致原则缺陷最为明显的表现就是多哈回合谈判的长期停滞不前，在成员集团化且分歧巨大的前提下，想要通过协商一致规则完成包含大量议题的多哈回合谈判显然是不现实的。

（二）数字经济快速发展对 WTO 制度提出新的要求

数字化转型促成了新市场、产品和商业模式的创建，它进一步增加了区别商品和服务的复杂程度，并可能改变提供服务的方式，从而可能影响服务供应的相对重要性。一方面，技术进步使越来越多的服务能够以数字形式跨国界供应。另一方面，服务形成了快速发展的数字基础设施，使服务能够以电子方式提供，并在网上购买商品和服务。服务作为数字贸易的促进者以及通过数字贸易提供的产品，对贸易产生了重大的影响。数字化转型对服务贸易的推动作用最终会传导到全球价值链贸易上。一方面，数字化带来的新技术大大降低了物流、运输、匹配和验证的成本；另一方面，对于服务作为全球价值链贸易和货物贸易的推动者，数字化转型大大提高了其质量和可用性。

但数字贸易的发展也引发了诸多问题，主要集中在以下三个方面：一是监管框架的缺失，数字技术引发了人们对隐私损失、消费者保护或安全威胁的关注，各国政府需要制定一个国内监管框架，实现一些合法的公共政策目标同时不会造成贸易扭曲，以现在最具代表性的美式数字贸易模板和欧盟数字贸易模板为例，美式模板倡议数据跨境自由流动以及数据存储非本地化原则，欧式模板则更注重个人数据隐私的保护，对数据跨境自由传输始终保持较为谨慎的态度，在缔结区域贸易协定时在数字贸易章节各国多有争议，WTO 需要就数字贸易中相关的数据传输工作早日达成通用条例，起到基础指导作用，促进数字贸易在全球价值链体系中的良性发展。二是数字贸易可能会加大穷国、富国之间的经济鸿沟，造成发达国家赢家通吃的局面以及先兴起的互联网平台对于产品的垄断效应。一方面，数字贸易的存在使最不发达地区的企业能够在全世界范围内销售和提供产品；另一方面，由于欠发达地区存在缺乏数字链接、互联网普及和接入不均衡的问题，对数字贸易的参与度可能会受到客观条件的限制，从而被排除在数字经济的浪潮之外。WTO 作为经济全球化的倡议者，应当正视不同地区经济发展基础条件上的差异，在制定数字贸易相关政策法规时有一定程度上的地区倾斜保护考虑，确保全球经济协同发展。图 10.1 为 2017 年每 100 位居民享有的信息通信技术基础设施情况。

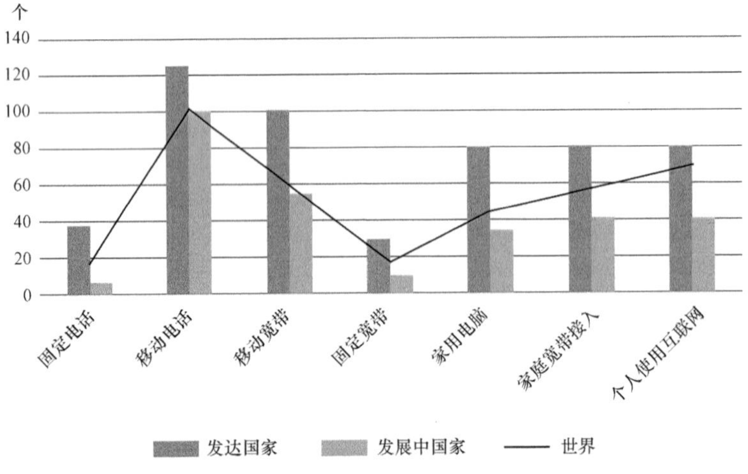

图 10.1 2017 年每 100 位居民享有的信息通信技术基础设施

资料来源：《2019 年世界贸易报告》。

二、争端解决机制法律程序问题突出，贸易政策审议机制效力缺失

（一）争端解决机制公正性遭到质疑，上诉机构停摆

WTO 争端解决机制是多边贸易体制的重要支柱，一直是解决国际争端的主要手段之一。但通过多年的实践，争端解决机制也暴露出了一些弊端。首先是争端解决机制的法律依据比较模糊，作为争端解决法律基础的 WTO 协定多为一

般性和模糊性表述，在针对特定案件进行审理时，很多时候都要依靠上诉机构法官对其进行司法能动性解释，这也造成了争端解决各方对于审判结果不公正的质疑，争端解决机制的法律公正性有待改善；其次，争端解决程序耗时较长、成本较大，这也导致了小成员与大成员之间在举证等方面实力的悬殊，很多小型发展中成员依靠自身力量并不能充分利用争端解决机制，在争端中获胜的概率较低，争端解决机制的程序公正性也有待改善。

目前争端解决机制最急迫需要解决的问题是上诉机构法官的遴选（见表 10.9）。关于上诉机构法官的遴选，目前存在正常规则不明晰，非正式规则充斥在上诉法官的遴选程序中，在候选人资格方面也存在资质标准不清楚的问题。在这样的情况下，发达成员很容易通过政治权力影响上诉机构法官的遴选。

上诉法官的遴选同时参考成文规则和非成文规则两个方面。成文规则主要是指 DSU 第 17 条第 3 款上诉机构应由具有公认权威并在法律、国际贸易和各适用协定所涉主题方面具有公认专门知识的人员组成，他们不得附属于任何政府。上诉机构成员应能代表广泛的 WTO 成员。上诉机构任职的所有人员应随时待命，并应随时了解争端解决活动和 WTO 的其他有关活动。他们不得参与审议任何可产生直接或间接利益冲突的争端。对于何为“公认权威”，何为“具有专门知识”，何为“代表广泛的 WTO 成员”等问题都没有做出明确阐释。此外，对于上诉机构法官的提名、审议、通过等具体遴选方法和程序，DSU 选择了沉默，这为各成员通过政治权力影响上诉法官的遴选留出了空间。除了成文的遴选规则，还充斥了许多非成文的惯例影响着上诉机构法官的遴选，在出现成文规则由于具体原因不便规定而出现文本沉默的情况下，很多事情都有待于“具体的磋商和遴选程序”。例如，在成员代表性方面，要求考虑“地理区域、发展水平和法律体系”等因素，但从上诉机构诞生以来法官名额在各大洲之间的分配也似乎成为一种习惯，当一个地区的法官任期届满而离任，必定有一个同地区的新法官被选出。成文规则的模糊性以及存在的非成文规则，给予政治权力很大的活动空间，在规则之内和规则之外通过政治博弈达到影响上诉法官遴选，使之符合某成员自身利益的目的。这样的政治博弈贯穿了整个上诉法官遴选的全过程。

表 10.9　　上诉法官遴选机制及政治博弈

程序	程序	政治博弈
候选人资格	专业知识	要求专家具有解决报告中法律问题和法律知识的能力，但并非所有法官都符合专业知识要求

续表

程序	程序	政治博弈
候选人资格	公认权威	没有统一客观的标准，赋予每个成员在公认问题方面的否决权
	代表性	各洲均有法官任职，也成为各成员争夺在上诉机构的发言权的主要途径
官方与非官方面试	官方面试	按照惯例，通过由争端解决机构主席、WTO 总干事、总理事会主席、货物贸易理事会主席、服务贸易理事会主席、知识产权理事会主席所组成的遴选委员会主办的面试，没有公布选拔标准，完全由考官主观判断
	非官方面试	非官方面试标准和内容都完全按照成员自己的偏好来安排。他们更多地会从本国利益的角度考察候选人的立场，是否太过激进，是否太过独立，是否受到其他成员的制约等。如果候选人的回答不能让成员满意的话，很有可能该成员会在 DSB 最后通过候选人提名以前提出否认意见
提交 DSB 通过	征求成员的意见	委员会征求成员意见很多时候是采取私下会面的方式，主要是了解是否有成员对于某些候选人有异议，如有异议将在总干事的主持下开展正式或非正式的磋商，力求能够排除异议确定最终人选，最终在 DSB 会议上通过提案
	成员根据公布的名单提出意见	成员如果在候选法官任命提案没有公布以前没有能够参与到磋商到中，在任命提案公布以后仍然可以向 DSB 提出异议
	DSB 通过	协商一致通过

资料来源：根据《WTO 上诉机构法官遴选规则问题阐释》整理。

随着 7 名大法官任期届满，由于美国阻挠上诉机构法官的任命，上诉机构已经超过 23 个月无法纳新，2019 年底另外两位法官的任期届满，上诉机构只剩下赵宏一名法官。一旦上诉机构“停摆”，如上诉机构主席辛格提到的，任何败诉方都可以通过将专家小组报告提交给瘫痪的上诉机构来阻止报告的通过，这样的结果只会导致 WTO 争端解决机制瘫痪。

美国阻挠上诉法官的任命主要依据的是“协商一致”的原则，根据 DSU 第 2 条第 4 款规定，“协商一致”是指如在做出决定的 DSB 会议上，出席会议的成员没有成员正式反对拟议的决定，则 DSB 即被视为经协商一致就提请其审议的事项做出决定。目前针对这种情况，国际上提出了对 WTO 争端解决机制引入“反向协商一致”的做法，即一项议题或决议通过，除非 DSB 经协商一致决定不通过。“反向协商一致”几乎意味着相关决议的自动通过，其适用于以下四个方面：专家组的设立，专家组报告的通过，上诉机构报告的通过，授权中止减让或其他义务的通过，大大提高了争端解决机制的运作效率。

（二）贸易政策审议机制缺乏强制性

WTO 多边贸易谈判机制、争端解决机制以及贸易政策审议机制三足鼎立，分别承担着 WTO 的立法、司法以及执法功能。但是贸易政策审议机制作为执法工具，其强制性显然差强人意。

贸易政策审议机制是对成员的贸易政策和措施进行审议，监督成员是否履行其“入世”承诺。根据成员贸易所占世界贸易份额的大小和对多边贸易体制的影响力，确定成员的贸易政策审议周期。接受审议的成员在当年需要向贸易政策审议机构提交其详细的贸易政策和措施报告，WTO 贸易政策审议部门和秘书处进一步编写成《贸易政策审议秘书处报告》，WTO 成员收到该报告后可以在审议会议上对成员的贸易政策提出质疑、批评或者赞同，审议方针对相关问题做出答辩。总体来说，贸易政策审议机制承担了发现问题的职能，但是其解决问题的能力较弱。审议报告只是对成员贸易政策做出初评价，没有强制约束能力，也不能作为争端解决程序的依据，无法对各成员贸易政策的实施进行强有力的约束。

三、发展中成员特殊与差别待遇制度遭到质疑

WTO 始终倡导公平的发展原则，由于发展中成员与发达成员在经济实力存在较大的差距，要想保持全球经济协同发展，在全球经济贸易中就要给予发展中成员额外的补贴和优惠政策，这也是发展中成员特殊与差别待遇（Special and Differential Treatment，SDT）制度确立的初衷。自 GATT 成立以来，发展中成员待遇问题一直是中心问题，给予发展中成员特殊与差别待遇是多边贸易体制良性运行的基础这一理念已经得到普遍共识。但 WTO 始终未对发展中成员进行明确的界定。依据《WTO 协定》，SDT 条款包括“主动型条款”和“被动型条款”两类，在前者中，WTO 成员可以“自称”为发展中成员，从而自主享受《WTO 协定》中规定给予发展中成员在制定经贸政策时的灵活性；在后者中，某一成员是否具有发展中成员地位是由其他 WTO 成员来认定的，并据此决定在对外贸易中是否给予该成员更优惠的措施和差别待遇。[1]以美欧日为代表的部分发达成

① 漆彤，范睿. WTO 改革背景下发展中国家待遇问题［J］. 武大国际法评论，2019，3（1）：93－108.

员借此将 WTO 改革的炮口对准了发展中成员，指出发展中成员的发展地位依靠自我主动认定是不客观的，特别指出世界上最富有的 6 个成员有 5 个都自称是发展中成员，认为这些成员通过规则例外来获取额外的好处，未做出与其在全球经济中地位相称的贡献，这有违贸易的公平性原则，并且会使发达成员承担不必要的贸易负担，损害单方利益。

如表 10.10 所示，SDT 大致可以分为六类，从提高市场准入、技术援助、规则灵活化等几个方面帮助发展中成员更好地融入全球经济生态中，与其他成员进行优势互补，促进了自身的经济发展，同时也促进了世界经济发展。但是，发展中成员特殊与差别待遇规则与实践也暴露出许多明显的缺陷和不足，主要表现在三个方面：一是规则用语比较模糊，法律层面的执行力度不足，在文字表达上，SDT 条款大多采取缺乏确定性的模糊性表述，例如发达成员将“尽最大程度”“尽最大努力”“将予以积极考虑”。这些措辞使发达成员是否给予发展中成员优惠措施取决于自身的意愿，缺少对发达成员的强制力约束，即授予发达成员给予发展中成员优惠的权力，但未对发达成员施加强制的义务。二是对发展中成员身份过渡和认定规则的缺失，当前对发展中成员的认定方式，主要是通过自我认定与其他成员同意相结合。即使某一成员自我认定为发展中成员，其他成员仍可以对此表示怀疑。由于认定规则的缺失，导致实践中出现对发展中成员身份认定的争论和协定执行的任意性，使得发展中成员因此遭受不利后果。三是 SDT 的实际实施效果不佳，如表 10.11 所示，由于规则本身的缺陷和发达成员对自身义务的规避，其实际价值十分有限。发达成员以其自身强大的经济实力和政治影响力，在多边贸易体系中占据主导地位，发展中成员仍然处于十分弱势和被动的不公平竞争状态。

表 10.10　　发展中成员特殊与差别待遇一览

分类	具体条款	内　　容
提高发展中成员的市场准入	GATS 第 4 条	不同成员应按照本协定第三部分和第四部分的规定，通过谈判达成有关以下内容的具体承诺，以便利发展中成员更多地参与世界贸易
确保发展中成员利益	《实施卫生与植物卫生措施协议》第 10 条第 1 款	在制定和实施卫生与植物卫生措施时，各方应考虑发展中成员、特别是最不发达成员的特殊需要
管理贸易措施规则给予发展中成员灵活性	《补贴与反补贴措施协议》第 27 条	发展中成员无须按照本协议第 3 条第 1 款（a）项的规定禁止出口补贴

续表

分类	具体条款	内容
允许发展中成员享有更长过渡期	《与贸易有关的投资措施协议》第 5 条	如果某一发展中成员，包括最不发达成员可证明其在实施本协议规定方面存在特殊困难，货物贸易理事会可应请求延长其过渡期
技术援助类条款	《海关估价协议》第 3 款规定	发达成员应按双方同意的条件，向提出请求的发展中成员提供技术援助
专门适用于最不发达成员的规定	《农业协议》第 15 条规定	最不发达成员无须在国内支持、出口补贴和市场准入领域做出削减的承诺

资料来源：根据《WTO 改革背景下发展中国家待遇问题》整理。

表 10.11　　SDT 实施效果一览表

领域	实施效果
农业领域	非关税措施关税化引发的农产品“关税高峰”部分成员关税化以后的关税水平比以前使用非关税措施时的保护程度更高，部分成员承诺的关税约束水平远远高于其实际关税水平
知识产权领域	发达成员和发展中成员在知识产权保护的状况本身差距较大，因此 TRIPs 下的国民待遇使发展中成员承担超过了其现实需要的义务，并且发达成员的技术垄断使得发展中成员每年要付出高额的专利费用
货物贸易领域	发展中成员承担着比发达成员更高的跨境贸易成本。许多发展中成员仍面临烦琐的海关手续和过度的实际检查，跨境贸易成本高昂且耗时
争端解决领域	虽然 DSU 中规定了延长发展中成员磋商时间、对发展中成员的问题和利益给予特别关注等 SDT 条款，但是此类条款只具备软法性，实际意义不大

资料来源：根据《WTO 改革背景下发展中国家待遇问题》整理。

针对以上存在的问题，WTO 对发展中成员待遇的改革应当关注以下两个方面，首先是发展中成员身份的界定，要明确界定发展中成员的客观标准、可以考虑采用自我认定与细化发展中成员的具体分类相结合的方式，各个成员根据自身的发展需要自行决定是否“自我认定”为发展中成员。对于该认定方法存在的发展中成员滥用其发展中成员地位以及发达成员滥用发展中成员身份认定权的问题，可在适用“自我认定”方法的基础上对发展中成员的层级加以认定。要使得 SDT 继续存在并发挥作用，既需要发达成员与发展中成员就认定机制达成共识，也需要不同水平的发展中成员内部达成一致，以各自程度较低的妥协和让步达成机制的顺利运行，从而为双方带来更大的利益。其次是要注重 SDT

规则设计的实际效果，发展中成员本身的经济水平、产业优势以及地理区位优势都具有较大的差别，所以 SDT 规则在设计时应当因地制宜，给予多样化选项，不要存在优惠政策与资源错配的低效率行动，避免一刀切的政策，保证发展中成员与发达成员更好地交流联动。

第十一章

WTO 改革的特殊背景与重点领域

第一节　以往 WTO 改革的相关研究

WTO 改革并不是一个新议题。纵观 WTO 的发展，不仅成员数量不断增多、谈判议题不断拓展，还发起了雄心勃勃的多哈回合，希冀进一步推动多边贸易自由化进程。但 WTO 的问题也由此而起，多哈回合的停滞使 WTO 内外部呼吁改革的声音不断增多，WTO 也在不断探寻有效的改革路径。早在 2001 年，WTO 法权威专家杰克逊教授就撰文讨论了 WTO 的“体系性问题”，并提出了改革决策机制、增强透明度、非政府组织参与等建议。在 2005 年 WTO 成立十周年之际，WTO 秘书处发布了《WTO 的未来》，对 WTO 改革提出了多项建议。2007 年，美国华威大学发布了《多边贸易体制：出路何在？》，再次系统地提出了 WTO 改革的具体方案。之后，国内外学术界对 WTO 改革进行了大量研究，既有对 WTO 整体改革方向的探讨，也有对 WTO 具体改革策略的争论。

一、围绕 WTO 整体改革方向的研究

关于 WTO 的整体改革方向，一些学者提出了以下三个方面的争论①。

一是 WTO 是否应走“宪政化”的道路。近年来，许多人权组织和学者批评 WTO 只注重经济事务，对人权等社会事务视而不见，导致普通民众的权利以及生态环境受损。德国的彼得斯曼指出，应当依据以人权为核心的“宪政化”理论改造 WTO，有必要在 WTO 多边贸易体制框架内厘清市场功能、宪法性权利和国际法之间的关系；“人权原则为政府对经济市场的‘最佳干预’提供了‘最

① 刘敬东．浅析 WTO 未来之路——WTO 改革动向及思考［J］．法学杂志，2013，34（4）：87－94．

佳政策工具’”，可以指导政府有意识地消除市场的不公平现象，为政府干预市场的政策提供法律依据。但《WTO 的未来——阐释新千年的体制性挑战》作者萨瑟兰批评了这种观点，认为恰恰相反，WTO 倡导的自由贸易极大地促进了各国财富的增长，为促进和保护人权提供了丰富的物质基础，认为 WTO 促进了中国、印度这两个最大的发展中成员的经济繁荣，有利于工人权利的进步，同时也有利于发达成员的经济发展。美国的阿尔斯通也认为，“宪政化”理论是一种扭曲的理论，国际贸易法和国际人权法分属两个法律体系，绝不可混淆，以人权原则改造 WTO 体制无异于痴人说梦。

二是 WTO 是否应将工作重点转移。在建立之初以及此后的很长一段时期内，GATT 的工作重心集中在降低关税和推动市场准入，八轮多边贸易谈判均以普遍降低关税为核心目标。WTO 虽然扩大了多边贸易体制调整的对象和范围，但工作重心基本没有偏离。但随着经济全球化的发展，一些学者提出 WTO 应将工作重心由降低关税转移至规制各成员的政策和立法，以便更好地行使全球贸易治理的职能。因为经过前几轮的谈判，世界关税水平已经较低，未来的谈判空间较为有限；而非关税壁垒更多涉及各成员的法规和政策，面对气候变化、环境保护等非贸易问题以及金融服务等新兴议题，WTO 需要各成员的支持与合作。刘敬东（2013）认为，与 GATT 时期相比，WTO 需要各成员更多地通过制定政策和立法予以配合，这是经济全球化发展的结果，从这个意义上讲，转移工作重心是必要的；但转移工作重心是一项长期任务，目前 WTO 仍应坚持将降低关税、推动市场准入作为工作重点，但亦应同时采取措施逐步扩大工作重心，可先从某一个或某几个领域开始加大对各成员政策和立法的监督力度。

三是 WTO 是否应改变成员驱动的导向。有学者指出，WTO 体制之所以笨拙不堪、无法前行，罪魁祸首就是其奉行的“成员驱动”，必须将其转变为“管理导向”的国际组织，强化其管理职能和权威。另一些学者则认为，“转型”不能操之过急，多哈回合谈判本身就已十分困难，现在谈“转型”颇有些不识时务。也有学者明确反对 WTO“转型”，认为 WTO 的“成员驱动”“协商一致”“一视同仁”的原则符合各成员利益，不应被改变和重新设计，只需根据需要修订一些具体协定、规则以及程序。斯蒂格等学者建议，不应抽象地谈所谓的“转型”，而是以“善治”原则改革 WTO，依据“有效、高效、问责性以及代表性”四个标准设计改革方案，使 WTO 更有力、更有效、更高效，并对其成员和全球经济治理负责。

二、围绕 WTO 改革具体议题的研究

目前，围绕 WTO 具体议题改革的研究主要从 WTO 的决策机制改革、多边谈判改革、争端解决机制改革、特殊与差别待遇原则改革等方面展开。

（一）WTO 决策机制改革研究

1. WTO 决策机制改革的理论基础

关于 WTO 决策机制改革的理论基础，国内外很多学者都有论述。蒋红梅（2004）从以下三个方面介绍了 WTO 决策机制改革的理论基础：一是自由改革主义理论。其理论认为，WTO 决策机制的改革必须扩大其代表性，代表者的范围要扩大到非政府组织和个人，以提高 WTO 在国际舞台上的合法性。这个建议的核心观点是，代表者参与决策活动是协商性质的，且无权投票反对争端解决小组的决定。二是利益相关者理论。与自由改革主义理论相比，利益相关者理论强调 WTO 决策机制的改革要反映“共同治理”原则，即公民可直接参与、共同协商，并对决策或行为提出质疑。要把民主和自治直接运用于强大的全球治理组织，使之超越民族国家的层次。利益相关者理论认为，可以在全球建立更加人性化和治理模式多样化的国际组织，强调要直接参与 WTO 活动，并强调直接参与和质疑决策的改革主张比这种多边主义主张更加激进，对目前 WTO 专家式统治规范和实践具有革命意义。三是世界主义理论。世界主义理论对当代全球治理结构民主化提供了独特的范式，其核心是尝试细化规则，建立国家之间和跨越国家基础之上的机制，扩大民主治理。① 通过这种方式，WTO 这样的全球性组织将实现从目前的地区民主控制现状向民主自治政治状态的转变。要实现这种转变，公民和民间联合会应有权同国家一起参与决策和行动。但世界主义理论并不赞成建立一个世界政府，也不是一个联邦制的超国家政府，而是希望离散型的、跨国的、共同政治行动的全球治理体系。

2. WTO 决策机制改革的相关建议

（1）“绿屋会议”改革的相关建议。“绿屋”一词本指 GATT 时期总干事在日内瓦的私人会议室。“绿屋会议”是发达国家在发展中国家崛起后为掌握 WTO 的决策权而发起的非正式决策机制，是 WTO 决策机制的重要补充。傅星国（2010）指出，“绿屋会议”是 WTO 决策机制的重要部分，但关键是确保“绿屋会议”不会替代部长会议和总理事会的决策职能，主张规范“绿屋会议”使其

① 蒋红梅．论 WTO 决策机制改革［J］．上海对外经贸大学学报，2004（8）：16－20．

具有合法性、扩大代表性，增加“绿屋会议”的透明度[①]。徐成伦（2011）提出了“绿屋会议”改革的四方面主张：一是建立分组谈判模式，认为现行“绿屋会议”的一个缺陷是吸纳参会成员的能力有限，有损发展中成员充分参与决策的权利，然而若过分扩大“绿屋会议”的规模，又会减少非正式决策机制的效率优势，有违当初设计该机制的初衷。一种合理的设想是在召开“绿屋会议”之前依据具体议题以及各 WTO 成员经济发展水平、地理位置和外交关系等综合因素，将愿意参加非正式决策程序的各成员以自愿为主、协调为辅的原则进行分组，每一磋商小组维持与现行“绿屋会议”大体一致的规模，由各个小组选派代表担任主持工作，开展相同议题的分组讨论，之后再将各小组中形成的共识草案提交“绿屋会议”讨论，由“绿屋会议”表决形成草案最终稿。这种做法虽然削弱了部分效率优势，然而却能够更为全面细致地考虑议题，从多角度反映问题的实质与各方争议的焦点，有利于更加公正科学地决策。二是完善集团谈判模式。发展中成员在协商一致中不可避免地受到发达成员的压力，很难独立自主地行使否决权或提出正式的反对意见，因此最终达成的决议往往更多地反映发达成员的利益。为了改变这种不公的局面，或许发展中成员可以尝试在“绿屋会议”开始前结成临时或者持久的谈判联盟，将联盟的力量渗透到“绿屋会议”之中，以集团关注的核心共同利益为指导进行磋商，以期通过集团势力作后盾，对抗非正式决策中发达成员的政治施压和贸易报复。然而这种方式会进一步鼓励区域贸易一体化组织的发展，淡化多边贸易体制的热度，如何防止这种不利后果有待研究。三是将“绿屋会议”有关流程安排规范化。确定成员参会资格的选择标准，除考虑成员的贸易份额外，还应考虑其他因素，尽可能客观、科学地决定每一次会议的参会成员，改变由发达贸易大国单方面决定参会成员的做法。同时如果某议题事关发展中成员特殊利益，则应限制发达成员的参会比例，以达到实力平衡的目的。四是增加非正式决策程序的透明度，寻求外部专家意见，由 WTO 常设机构提供全面技术支持等[②]。

Blackhurst 和 Hartridge（2004）主张建立 WTO 咨询董事会来克服“绿屋会议”面临的困境，认为鉴于新加坡和西雅图部长会议的失败教训，有必要成立一个咨询机构。该机构并不是常设的，仅当“绿屋会议”无法容纳全部想参加

① 傅星国．WTO 非正式决策机制“绿屋会议”研究［J］．上海对外经贸大学学报，2010，17（2）：30－36．

② 徐成伦．论 WTO 非正式决策机制“绿屋会议”改革［J］．湖北经济学院学报（人文社会科学版），2011，8（6）：36－38．

的成员时召开会议①。Schott（1995）则主张建立非正式指导委员会（Informal Steering Committee），认为现行“绿屋会议”的主要参加者是发达成员，缺乏透明度和包容性。但改革“绿屋会议”会触动既得者的利益，因此很难推进，而且小成员也不希望“绿屋会议”正式合法化，因此建立一个小型、非正式的指导委员会是明智之举。②

（2）WTO 决策机制改革的系统性建议。2005 年出版的《WTO 的未来》报告对 WTO 决策机制改革提出了三方面的建议。首先应保留“协商一致”。在“协商一致”的问题上，一是根据某些特定类型的决策（例如纯粹程序性问题）之间可能产生的差别，所有 WTO 成员应对与达成共识相关的问题进行认真深入的研究；二是如果某成员试图阻止某项议案，而该议案又享有非常广泛的共识支持，那么只有在该成员用书面形式陈述具体理由，说明该问题涉及某项非常重要的国家利益前提下，才可允许阻止该项共识达成。其次应实行区别对待原则。区别对待表示 WTO 成员不同，其义务也不相同。应根据不同的议题对不同的成员加以区分，允许成员自行选择履行义务的水平。允许在“一揽子协定”之外针对一些议题“多速推进”，已经有合意的成员先行达成多边协定，后续有意者可以再行加入，类似于国际条约的加入制度。第三应强化总干事和秘书处的职能。通过澄清界限不清的总干事与 WTO 秘书处的角色来建立条约的真正守卫③。

《华威报告》则支持在决策机制中采取“临界数量”（Critical Mass）方法，主张当达到临界数量的成员支持一项决策时，无须全体成员达成一致④。临界数量成员可以是占压倒多数的成员和占压倒性比例的世界贸易，例如这两个因素都达到 90%。但是在实践当中很难确定这个具体的临界数量。

Cottier（2007）从 WTO 的结构角度分析 WTO 决策机制目前面临的挑战，认为目前 WTO 除秘书处外没有任何正式的常设机构授权以全面和系统的方式组织和讨论有争议的问题。例如贸易和环境委员会处理了 WTO 法律与多边环境协定之间的关系，然而在其他法律领域也存在同样的问题，如在贸易和投资、

① Blackhurst R，Hartridge D.Improving the Capacity of WTO Institutions to Fulfill Their Mandate［J］. Journal of International Economic Law，2004，7（3）：705－716.

② Streeten P. The Uruguay Round: An Assessment (by Schott J)［J］. International Affairs，1995，71（3）：613－614.

③ WTO 总干事顾问委员会. WTO 的未来：应对新千年的体制性挑战［M］. 北京：中国商务出版社，2005.

④ Warwick Commission. The Multilateral Trade Regime: Which Way Froward［M］. Coventry: University of Warwick, 2007.

贸易和人权、贸易和文化等领域；建议建立一个咨询委员会，由国际法律师、政治学家、经济学家和政府代表组成，同时还应加强 WTO 总干事的权力。[①] Narlikar（2010）分析了金砖国家日益崛起并在 WTO 决策机制中的作用，认为虽然金砖国家的加入使 WTO 的权力结构更加平衡，有利于促进公平，但确实使 WTO 的决策效率低下；为此提出的建议是利用 G20 对 WTO 进行外部改革，同时 WTO 应向执行层下放权力并改变决策规则。[②]

（二）WTO 多边谈判改革研究

1.《WTO 的未来》报告改革建议

（1）多速前进，让有意者先行。报告建议在 WTO 承诺中引入多数先行机制，通过引入先行机制解决当前的“一刀切”情况，使某些成员可以承担更多或更少的义务，而关于义务履行监督的一种可行方案是利用争端解决机制。例如，采用诸边谈判的方式可以使一些成员采纳更广泛的议程或就某项议题展开谈判，推动谈判进展；对于其他成员可以允许其加入谈判，但是在谈判结果不能使该成员满意时拥有退出的权利；另外一种提议是拒绝其他成员参与谈判，但在适当时为其提供谈判的机会。为了避免这种模式造成成员结构的多样性，该谈判的规则要让所有成员事先知道，同时防止少数成员将大部分成员都反对的议题纳入谈判议程。

（2）“GATS 减让表”模式。通过模仿 GATS 谈判的模式，让各成员根据自身情况选择开放的行业或者部门，但是开放度必须与其经济发展和政策导向挂钩，这样使得每个成员均拥有一定的自主权，成员间进而通过谈判的方式改善自身的承诺水平。在制定新规则的过程中，“GATS”方式可能是诸边谈判方式的合适替代，因此专家组建议对这两种方法一起研究。

（3）为 WTO 最贫困成员量身定制承诺。随着市场准入谈判的推进和 WTO 规则适用范围的拓展，一些新的承诺必然对最不发达成员造成新的负担，对于这一问题报告提出以下建议：一是加强技术援助，针对新的履行义务开展能力建设，并且对发达国家提出的援助应通过协定的方式加以落实，将提供援助的承诺作为新协定的一部分，并且包括相应的资金安排。二是考虑采取更为激进的方式，使最不发达国家能够享受 WTO 成员所能享受的广泛利益，但对其义务

① Cottier T. Preparing for Structural Reform in the WTO［J］. Journal of International Economic Law 2007，10（3）：497－508.

② Narlikar A. New Powers in the Club: the Challenges of Global Trade Governance［J］. International Affairs，2010，86（3）：717－728.

进行豁免，然而这种做法背离了 WTO 竞争性的贸易体系。

（4）加强政治投入和组织协调。首先，建议提高 WTO 部长级会议的频率，将其更改为每年一次，并且为了保证部长级会议参与的连续性，要求总干事每 6 个月以书面形式向部长们简洁、公开、公正地汇报 WTO 的重要进展，从而保证政治层的参与和兴趣，并向他们及时传递有用的信息。除此之外，领导人峰会应每 5 年召开一次。其次，建议增加各成员政府高层尤其是发展中成员政府高层赴 WTO 总部的频率，这对于保持各成员的政策与其在 WTO 立场的一致性至关重要。鼓励发达成员和发展中成员的高层官员每 3 个月或 6 个月参加一次总理事会的会议，扩大会议的议程，使这些高级官员可以就整体进展进行广泛的讨论，并且有必要为最不发达成员筹集适当的资金。也可考虑设立一个特殊机制促进各成员政府高层参与 WTO 谈判，建立政府高层的小型磋商机构，其可以代替“小型非正式部长级”会议。该机构仅为磋商机构，并不具备谈判权或执行权。该机构通过定期举行会议来讨论政治和经济环境所面临的形势，并且为谈判者们提供某种程度的政治指导。这样能够将 WTO 活动置于政治和经济背景之下。除此之外，该机构的成员数量应保持在 30 个以内，以保障该机构的效率，其中一些主要贸易成员必须为该机构永久性成员，其余成员以轮换的方式参与，保证会议的频率以及所有成员，特别是最不发达成员的有效参与。最后，该机构代表必须来自各成员首都，并且由总干事召集和主持会议，由总干事向所有代表报告机构的活动情况。

（5）扩大区域集团之间的协调。建议应提高各区域集团之间的沟通协调，在各项会议中提高各集团的代表性和秘书处的支持力度。

2.《加强 21 世纪的全球贸易和投资体系报告》改革建议

（1）通过将某些进展的特定承诺组合起来，在 WTO 框架内以诸边协定的形式达成。

（2）优化诸边协定以挽救谈判功能。建议建立一个诸边协定发展委员会或工作组，该机构负责研究各种不同的诸边协定的建议和规则，例如诸边协定的收益应当在最惠国待遇基础上提供给所有 WTO 成员（无条件的诸边协定）或诸边协定的收益仅仅提供给协定的签署方（非最惠国待遇的有条件的诸边协定）。除了程序规则以外，该委员会也应寻求一个合适的方法和机制来满足特定的市场准入需求，同时特别关注这些协定对非参加方的潜在影响。

（3）加强秘书处的作用。首先，数据管理应更加系统化。鉴于秘书处收集各成员通报和贸易政策审议的经验，WTO 应当作为规则事宜的枢纽，在数据管理和审议上投入更多的资源；其次，应更好地发挥内部机构专长，允许主席们设立临时工作组，由秘书处或者联合成员代表主持，更加系统地任命 WTO 职员。

（4）改进 WTO 的领导力和协调力。建议 WTO 委员会主席应以三年为一个任期，秘书处官员应给予主席更多的支持。秘书处可以增设一个新的部门来负责委员会的相关工作，或整合现有力量。另外建议设立一个正式的主席常设机构，确保主席之间的信息交流，加强各委员会主席和 WTO 总干事之间的信息交流。

（5）改进交流和审议的质量。建议邀请一些专家参与内部的审议会议，以确保相关信息的充分性，同时积极鼓励与其他国际组织合作。另外，应创造一个非正式会议环境，增强参与方之间的理解和信任。如果有必要可以召开临时性的头脑风暴会议或组建起草工作组，听取外部专家和调解人员的建议。

（6）更多引入国内决策者。建议委员会更多引入国内决策者参与，吸引各成员首都的官员和议会成员参与，并扩大其在特定委员会的参与。

（7）搭建与公众之间的桥梁。公众的支持对体制的合法性十分重要。建议吸引更多公众参与，包括更多的现场直播委员会的特定会议，如果会议在日内瓦以外的地方举办，则组织公开辩论，就正在进行的工作鼓励公众的互动和反馈，鼓励经过认证的商业和非政府代表向委员会提交书面意见。

（8）创办商业论坛。建议在部长会议期间举行一个正式的商业论坛，以便为决策者提供实质性意见，该论坛可以按照 G20 会议期间的 B20 模式，听取商业领袖和商业团体的建议并做出相关承诺。

（9）创立商业咨询委员会。可以考虑建立商业咨询委员会，就广泛的议题为 WTO 秘书处和成员提供咨询意见，更好地体现商业团体的利益。

（三）WTO 争端解决机制改革研究

WTO 前总干事雷纳托·鲁杰罗曾经表示争端解决机制是 WTO 稳定国际经济的最独特贡献，但这并不意味着争端解决机制是完美的。本部分通过借鉴萨瑟兰编著的《WTO 的未来》报告[①]，结合其他学者的研究，对争端解决机制的改革建议进行梳理。总体而言，学界认可争端解决机制是 WTO 的成功之处，各成员政府和非政府观察机构表达了若干观点来说明争端解决体系总体是令人满意的，并没有强烈的政治动机来变革该体系。现有对争端解决机制改革的建议基本不涉及体制性的变革，而只是对现有程序进行优化。

（1）一些观点建议为争端案件中的特定成员在完整的争端解决程序之后提

① WTO 总干事顾问委员会．WTO 的未来［M］．北京：中国商务出版社，2005．

供"民主投票"等方式来撤销或改变最终报告中的某些意见。但如果这样操作，将会使争端解决程序失去信用，并且也会使 GATT 时期的一些重要问题卷土重来，例如为败诉方提供拒绝接受报告意见的机会。基于以上考量，这一类的改革观点并不适合纳入改革的考虑范畴。

（2）关于 WTO 应如何处理民间团体和非政府实体的参与，其中有两个问题非常重要，即争端解决机制如何处理透明度和所谓的"法庭之友"意见书（或者类似的对具体争端解决程序递交的观点）。

首先，透明度是整个争端解决机制需要面对和处理的挑战。Hecht（2000）对提高透明度提出了两个目标：一是使感兴趣的团体和个人更好地跟踪和理解 WTO 体系乃至争端解决机制的运作；二是在可行的基础上投入更多资源来帮助各方恰当地理解 WTO 协议的范畴和应用。《WTO 的未来》报告认为当前争端解决程序的保密程度可能损害 WTO 的公正性，认为专家组审议和上诉机构审议总体都应对公众开放（Shirzad，2000[①]；萨瑟兰，2005）。但这项提议很可能被专家组（上诉机构）或争端方反驳，声称有"有力和充分的理由"说明为何将公众排除在大多数审议之外，例如出于保护商业机密的需求。但无论如何，应增强争端解决程序的透明度，来强化公众对争端解决机制的积极印象。

其次，关于"法庭之友"意见书，《WTO 的未来》报告总体赞同现有程序，应对合理递交的意见书给予考虑，并强调在实际操作中应公平合理地处理法庭之友递交的材料。

（3）关于专家组的选举，Hecht（2000）认为如果当前的体系存在缺陷，那么为何各成员都积极参与专家组选举？究其原因是各成员多少都对专家组的构成负有一定责任，因此不会倾向于批评特定的专家组成员在审理案件时的能力不足，而是转向批评选举流程，建议专家组应采取与上诉机构类似的方式建立固定团队。[②]Kingery（2000）讨论了何种方式的固定团队组成可以提升专家组的工作效率、连贯性和透明度。[③]《WTO 的未来》报告也建议设立一个专家组名单，这个名单不需要纳入专家组的所有成员，但可以设定任命比例。比如在案

① Shirzad F. The WTO dispute Settlement System: Prospects for Reform [J]. Law and Policy in International Business，2000，31（3）：769－772.

② Hecht J C.Operation of WTO Dispute Settlement Panels: Assessing Proposals for Reform [J]. Law and Policy in International Business，2000，31（3）：657－663.

③ Kingery J.Commentary: Operation of Dispute Settlement Panels [J]. Law and Policy in International Business，2000，31（3）：665－673.

件数量高峰期，每个专家组应至少包含一名来自名单中的人员。这种安排的主要优点是相较于临时组织人员，固定团队构成可以使专家组有更好的表现，但存在的问题是固定团队构成是否有内在问题，比如专家组成员在意识形态上有倾向性，以及在实践中应具体安排固定团队的哪些人员参加案件审理。针对第一个问题，Hecht（2000）认为尽管固定团队模式会引起部分专家组成员个人偏向特定成员的问题，但这种模式中专家组成员会更多地从意识上认为自己是专业的贸易官员，规避个人倾向的问题。对于第二个问题，《WTO 的未来》报告认为常规的民主程序也许并不能选出最胜任的人员，因此需要考虑组建一个由专家组成的具有政治独立性的机构，来评估符合标准的候选人名单。该机构可以和争端解决机构合作确定专家组名单。

（4）《WTO 的未来》报告还提出了其他担忧，例如上诉机构对专家组案件“发回”的情况。这其中的一个明显问题是专家组是为当时案件临时召集的，当专家组递交报告后通常就解散了，这表明缺少存在的实体能够使案件的“发回”程序运作下去。另外有一些针对上诉机构的改革建议。例如当案件数量较多时，上诉机构是否应扩大成员数量，对此可以在后续的改革中引入一些灵活性。

（四）WTO 特殊与差别待遇改革研究

特殊与差别待遇原则是 WTO 为了帮助发展中成员的经济发展，针对发展中成员做出的特别优惠安排。但是特殊与差别待遇原则在实施过程中遇到了很多问题，比如哪些成员可以适用于特殊与差别待遇，发展中成员的“毕业”问题等。国内学者的研究基本上是站在本国和发展中国家立场上。姜作利（2015）从发展中国家的角度提出了以下几点建议：一是利用一切机会大力宣传相关支持特殊与差别待遇的法理思想；二是尽快督促发达国家做出让步，签署《特殊与差别待遇框架协定》以及建立特殊与差别待遇监督机制；三是在多哈回合谈判中积极修改完善特殊与差别待遇规定；四是敢于在 WTO 争端解决实践中援引相关特殊与差别待遇规定；五是发展中国家成员应该通过联盟的方式合力与发达国家成员抗争。[①]李静（2010）指出，中国在现阶段的多哈回合谈判中应一如既往地坚持发展中国家身份，积极推动特殊与差别待遇条款的硬化与发展。[②]

国外学者的研究较为丰富。首先，在特殊与差别待遇的适用上，20 世纪 70

① 姜作利．试析 WTO 特殊差别待遇规则“硬化”的合理性——发展中国家的视角［J］．山东师范大学学报（人文社会科学版），2015（4）：68－79．

② 李静．多边贸易体制下特殊与差别待遇研究［D］．大连：大连海事大学，2010．

年代就有学者主张将特殊与差别待遇的适用范围限定在最不发达国家（LDC）。其他学者认为应重新谈判成员分组，也就是成员将不能自主决定自身是否属于发展中成员。Hoekman 等（2003）提出了“LDC+”分组，由最小和最贫穷的发展中成员组成，认为这些才是真正需要特殊与差别待遇的成员。①Prowse（2002）提出了类似的建议，认为应对成员履行 WTO 协定的能力和成本进行评估，对于能力较差的成员可提供免除履约义务的一个期限。②然而 Keck 和 Low（2004）批评了这些建议，认为这些建议都强调建立新的国家分组，而这是不现实的；他们赞同 OECD 的做法，通过分析一国的经济社会因素确定其适用于哪个单一的特殊与差别待遇条款，并通过分析服务领域考虑发展中国家的异质性。③

其次，在发展中国家“毕业”的问题上，Keck 和 Low（2004）认为不能采取双重标准，使一个自称为发展中国家的成员一下子就被评为发达国家的毕业生，这一过程应该循序渐进。Kishore（2014）认为，“毕业”机制同样减少了对发展中国家的优惠待遇，因为对其产品竞争力的评价标准是由给惠国定义的，具有主观性；事实上运用指标来确定发展中国家的专业化及发展水平会引发它们之间产生歧视，因为它们专攻不同领域且处于不同的发展水平；他认为发达国家应采取更统一的方法来建立客观、透明的“毕业”标准，而且如果持续对发展中国家的同类产品给予优惠，这对不再从这类产品中获益的发展中国家是不公平的，因此某些发展中国家认为“产品毕业”和“国家毕业”的原则侵犯了非歧视和非互惠的基本原则；发展中国家希望加强特殊与差别待遇在 WTO 各项协定中的应用，但是令其失望的是特殊与差别待遇并未帮助它们进入外国市场，也未使出口结构多样化；最后作者还强调了灵活性，认为特殊与差别待遇不应是提供给所有发展中国家的一种迟钝或机械的条款，发展中国家应承担的 WTO 义务应基于对其所能承受的成本和行政能力的灵活考虑④。

最后，基于对 WTO 决策机制、多边谈判功能、争端解决机制以及特殊与差别待遇改革的讨论，《加强 21 世纪的全球贸易和投资体系报告》（2016）对 WTO

---

① Hoekman B, Martin W. The New International Trade Agenda and the WTO: Introduction [J]. Review of International Economics，2003（9）：189－191.

② Prowse S. The Role of International and National Agencies in Trade–related Capacity Building [J]. World Economy，2002，25（9）：1235–1261.

③ Keck, Alexander, P Low. Special and Differential Treatment in the WTO: Why，When and How? [J]. WTO Staff Working Papers，2004.

④ Kishore, Pallavi.Special and Differential Treatment in the Multilateral Trading System [J]. Chinese Journal of International Law，2014，13（2）：363－394.

改革提出了系统性的建议，认为 WTO 应采取渐进式的改革路径，从三个方面推进改革，即重振 WTO 谈判功能；提升该组织内部各委员会的作用和潜力，特别是在设定议程和为制定规则做准备方面；以及加强商业部门的参与。

第二节 WTO 改革的特殊背景

由于彼时 WTO 并未遭受深层次的生存危机，除多边谈判机制之外，WTO 的其他功能包括争端解决机制和贸易政策审议等仍然维持良好的运转，WTO 主要成员缺乏改革 WTO 的强烈政治意愿，因此以往的 WTO 改革研究及建议并未转化为 WTO 的正式议程，WTO 仅是以循序渐进的方式在不断改进和完善。但本轮关于 WTO 改革的讨论有着显著不同的背景，主要表现在美国颠覆其在多边贸易体制中的角色和定位，强烈质疑 WTO 的有效性以及对于美国的不公平性，以及通过实施“232 进口限制措施”和对华“301 措施”、阻挠上诉机构法官任命等单边主义方式，故意破坏 WTO 体制的权威性。对此，其他 WTO 成员积极回应，由此拉开了新一轮 WTO 改革的序幕。2018 年以来，美国、欧盟、日本、加拿大等成员已就 WTO 改革问题先后发表了书面意见，提出了各自的主张和建议。中国也发表了针对 WTO 改革的有关文件和主张，并积极与有关成员进行沟通和协调立场。2019 年 G20 领导人的大阪峰会已同意启动 WTO 改革，就 WTO 改革的必要性和紧迫性形成广泛共识。但从目前的进展来看，主要成员就 WTO 改革的基本原则、关键议题和方向路径的立场和观点虽有一致，但更多的是分歧，WTO 改革仍然充满了矛盾和阻力。

截至 2020 年 1 月，美欧日共发表七次三方联合声明，就产业补贴、国有企业、技术转让等规则领域发表看法，并就数字贸易与电子商务、外国投资审查机制、政府支持出口信贷等方面发表声明；同时美欧日联合其他成员分别于 2018 年 11 月和 2019 年 3 月在 WTO 货物贸易理事会上提交了关于增强 WTO 透明度和通报义务的两份提案。①美国在 2019 年和 2020 年的贸易政策议程中分别就

① General Council. Council for Trade in Goods, Procedures to Enhance Transparency and Strengthen Notification Requirements under WTO Agreements: Communication from Argentina, Costa Rica, the European Union, Japan, and the United States, JOB/GC/204(JOB/CTG/14), 1 November 2018; General Council/Council for Trade in Goods, Procedures to Enhance Transparency and Strengthen Notification Requirements under WTO Agreements: Communication from Argentina, Australia, Canada, Costa Rica, the European Union, Japan, New Zealand, the Separate Customs Territory of Taiwan, Penghu, Kinmen and Matsu, and the United States, JOB/GC/204/Rev.1 (JOB/CTG/14/Rev.1), 1 April 2019.

WTO 争端解决机制、非市场经济、发展中成员地位、通报与透明度和强制性技术转让议题发表看法。[①]欧盟分别发布了两份 WTO 改革文件，分别是欧盟委员会于 2018 年 9 月公布的关于 WTO 现代化的概念性文件和欧洲议会于 2018 年 11 月通过的关于“WTO：未来之路”的决议。[②]加拿大于 2018 年 8 月形成了《WTO 的强化与现代化》讨论文件；并于 2018 年 10 月 24 日至 25 日邀请除中国和美国之外的 12 国及欧盟在加拿大首都渥太华举行了关于 WTO 改革的会议，共同发布了关于 WTO 改革的联合公报。中国共发布了两份 WTO 改革文件，分别是 2018 年 11 月发布的《关于 WTO 改革的立场》以及 2019 年 5 月向 WTO 总理事会提交的《关于 WTO 改革的建议》；[③]同时中国和欧盟成立了副部级的 WTO 改革双边工作小组，于 2018 年 11 月向 WTO 总理事会提交了关于争端解决机制上诉机构改革的两份联合提案，获得印度、加拿大等其他成员联署。[④]美国于 2019 年 2 月向 WTO 总理事会提交了关于发展中成员特殊与差别待遇的两份提案。[⑤]与此同时中国联合印度、南非等发展中成员，于 2019 年 2 月向 WTO 总理事会提交了关于发展中成员特殊与差别待遇的提案；[⑥]随后挪威也于 2019 年 4 月向 WTO

---

① 2019 Trade Policy Agenda and 2018 Annual Report of the President of the United States on the Trade Agreements Program; 2020 Trade Policy Agenda and 2019 Annual Report of the President of the United States on the Trade Agreements Program.

② European Parliament. European Parliament Resolution of 29 November 2018 on WTO: The Way Forward (2018/2084(INI)).

③ General Council. China's Proposal on WTO Reform: Communication from China. WT/GC/W/773, 13 May 2019.

④ General Council. Communication from the European Union, China, Canada, India, Norway, New Zealand, Switzerland, Australia, Republic of Korea, Iceland, Singapore, Mexico, Costa Rica and Montenegro to the General Council. WT/GC/W/752/Rev.2, 11 December 2018; General Council. Communication from the European Union, China, India and Montenegro to the General Council. WT/GC/W/753/Rev.1, 11 December 2018.

⑤ General Council. An Undifferentiated WTO: Self-declared Development Status Risks Institutional Irrelevance: Communication from the United States. WT/GC/W/757/Rev.1, 14 February 2019; General Council. Procedures to Strengthen the Negotiating Function of the WTO. WT/GC/W/764, 15 February 2019.

⑥ General Council. The Continued Relevance of Special and Differential Treatment in Favour of Developing Members to Promote Development and Ensure Inclusiveness: Communication from China, India, South Africa, the Bolivarian Republic of Venezuela, Lao People' s Democratic Republic, Plurinational State of Bolivia, Kenya and Cuba. WT/GC/W/765/Rev.1, 26 February 2019.

总理事会提交了关于特殊与差别待遇的提案。①

除上述 WTO 成员的官方提案，学界也纷纷就 WTO 改革展开讨论。较为代表性的研究有德国贝塔斯曼基金会“全球贸易治理高级专家委员会”于 2018 年 7 月发布的《重振 WTO 的多边治理》报告。该报告基于当前不断变化的全球经济环境，分析了 WTO 作为多边贸易合作机制面临的三大挑战：一是如何妥善处理贸易冲突根源，包括数字经济贸易等新领域；二是如何有效应对各成员的经济发展差异问题；三是如何提高 WTO 运行机制的灵活性和效率。对此，报告提出了六大政策建议：第一，积极开展贸易政策对话；第二，增强 WTO 各机构的实质性审议功能；第三，维护开放的诸边主义；第四，加强 WTO 秘书处的工作职能；第五，审查 WTO 的组织效率，建立组织评价机制；第六，改进 WTO 的外联与沟通战略。②

美国国会研究服务部（Congressional Research Service）作为独立的研究机构，于 2018 年 11 月发布了《WTO：概述和未来方向》研究报告，对 WTO 的发展历程和多边贸易协定的概况进行了回顾，讨论了当前 WTO 涉及的政策议题，包括诸边谈判和区域贸易协定、服务贸易、国有企业、投资、劳工和环境等谈判议题，协商一致和“一揽子协定”谈判机制，透明度和通报义务，发展中成员特殊与差别待遇，争端解决机制等；并讨论了 WTO 的未来。③

综合上述 WTO 成员及学界提出的 WTO 改革方案，主要分为几个方面：一是在争端解决机制方面，建议尽快修改相关协定，打破上诉机构遴选僵局并寻求替代性方案，确保 WTO 争端解决功能的正常运转；二是在谈判机制方面，主张增加谈判机制的灵活性，打破多边规则谈判僵局；三是在实体规则方面，提出制定贸易新规则，强化贸易公平，消除贸易和投资壁垒；四是在纪律约束方面，强调更好地发挥 WTO 的审查和监督功能，加强对 WTO 成员履行透明度和通报义务的约束；五是在特殊与差别待遇方面，就发展中成员身份的“自我认定”及相关的特殊与差别待遇展开讨论。

① General Council. Pursuing the Development Dimension in WTO Rule-Making Efforts: Communication from Norway, WT/GC/W/770, 26 April 2019.

② Revitalizing Multilateral Governance at the World Trade Organization. Policy Brief Based on the Report of the High-level Board of Experts on the Future of Global Trade Governance. Bertelsmann Stiftung, 2018.

③ Cathleen D Cimino-Isaacs, Rachel F Fefer, Ian F Fergusson. World Trade Organization: Overview and Future Direction. Congressional Research Service, November 29, 2018.

第三节　WTO 改革的重点领域

一、WTO 争端解决机制改革

WTO 争端解决机制危机的演化可以划分为三个阶段：第一阶段始于美国一再阻挠上诉机构成员遴选，致使上诉机构面临瘫痪危机；第二阶段为其他 WTO 成员积极回应美国关切，试图化解上诉机构危机；第三阶段为上诉机构实质性瘫痪后其他成员开始寻求替代性方案。

自 2017 年美国特朗普政府上台以来，在上诉机构成员任期陆续到期的情况下，美国以上诉机构存在的一系列法律和程序性问题为由，拒绝上诉机构成员的遴选。在《2018 年贸易政策议程和 2017 年年度报告》中，美国声称上诉机构存在多方面的问题，包括无视上诉程序不能超过 90 天的规定、已卸任的上诉机构成员仍然参与案件审理、裁决执行的必须性侵犯美国主权、裁决结果不公正等，认为 WTO 对美国不公平，需要进行大幅改革。此后，美国刻意绕开争端解决机制，摒弃 WTO 基本原则，以其国内法为依据采取单边制裁措施，单方面挑起大规模贸易摩擦，破坏多边贸易体制。

对于美国不愿 WTO 维持一个强有力的争端解决机制，一再阻挠上诉机构成员遴选，为 WTO 带来迫在眉睫的体制性风险，其他 WTO 成员不断寻求共识，试图化解上诉机构危机，加强争端解决机制的有效性和效率。欧盟主张分两步化解争端解决机制面临的危机。第一阶段，旨在打破上诉机构遴选僵局，目标是提升程序有效性，创造更好的条件改善上诉机构与 WTO 成员的互动，同时加强上诉机构独立性；第二阶段，旨在处理 WTO 规则适用方面的实质性问题。加拿大提出为缓解当前争端解决机制不堪重负的情况，可以考虑采用调解或其他方式解决某些争端，甚至将某些类型的争端正式排除在裁决程序的管辖范围之外；同时可以简化裁决程序，包括针对特定类型的争议制定替代程序、针对现有程序具体特征的补充程序以及专家组与上诉机构之间更多互动的机制（即发回重审）；针对上诉机构成员的任命僵局，需要解决有关上诉机构的运作问题，寻求成员间关于上诉机构条款解释和程序性实践问题的解决方案。中国表示争端解决机制是 WTO 得以运转的核心所在，因此需要优先打破上诉机构成员遴选僵局，各成员应积极展开实质性讨论，维护和加强上诉机构的独立性和公正性，尽快启动上诉机构遴选程序。

基于上述维护 WTO 争端解决机制有效性和权威性的普遍共识，WTO 成员联合发布了多份改革提案，其中最具代表性的是 2018 年 11 月中国和欧盟联合其他成员向 WTO 提交的关于上诉机构改革的两份联合提案。中欧第一份联合提案回应了美国对上诉机构提出的程序性关注，提出了适当的解决方案，具体包括：首先，建议修订《关于争端解决规则与程序的谅解》(DSU)，为即将离任的上诉机构成员制定过渡规则，规定离任上诉机构成员应当完成在其任期内已举行听证会的未决上诉案件的审理；其次，建议修订 DSU 第 17.5 条，提供争端方同意超过 90 天审理期限的可能性，上诉机构如预估报告将在 90 天期限后发布，则需要在上诉审理程序初期（或在上诉前）与争端方磋商，如果争端方未能就延期达成一致，则可在个案中调整上诉程序或工作安排，保证在 90 天期限内完成；第三，在"国内法的含义属事实问题"上，建议澄清 DSU 第 17.6 条规定的"上诉应限于专家组报告中涉及的法律问题及由该专家组所做的法律解释"，包括涉案措施在 WTO 协定下的法律定性和专家组根据 DSU 第 11 条进行的客观评估，但不包括国内措施的含义本身。第四，关于与解决争端无关的裁决，建议澄清 DSU 第 17.12 条，增加上诉机构裁决应"在为解决争端所必需之限度内"这一限定。第五，关于上诉机构将其裁决作为先例，要求专家组在没有"令人信服的理由"时也必须遵守这一问题。第六，建议新增 DSU 第 17.15 条，规定上诉机构与 WTO 成员每年举行一次会议，任何成员均可在会上表达其对已通过的上诉机构裁决的看法，从而使上诉机构与 WTO 成员之间进行更加充分的交流。

中欧第二份联合提案主要是加强上诉机构的独立性，提高上诉机构提交报告的效率和能力，以及自动启动上诉机构遴选程序等，具体包括：第一，建议为上诉机构成员规定 6～8 年的单一、更长的任期，但不得连任；第二，除了关于 90 天问题的建议之外，为改善上诉机构的效率，使其能够遵守时限要求，建议将目前的官员人数从 7 人增加至 9 人，将岗位设定为全职工作（注：目前可兼职）以支持上诉；第三，为保障离任上诉机构成员和新上诉机构成员的有序过渡，离任上诉机构成员应当继续履行职责，直到其职位得到填补，但不得超过其任期届满后 2 年；第四，建议澄清争端解决机制应在不迟于离任上诉机构成员任期届满前一定期限内（例如 6 个月）自动启动遴选程序。两份联合提案共获得了中国、欧盟、加拿大、印度、挪威、新西兰、瑞士、澳大利亚、韩国、冰岛、新加坡、墨西哥等成员的联署，包括争端解决机制的主要使用方，涵盖了发达成员和发展中成员，具有一定的广泛性和代表性。

随后，其他成员也联合或单独向 WTO 提交了关于争端解决机制改革的提案，包括澳大利亚、新加坡、哥斯达黎加、加拿大和瑞士的联合提案①，洪都拉斯的 4 份提案②，巴西、巴拉圭和乌拉圭的联合提案③，中国台湾的 1 份提案④，日本、澳大利亚和智利的联合提案⑤和泰国的 1 份提案⑥等，分别针对上诉机构的法律和程序性问题发表了不同看法。2019 年 8 月 2 日，114 个成员提交了启动上诉机构成员遴选提案，2019 年 9 月 18 日泰国和马来西亚加入，116 个成员再次联名上交提案。116 个签署成员中除了绝大部分为发展中国家以外，也包括部分发达成员如加拿大、澳大利亚、新西兰等，但不包含欧盟和日本。自此，关于上诉机构改革的问题在 WTO 成员间得到了广泛讨论。

然而，针对其他 WTO 成员挽救上诉机构的努力，美国却未做出积极回应。而是在 2020 年 2 月 10 日发布的《WTO 上诉机构报告》中再次强调了其对上诉机构的不满，提出了多个体制性问题。该报告共分为三个部分，第一部分回顾了争端解决机制的谈判历史，特别指出争端解决机制不应增加或减少成员的权利与义务，争端解决程序应快速进行，上诉机制应被有限和少量使用，以及争端解决机制应帮助解决争端而不是造法。报告第二部分详述了美国认为上诉机构越权的 8 个方面，包括多次违反 90 天发布报告的限期、上诉机构成员在任期结束后继续参与上诉裁决、越权对包括国内法在内的事实问题做出裁决、发表

① General Council. Adjudicative Bodies: Adding to or Diminishing Rights or Obligations under the WTO Agreement, Communication from Australia, Singapore, Costa Rica, Canada and Switzerland to the General Council. WT/GC/W/754/Rev.2, 11 December 2018.

② General Council. Fostering a Discussion on the Functioning of the Appellate Body: Communication from Honduras. WT/GC/W/758, 21 January 2019; General Council. Fostering a Discussion on the Functioning of the Appellate Body: Communication from Honduras. WT/GC/W/759, 21 January 2019; General Council. Fostering a Discussion on the Functioning of the Appellate Body – Addressing the Issue of Alleged Judicial Activism by the Appellate Body: Communication from Honduras. WT/GC/W/760, 29 January 2019; General Council. Fostering a Discussion on the Functioning of the Appellate Body – Addressing the Issue of Precedent: Communication from Honduras. WT/GC/W/761, 4 February 2019.

③ General Council. Guidelines for the Work of Panels and the Appellate Body: Communication from Brazil, Paraguay and Uruguay. WT/GC/W/767/Rev.1, 25 April 2019.

④ General Council. Guideline Development Discussion: Communication from the Separate Customs Territory of Taiwan, Penghu, Kinmen and Matsu to the General Council. WT/GC/W/763/Rev.1, 8 April 2019.

⑤ General Council. Informal Process on Matters Related to the Functioning of the Appellate Body: Communication from Japan, Australia and Chile. WT/GC/W/768/Rev.1, 26 April 2019.

⑥ General Council. General Council Decision on the Dispute Settlement System of the WTO: Communication from Thailand. WT/GC/W/769, 26 April 2019.

与解决争端无关的咨询性意见、坚持要求专家组将上诉机构的解释作为具有约束力的先例、未能对于在专家组成立后失效的措施提出使该争议措施符合 WTO 协定的建议、上诉机构越权对其他 WTO 机构（包括 WTO 部长级会议、总理事会和争端解决机构）职权范围内的事务发表意见。报告第三部分详细列举了美国认为上诉机构对 WTO 协定中实体规则予以解释的六个方面的错误，包括反补贴中的公共机构定义、《技术性贸易壁垒协议》中的非歧视义务、反倾销中的归零法、反补贴中的外部基准、保障措施中的不可预见的发展和归因分析、反倾销和反补贴合并调查中的双重救济。

面对美国持续的强硬立场，在推动解决上诉机构危机基本无望的情况下，欧盟等 WTO 成员开始同步寻求替代性方案。2019 年 10 月 22 日，欧盟分别与加拿大和挪威向 WTO 提交了利用 DSU 第 25 条设立临时上诉仲裁机制的提案，建议在上诉机构成员少于法定审理案件人数的情况下，可以启动仲裁机制解决上诉问题①。2020 年 1 月 24 日，欧盟、中国与其他 15 个 WTO 成员②在达沃斯经济论坛期间发表联合声明，各方同意将基于 DSU 第 25 条设立一个多方临时上诉仲裁安排，各方将积极推进此项工作，并将该安排向所有有意加入的 WTO 成员开放③。随后在 2020 年 3 月 27 日，欧盟发布《基于 DSU 第 25 条的多方临时上诉仲裁安排》（简称“上诉仲裁安排”），共包括正文和两个附件，正文部分除序言外有 15 个条款，附件 1 是根据 DSU 第 25 条达成的上诉仲裁程序，附件 2 是关于仲裁员的选任规则④。

由欧盟、中国等 WTO 成员设立的多方临时上诉仲裁安排呈现以下特点⑤：首先，“上诉仲裁安排”是在现有 WTO 框架下的临时性和替代性方案，是在上

① Statement on a Mechanism for Developing, Documenting and Sharing Practices and Procedures in the Conduct of WTO Disputes, JOB/DSB/1/Add.11/Rev.1, 22 October 2019; Statement on a Mechanism for Developing, Documenting and Sharing Practices and Procedures in the Conduct of WTO Disputes, JOB/DSB/1/Add.11/Suppl.1, 21 October 2019.

② 15 个成员包括澳大利亚、巴西、加拿大、智利、哥伦比亚、哥斯达黎加、危地马拉、韩国、墨西哥、新西兰、挪威、巴拿马、新加坡、瑞士、乌拉圭。

③ Statement by Ministers, Davos, Switzerland, https://trade.ec.europa.eu/doclib/docs/2020/january/tradoc_158596.pdf.

④ Multi-Party Interim Appeal Arbitration Arrangement Pursuant to Article 25 of the DSU, https://ec.europa.eu/commission/presscorner/detail/en/ip_20_538.

⑤ 管健. WTO 改革综述之一：上诉机构［EB/OL］. 国际贸易法评论，https://mp.weixin.qq.com/s/yA2wdl83X6rrs1cKHFl6EQ.

诉机构停摆期间由多个 WTO 成员参与的诸边协定模式，并向其他成员开放。凡是初始或随后参与的 WTO 成员在上诉机构停摆期间将不再向上诉机构提起诉讼，从而避免对专家组报告的审议可能使案件处于无限期“悬而未决”的状态。

其次，“上诉仲裁安排”对仲裁范围和期限进行了规定。正文第 1 条明确规定仅在因上诉机构成员不足导致无法审理成员间针对专家组报告的上诉时适用该安排。可以审理的案件为两个或两个以上参与成员之间的未来争端，包括原审也包括执行之诉，包括未来新发生的案件也包括在该安排正式向 WTO 通报之日尚未审结的案件，但不包括在该安排正式向 WTO 通报之日已经发布中期报告的案件。这一范围的限定，可能会导致某些已经在专家组阶段审理完结或已经进入上诉程序的案件，无限期地中止在某个环节。

再次，“上诉仲裁安排”的部分条款凝聚了先前各方在挽救上诉机构过程中所做出的努力，并在一定程度上回应了美国针对上诉机构的指责。例如，在正文的序言部分强调不得增加或减少成员的权利和义务。再例如，仲裁员需在提交上诉通报之日起 90 天内做出裁决，为实现这一目的，仲裁员可以采取适当的措施，包括限制书面陈述页数、时限和截止期以及必需的听证会次数和时长。如有必要，仲裁员也可以向争端方提出实质性建议，例如排除缺少依据 DSU 第 11 条对事实做出客观评估的主张。但“按照仲裁员的建议，当事方可同意延长推迟 90 天时限做出裁决”。因此，除非仲裁员建议，原则上临时上诉仲裁过程应在 90 天内完成。此外，上诉仲裁仅限于专家组报告中的法律问题和专家组的法律解释，仲裁员仅对解决争端所必须的问题做出裁决。这些在一定程度上回应了美国对上诉机构的不满，也可能代表了未来上诉机构改革的方向。

最后，该安排对仲裁员的选任进行了规定。仲裁员库由 10 名常设成员组成。每一参与成员可于该安排正式向 WTO 通报之日起 30 天内提名一个候选人，而后由预选委员会在提名结束后 1 个月内进行预选。预选委员会由 WTO 总干事、争端解决机构主席、以及货物、服务、知识产权理事会主席和总理事会主席组成。现任和前任上诉机构成员无须经过预选。参与成员将以一致同意的方式，努力在该安排正式向 WTO 通报之日起 3 个月内组成仲裁员库。仲裁员库的组成可在任何时间由全体参与成员同意而加以调整。若上诉机构持续停摆，各参与成员将于该安排正式向 WTO 通报之日起两年后对仲裁员库进行部分重选。在个案中，仲裁员的选任将依据 DSU 第 17.1 条和上诉审查工作程序规则第 6.2 条，在每例案件中选派 3 名仲裁员。并且，经争端一方的请求，可以在个案中排除非参与成员国籍的仲裁员，另外拥有同一参与成员国籍的两个仲裁员不能参与同一案件。

2020 年 4 月 30 日，中国、欧盟和其他 17 个 WTO 成员正式向 WTO 提交通知，该临时上诉仲裁机制即日起生效。目前的参加成员包括中国、欧盟、澳大利亚、巴西、加拿大、智利、哥伦比亚、哥斯达黎加、危地马拉、中国香港、冰岛、墨西哥、新西兰、挪威、巴基斯坦、新加坡、瑞士、乌克兰和乌拉圭。但像日本、印度、俄罗斯此类较为重要的 WTO 成员还未参与，可见 WTO 成员对于这一诸边性质的临时上诉仲裁安排仍存有分歧或疑虑。但鉴于美国当前对 WTO 争端解决机制的强硬态度，短期内改变上诉机构停摆的困境不太现实，该临时性安排仍然是未来一段时期 WTO 成员寻求上诉机构替代性方案的主要选择。

二、WTO 多边谈判机制改革

不少 WTO 成员认为多哈回合停滞的主要原因是 WTO 僵化的“协商一致”原则。欧盟、加拿大等成员认为这一原则导致了 WTO 多边谈判功能的瘫痪，主张以部分成员参与的“诸边谈判”方式来打破受制于“协商一致”原则的多边谈判僵局。具体而言，欧盟认为一方面应在可能的领域继续维持全面多边谈判并取得成果的支持；另一方面，在无法获得多边协商一致的领域，积极支持和推进诸边谈判，谈判对所有成员开放且结果在最惠国基础上适用。对此，欧盟建议探索修正《WTO 协定》的可行性，以增设新的附件 4b 来包含在最惠国基础上实施的诸边协定；并且应加强秘书处在支持各谈判进程及实施和监督职能方面的作用。欧盟的这一立场得到加拿大的回应，在加拿大的《WTO 的强化与现代化》讨论文件中，提出促进规则现代化的多种方式，其中包括欧盟所提到的结果在最惠国基础上适用的“开放式”诸边协定，以及结果仅适用于缔约方的“封闭式”诸边协定。此外，由加拿大、欧盟等 13 个 WTO 成员共同发布的《渥太华联合公报》明确指出“解决现代经济和贸易问题，完成悬而未决的未竟工作是确保 WTO 重要性的关键，这就需要采取灵活和开放的谈判方法来取得多边成果”。

对此，中国在 WTO 改革的“三项原则和五项主张”中有两点相关表述：一是 WTO 改革“应该遵循协商一致的决策机制……改革的议题和最终结果应该通过协商一致做出决策，改革的进程应该保证广大成员特别是发展中成员的共同的参与，而不要出现由少数成员说了算，也不要搞‘小圈子’”；二是 WTO 改革“应该维护多边贸易体制在全球贸易自由化、便利化进程中的主渠道地位，不能够以所谓的新概念、新表述混淆并否定多边贸易体制的权威性，不能‘另起炉灶’”。与欧盟、加拿大等成员的观点相比，中国更加强调“协商一致”原则的重要性，其最大的优点是通过谈判与协商的方式，使各成员都参与谈判，从而平衡发达成员和发展中成员的权利和义务，如果放弃这一原则，就相当于放弃了 WTO“成员驱动”的核心要义，难以保障各成员的民主参与。

三、WTO 实体规则改革

关于 WTO 多边规则改革的讨论主要分为两个方面：一是在规则更新方面，各成员对数字经济、电子商务、投资便利化等新议题表示关注，主张制定新的规则来解决全球价值链下的服务和投资障碍；二是在规则强化方面，美欧日加等发达成员对市场导向和公平竞争议题表示关注，主张强化现有规则以更好地约束产业补贴、国有企业和技术转让问题。而中国则对农业和渔业补贴、贸易救济等议题的规则完善提出了关注。

（一）关于电子商务等新议题的规则更新

WTO 成员普遍认为 WTO 规则需要与时俱进，对当前时代发展做出有力回应，主张在数字经济、电子商务、投资便利化等新领域对 WTO 规则进行更新。2017 年 12 月，WTO 第十一届部长级会议形成了推动电子商务议题讨论的决定，可以视作为在电子商务领域推动规则谈判的突破性进展。2019 年 1 月 25 日，在瑞士达沃斯举行的电子商务非正式部长级会议上，中国、美国、欧盟、日本、俄罗斯、巴西等 76 个 WTO 成员共同签署了《关于电子商务的联合声明》，确认有意在 WTO 现有协定和框架基础上正式启动与贸易有关的电子商务议题谈判。随后各方提交了数十份提案，涵盖电子商务的定义、基本原则、便利化措施、消费者权益维护、跨境数据流动、数据本地化、计算机设施本地化、源代码保护、网络安全等广泛议题。

美国主张需要推动市场开放，促进数字经济的发展，针对其跨国企业在全球化运营过程中遇到的数据本地化、限制跨境数据流动、不恰当的互联网审查等壁垒，美国在谈判中重点关注数字产品的非歧视性待遇、跨境数据自由流动、禁止数字基础设施本地化、强制性技术转让等议题。2019 年 6 月 14 日，美国向 WTO 服务贸易理事会提交了一份“跨境数据流动的经济效益”报告，强调跨境数据流动对数字贸易和其他经济部门的重要作用①。欧盟认为需要制定新的规则

① Council for Trade in Services. The Economic Benefits of Cross-Border Data Flows: Communication from the United States. S/C/W/382, 17 June 2019.

并且完善现有的国际规则，解决数字贸易壁垒，重点关注电子合同、电子认证与电子签名、消费者保护、电子传输关税、转移或访问源代码、跨境数据流动、个人资料和隐私保护等议题，尤其强调个人资料和隐私应受到高标准的保护。此外欧盟认为相关谈判应涵盖电信规则，包含竞争保障、互联互通、授权许可、独立的监管机构等内容，要求电信监管机构与公共电信服务提供者分离且不对其负责，监管机构不得在任何公共电信服务提供者中拥有财务利益或管理职能。日本以 CPTPP 的电子商务章节为基准，提出政府不得限制特定网站和互联网服务，不得违反正当程序要求企业披露数据和商业秘密。在美欧日发布的联合声明中，也强调在促进数字贸易和数字经济发展方面进行合作，通过促进数字安全来改善商业环境；并推动 WTO《关于电子商务的联合声明》下的探索性工作，以加深成员对未来数字贸易协定可能涵盖的内容以及此类协定的重大经济效益的共识。此外，加拿大、新加坡、新西兰等成员也从不同角度提出推进电子商务规则的建议。

中国坚持发展导向，提出电子商务规则的谈判目标是帮助 WTO 成员尤其是发展中成员和最不发达成员融入全球价值链，弥合数字鸿沟，抓住发展机遇并从包容性贸易中获益，更好地参与经济全球化，认为应以 WTO 现有框架和协定为基础，重点讨论通过互联网推动跨境货物贸易以及改善物流、支付等相关服务，推动建立规范便利和安全可信的电子商务运营环境。具体建议包括：明确界定与贸易有关的电子商务、电子传输等相关定义的内涵和外延，明确电子商务规则和 WTO 现有规则的关系；建立规范便利的电子商务交易环境，包括便利跨境电子商务、无纸化贸易、电子签名和电子认证、电子合同以及电子传输临时免征关税等；营造安全可信的电子商务市场环境，如线上消费者权益和个人信息保护、网络安全以及透明度等问题。对于与贸易有关的数据流动问题，中国肯定该问题的重要性，但认为涉及数据流动、数据存储、数字产品处理等复杂而敏感的规则问题，各成员之间尚存较大分歧，应在将这些议题提交 WTO 谈判之前有更多的探索性讨论。此外，中国还援引了 GATT 以及 GATS 中列举的“一般例外”规定，以及对各成员的网络安全和网络空间主权的例外规定，主要涉及关于“中国防火墙”的一系列严格的法律、法规和技术，以及对中国互联网接入的人为控制等。

目前来看，主要成员对制定电子商务规则表现出较高的积极性。纵观各方的提案，各成员在电子商务的便利化以及消费者权益的维护方面规则更易达成一致，而在电子商务的定义和归类、市场准入、跨境数据流动、源代码保护等规则方面仍存在较大分歧。在谈判方式上，电子商务规则谈判以开放式诸边谈判的形式得以进行，成为当前 WTO 规则改革的重要突破，但仍有一些重要成员如印度、印度尼西亚、南非等对某些关键问题持保留立场从而尚未参与谈判。而现有参与成员的立场观点和利益诉求存在差异甚至隐含对立因素，现有谈判是否能够协调各方立场，形成可普遍接受的规则文本，使电子商务规则成为新一轮 WTO 改革的早期收获成果，是后续需要重点观察的方面。

（二）关于非市场导向议题的规则强化

美国在 WTO 改革中的首要目标指向所谓的非市场导向的市场扭曲作用，其在这方面的立场认知在相当程度上被美欧日组成的三边机制共享。在美欧日的联合声明中，密切表达了对所谓非市场导向政策和措施的关注，要求通过 WTO 改革制定更为严格的规则，以约束产业补贴、国有企业、技术转让等问题。美欧日联合声明的重点包括：

（1）美欧日三方认为有必要加快有关国有企业和产业补贴可能的新规则的讨论，包括制定有效的规则以解决国有企业扭曲市场的行为，并应对有害的补贴做法。具体而言，美欧日主张从三个方面加强国有企业规则：其一，美欧日主张需要更好地处理“公共机构”与国有企业的问题，包括更好地解决“公共机构”和国有企业扭曲市场的行为；美欧日三方一致认为，WTO 上诉机构对“公共机构”的解释削弱了 WTO 补贴规则的有效性，主张要确定一个实体是否为“公共机构”，无须证明其“拥有、行使和被授予政府职权”。其二，美欧日主张需要更好地解决未被定性为“公共机构”的实体受到国家影响的市场扭曲行为。其三，美欧日主张应对“公共机构”和国有企业施加额外的透明度义务。

同时，美欧日主张从五个方面加强产业补贴规则：其一，应扩大禁止性补贴的范围，除了 WTO《补贴与反补贴措施协议》第 3 条涵盖的出口补贴和进口替代补贴之外，应将无限担保，在无可靠重组计划的情况下对资不抵债或困难企业提供的补贴，对处于产能过剩的部门或行业、无法从独立商业来源获得长期融资或投资的企业提供的补贴，以及某些直接的债务免除列为禁止性补贴。其二，应在某些情况下允许补贴的举证责任倒置，包括过度的大额补贴，支持不具竞争力的企业并阻止其退出市场的补贴，在缺乏私营企业商业性参与的情况下创造大规模制造业产能的补贴，以及降低投入物国内价格并使之低于同类产品出口价格的补贴。如果涉及上述补贴，某 WTO 成员在请求与提供补贴的成员依据 WTO《补贴与反补贴措施协议》进行磋商时，无须证明补贴对请求磋商成员的产业造成的损害、或对其利益的丧失或减损构成严重侵害。在举证责任倒置的情况下，由提供补贴的成员证明所涉补贴不存在对贸易或产能的严重负面影响，并证明所涉补贴为公开透明。其三，对造成产能过剩的补贴进行特殊规制。WTO《补贴与反补贴措施协议》第 6.3 条列举了补贴存在严重侵害的四种情形，包括：取代或阻碍另一成员同类产品进入提供补贴成员的市场；在第三国市场中取代或阻碍另一成员同类产品的出口；与同一市场中另一成员同类产品的价格相比，补贴产品造成大幅价格削低，或在同一市场中造成大幅价格抑制、价格压低或销售损失；与以往 3 年期间的平均市场份额相比，提供补贴成员的一特定补贴初级产品或商品的世界市场份额增加，且此增加在给予补贴期间呈一贯的趋势。对此，美欧日主张将提供补贴的成员导致的产业过剩作为补贴存在严重侵害的第五种情形。其四，应强化反向通报制度。例如，对于某成员未通报的补贴，如遭到其他成员反向通报，将视同禁止性补贴，除非提供补贴的成员在规定时间内以书面形式提供所要求的信息。其五，应修改《补贴与反补贴措施协议》中关于外部基准的规定，说明可以不采用国内价格计算补贴幅度的情况，以及如何建立适当的外部基准，包括采用提供补贴成员市场以外的替代价格。

（2）美欧日讨论了第三方涉及技术转让的政策和做法，包括通过使用合资要求、外国股权限制、行政审查和许可程序或其他手段要求或迫使外国企业向国内企业转让技术，以及通过网络入侵获取商业信息和商业秘密等行为。美欧日同意加强对有害的技术转让政策和做法及其影响的调查和分析，并承诺采取有效手段制止有害的强制技术转让政策和做法，包括通过出口管制、以国家安全为目的的投资审查、各自的执法工具以及制定新规则。

（3）应着力解决导致产能过剩、形成非公平竞争环境、阻碍创新技术的发展和使用以及破坏国际贸易正常运作的第三方非市场导向的政策和实践。美欧日提出了某一企业和行业属于市场导向的七条标准，包括：① 企业对价格、成本、投入、采购和销售的决策是根据市场信号自由决定和做出的；② 企业对投资的决策是根据市场信号自由决定和做出的；③ 资本、劳动力、技术和其他因素的价格由市场决定；④ 针对或影响企业资本分配的决策是根据市场信号自由确定和做出的；⑤ 企业遵守国际认可的会计准则，包括独立会计制度；⑥ 企业受制于公司法、破产法和私有财产法；⑦ 在上述商业决定中没有显著的政府干预。美欧日讨论了目前正在采取和将来可能采取的措施，以及加强关于第三方非市场导向政策和实践的信息分享、与其他贸易伙伴合作以寻求维持市场导向条件的措施、进一步讨论解决非市场导向问题的规则执行与制定。在上述 7

条市场导向标准的基础上，美国在 2020 年 2 月向 WTO 提交的《市场导向条件对世界贸易体系的重要性》提案中，将“企业能够自由获取相关信息并以此作为其决策的基础”添加为新的市场导向标准。这是美国首次在正式文件中提出信息自由的问题，但信息的内涵和外延如何界定，如何判定信息自由或不自由，这些都尚不清楚。

虽然上述美欧日的联合声明中并未点名中国，但毫无疑问其力图在产业补贴、国有企业、技术转让等问题上对中国采取更为强硬的立场。而在这些问题上，美欧日对中国担忧、质疑、抱怨已久。2018 年 6 月 8 日，美国国会中国经济安全审查委员会（USCC）就如何应对所谓中国扭曲性经济政策举行听证，听证会的焦点几乎与美欧日联合声明中的关注相同：一是如何应对中国的“国家资本主义”，主要关注中国补贴政策和国有企业的发展；二是如何应对中国的“技术民族主义”，中国如何迫使外国企业向中国本土企业转让技术是讨论最多的话题。美国也在 2018 年 7 月提交 WTO 总理事会的文件中对中国的经济体制横加指责[①]。

对此，中国在关于 WTO 改革的建议文件中予以相关回应，提出应“坚持贸易和投资的公平竞争原则”，指出“国有企业和其他各类企业在从事商业竞争时都应该是平等竞争的市场主体”，强调“WTO 应坚持公平竞争原则，确保不同所有制企业在进行商业活动时的公平竞争环境：一是在补贴相关纪律讨论中，不能借 WTO 改革对国有企业设立特殊的、歧视性纪律；二是在外资安全审查中，实行公正监管，按照透明度和程序适当原则，对来自不同所有制类型企业的同类投资提供非歧视待遇”。

美欧日在非市场导向问题方面的改革立场与中国目前表述的 WTO 改革关键领域毫无交集，并遭到中国的严厉反对，这将是 WTO 改革进程中面临的最为敏感和棘手的议题，对中美之间以及中国与主要发达成员之间能否就 WTO 改革的方向和路径达成共识构成关键考验。

（三）关于多哈回合议题的规则完善

中国在关于 WTO 改革的建议文件中提出应继续推进多哈回合中的遗留问题，关注广大发展中成员的诉求，包括：（1）解决农业领域纪律的不公平问题。中国认为现行农业纪律存在严重的不公平、不平衡和不合理，主要体现在“综

---

① General Council. China's Trade-Disruptive Economic Model: Communication from the United States. WT/GC/W/745, 16 July 2018.

合支持量”（AMS）方面，部分发达成员享受承诺水平较高的 AMS，可以提供远高于微量允许水平的黄箱补贴，对农业生产和农产品贸易造成严重扭曲，而大多数发展中成员没有 AMS，甚至保障粮食安全所必需的收储政策也无法有效实施。对此建议应逐步削减并最终取消 AMS，并达成关于粮食安全公共储备的永久解决方案。（2）完善贸易救济领域的相关规则。中国认为当前多边贸易救济规则存在缺失和模糊，实践中误用和滥用规则的情况大量存在，基于国别和企业类别的歧视性做法日益增加，发展中成员、中小企业、公共利益未得到充分或适当考虑，由此使得贸易救济规则难以发挥其应有作用，严重干扰正常国际贸易秩序。对此建议：第一，恢复不可诉补贴并扩大范围；第二，澄清并改进反倾销价格比较相关规则，改进日落复审规则，探索反规避统一规则；第三，澄清和改进补贴认定、补贴利益确定、可获得事实等补贴和反补贴相关规则，防止反补贴措施滥用；第四，改进反倾销反补贴调查透明度和正当程序，加强效果和合规性评估；第五，给予发展中成员、中小企业和公共利益更多考虑。（3）完成渔业补贴议题的谈判。中国强调渔业补贴议题谈判是 WTO 为实现 2030 年可持续发展目标做出贡献的重要领域，应落实 WTO 第十一届部长级会议达成的决定，如期完成渔业补贴谈判，禁止某些导致过剩产能和过度捕捞的渔业补贴，并取消助长非法、未报告和无管制捕捞活动的补贴。

四、WTO 通报和透明度义务改革

透明度和通报要求是 WTO 多边协定和运行机制正常运转的基本要素，也是各 WTO 成员的基本义务。目前 WTO 成员基本分为三种立场。

一是以美欧日为代表的积极立场，要求增强 WTO 通报和透明度义务，提案既有对现有制度的改进，也有增加新的“行政措施”，即对不遵守通报义务的成员进行不同程度的惩罚。2018 年 11 月 12 日，美欧日三方向 WTO 货物贸易理事会提交了关于增强透明度和通报义务的提案，提案全文共 14 条，重点是对未履行通报义务的成员设置一系列的惩罚措施，并从强化监督和激励方面提出改善 WTO 成员遵守通报义务的建议。具体而言，美欧日建议：（1）建立相应的委员会、工作组或其他机构来评估和报告各成员在 WTO 协定下履行通报义务的情况。（2）建议 WTO 农业委员会审查和更新与农业相关的通报要求和格式，改善《农业协议》下的通报情况。（3）建议相关工作组与 WTO 秘书处合作，以更新《关于通报的技术合作手册》，并将手册提交货物贸易理事会。（4）建议贸易政策审议机构自 2019 年起确保所有政策审议中包括各成员履行通报义务的情况。

（5）鼓励成员采取反向通报形式。（6）鼓励在履行通报义务方面遇到困难的发展中成员说明情况，并要求秘书处提供能力建设的援助和支持。（7）建议对未履行通报义务的成员采取惩罚措施。如果成员未按时履行通报义务，应在一定时期内解释迟延的原因、预期通报的时间，以及为了减少透明度的迟延而提供部分通报。如果在预期通报时限截止后 1 年内仍未完整履行通报义务，也未向秘书处申请援助，或拒绝配合秘书处的工作，则可能遭受的制裁措施包括：该成员的代表不能被提名担任 WTO 机构的主席；其他成员无须回答贸易政策审议中该成员提出的问题；该成员需额外支付 WTO 会费；秘书处将每年向货物贸易理事会报告该成员的通报情况；该成员需在总理事会会议上进行特别报告。如果在预期通报时限截止后 2～3 年内仍未完整履行通报义务，则除了上述措施以外，该成员将被指定为“不积极成员”；在 WTO 所有正式会议中都必须在所有正式成员发言完毕后才能发言；在 WTO 总理事会发言时的身份为“不积极成员”。但上述惩罚措施不适用于需要援助和支持的发展中成员，并且当一成员开始履行通报义务后，相关惩罚措施将停止。（9）建议加强渔业补贴的通报。此外，欧盟在关于 WTO 现代化的概念性文件中提出要增强补贴的透明度，认为“缺乏关于成员提供补贴的全面信息是现行制度在执行过程中的最大缺点之一”。欧盟对此建议建立一个可反驳的一般推定，根据该推定，某成员未通报的补贴将被推定为可诉性补贴甚至造成严重损害的补贴，除非提供补贴成员证明其对实体的支持不构成可诉性补贴。

二是以加拿大、中国为代表的“折中”立场。加拿大在讨论文件中就改善国内措施的通报和透明度提出了一般性的建议，一方面建议对现行通报要求进行全面审议，避免其过于复杂或繁重；根据审议情况考虑更新相关要求，或者向落后成员提供激励和技术援助；另一方面鼓励其他成员的反向通报和秘书处独立收集信息。中国在建议文件中提出了加强成员通报义务履行的五点建议：一是发达成员在履行通报义务上发挥示范作用，确保通报全面、及时、准确；二是成员应提高补贴反向通报质量；三是成员应增加经验交流；四是秘书处应尽快更新通报技术手册并加强培训；五是应努力改进发展中成员通报义务的履行，对于确因能力不足无法及时履行通报义务的发展中成员特别是最不发达成员，应通过技术援助加强其通报能力建设。中国在肯定通报和透明度义务改革必要性的前提下，一方面强调发达成员在通报义务上的“示范”作用，另一方面强调对发展中成员的技术援助和能力建设，相关立场体现出建设性和均衡性特点。

三是以非洲集团、古巴、印度为代表的消极立场，对发展中成员的能力限制提出更多关注。2019年7月11日，非洲集团、古巴和印度联合向WTO提交了《WTO透明度和通报要求的包容性方式》提案，强调发展中成员在经济发展水平上与发达成员的差距以及由此带来的能力限制，反对发展中成员承担任何超越现行规定的透明度义务，同时反对针对通报不力的任何惩罚性措施和反向通报措施；与之相对，提案建议应给予发展中成员更多特殊与差别待遇，例如简化的通报格式、延长的通报期限以及技术援助和能力建设帮助。此外，提案提出了发展中成员所关注的其他通报问题，如对农业领域的通报，在《服务贸易总协定》和《与贸易有关的知识产权协定》下的通报，对非从价关税的通报等。提案还从WTO运行职能的角度提出关注，例如各委员会会议的日常安排经常发生冲突，在渔业和农业领域不断增多的非正式谈判会议，部长级会议的筹办方式比如“绿屋会议”安排，以及语言的限制，认为这些影响了WTO运作的透明度以及发展中成员的充分参与。①

五、WTO特殊与差别待遇改革

多边贸易体制中关于发展中成员的特殊与差别待遇是一个重大的原则问题。自WTO成立以来，发展中成员积极参与多边贸易体制，目前成员已达164个，其中85%属于发展中成员。当前，全球经济发展取得成就并呈现新特点，导致对特殊与差别待遇讨论的背景发生了变化。一方面，广大发展中成员和发达成员之间的发展鸿沟依然存在，国际经济金融治理体系中某些不利于发展中成员经济发展的规则内容仍然存在，导致发展中成员和发达成员之间旧的鸿沟未能得到实质性的弥合；而随着数字经济、人工智能等新领域的发展，发展中成员和发达成员之间新的鸿沟又日益凸显，由此决定了针对发展中成员的特殊与差别待遇仍具有其现实必要性和积极意义。另一方面，在经济全球化背景下，发展中成员更加深入地融入全球贸易和投资体系，经济呈现相对较快增长，与发达成员的人均收入差距有所收敛；特别是一些新兴发展中成员对全球经济增长贡献的比重在不断加大，导致特殊与差别待遇对于一些已经进入到较高收入水平的发展中成员而言的现实意义发生变化。

① General Council. An Inclusive Approach to Transparency and Notification Requirements in the WTO: Communication from the African Group, Cuba and India. JOB/GC/218/Rev.1, JOB/CTG/15/Rev.1 (JOB/SERV/292/Rev.1, JOB/IP/33/Rev.1, JOB/DEV/58/Rev.1, JOB/AG/158/Rev.1), 11 July 2019.

在此背景下，美国率先对发展中成员地位及相关的特殊与差别待遇提出强烈质疑。早在 2017 年 12 月，美国贸易谈判代表罗伯特·莱特希泽就在 WTO 部长级会议上明确表示应对 WTO 框架下的发展问题予以澄清，美国不能容忍所有新规则仅适用于少数成员，而大部分成员却可以通过自我认定为发展中成员而加以逃避，尤其是世界上最富有的 6 个国家中有 5 个都自称为发展中国家；如果有这么多成员都相信可以通过规则例外来获得好处，那么所有成员都将受到困扰。[①]2019 年 2 月，美国向 WTO 总理事会提交《一个无差别的 WTO：自我指定的发展中地位导致的体制边缘化》文件，认为发展中成员的自我认定（Self－Declared Development Status）导致 WTO 的停滞不前，其负面影响尤其表现在非农市场准入谈判、农业谈判以及贸易和发展委员会特别会议有关特殊和差别待遇条款的审议等方面[②]。同时，美国在向 WTO 总理事会提交的《总理事会决定草案：加强 WTO 谈判功能的程序》文件中主张下列国家不得作为“发展中成员”在当前和未来 WTO 谈判中享受特殊与差别待遇：（1）OECD 成员国和启动申请进入 OECD 进程的国家；（2）G20 国家；（3）被世界银行认定为“高收入”的国家；（4）占世界贸易份额 0.5%或以上的国家。[③]2019 年 7 月 26 日，美国就改革 WTO 发展中成员地位问题发布一份备忘录，对近三分之二的 WTO 成员自我认定为发展中成员以获得特殊与差别待遇表示明确不满，认为其中有些国家并非真正的发展中成员，要求 WTO 在 90 天内改变规则，否则将采取单边行动，不再承认部分国家在 WTO 中的发展中成员地位，不支持此类国家的 OECD 成员资格。在美国贸易代表办公室发布的《2020 年贸易政策议程和 2019 年度报告》中，再次强调发展中成员地位及特殊与差别待遇问题，将其作为 WTO 改革的重点之一，认为 WTO 必须更新其对全球发展的理解以反映当前的贸易现实。如果新规则只适用于少数成员，而其他成员根据自我认定的发展状态获得不必要的特殊与差别待遇从而避开这些新规则，那么世界贸易体系将是不可持续的。在先进的经济体做出全面承诺之前，没有希望就解决这一挑战和促进 WTO 的谈判功能获得进展。

① Opening Plenary Statement of USTR Robert Lighthizer at the WTO Ministerial Conference, WT/MIN17/ST128, https://ustr.gov/about-us/policy-offices/press-office/press-releases/2017/december/opening-plenary- statement-ustr.

② General Council. An Undifferentiated WTO: Self-Declared Development Status Risks Institutional Irrelevance. WT/GC/W/757/Rev.1, 14 February 2019.

③ General Council: Draft General Council Decision: Procedures to Strengthen the Negotiating Function of the WTO. WT/GC/W/764, 15 February 2019.

欧盟认为，目前对发达国家和发展中国家无差别的分类已经不能反映一些发展中国家经济快速增长的现实。其结果是，发展中国家集团现在包括了一些世界上主要的贸易大国，这些国家在经济发展方面与该集团的其他成员存在巨大差异，在一些情况下其发展水平甚至超过了 WTO 中某些被认定为发达成员的水平。在特殊与差别待遇问题上缺乏差异性以及由此产生的影响一直是 WTO 中紧张局面的主要根源，也是谈判进展的障碍。对此，欧盟在其改革方案中积极鼓励发展中成员“毕业”并主动退出享受特殊与差别待遇，无论是从整体上一并退出特殊与差别待遇，还是按照协定逐步退出。欧盟虽然承认需要给予最不发达国家灵活的待遇，但其主张对其他发展中成员而言，可获得的灵活性应从开放式的集体豁免转向以需求为导向和以证据为基础的方法，以确保特殊与差别待遇尽可能具有针对性。虽然不得挑战现行协定中的现有特殊与差别条款，但如果成员请求获得额外的特殊与差别待遇，需要逐项具体分析。

在美欧日的联合声明中，重申了美国和欧盟的相关立场，呼吁一些自我认定为发展中国家的先进 WTO 成员应在当前和未来 WTO 谈判中做出充分承诺。其他发达国家，如加拿大虽然对特殊与差别待遇的存在给予了肯定，但也指出需要在对等性和灵活性之间取得权衡，并以 WTO《贸易便利化协议》为例，提出可建立特殊的待遇机制，根据实际需求并经过谈判协商，按照不同义务、成员和过渡期进行区分，制定需求类别；对于能力最弱的成员，其他成员应有意提供支持和援助；并且认识到虽然某些成员的发展需求证明了过渡性实施的合理性，其长期目标是所有成员的所有义务趋于一致并全面实施。

以中国为代表的发展中成员则认为，需要在 WTO 的改革中保证发展中成员应该享有的正当合法权益，使各成员都能更公平地享受全球化的发展成果。中国在关于 WTO 改革的建议文件中强调，WTO 改革应“保障发展中成员的发展利益，纠正 WTO 规则中的‘发展赤字’”，应“在维护发展中成员享受特殊与差别待遇的权利的前提下，致力于改进相关条款的准确性、有效性和可操作性”，对此中国进一步建议：一是加强对 WTO 现有特殊与差别待遇条款的执行和监督力度，特别是最不发达成员关注的“免关税、免配额”待遇和服务豁免机制实施；二是增加技术援助的针对性和具体性，确保其有助于发展中成员融入多边贸易体制和全球价值链；三是根据《多哈部长宣言》要求，继续推进特殊与差别待遇条款的谈判；四是在未来贸易投资规则制定中，为发展中成员提供充分有效的特殊与差别待遇；五是鼓励发展中成员积极承担与其发展水平和经济能力相符的义务。2019 年 2 月 26 日，中国、印度、南非等 8 个成员向 WTO 联合提交了《惠及发展中成员的特殊与差别待遇对于促进发展和确保包容性的持续重要性》报告[①]，通过指标说明发展中成员与发达成员的发展鸿沟依然存在，发展中成员的自我认定方式具有历史合法性，强调目前 WTO 的核心问题不是发展中成员的自我认定，而是贸易保护主义、单边主义、上诉机构遴选停滞及多哈回合僵局。该联合提案代表了广大发展中成员对于特殊与差别待遇议题的基本立场。2019 年 10 月 14 日，中国、非洲集团、印度等 52 个 WTO 成员向 WTO 总理事会提交《关于促进发展的特殊与差别待遇的声明》，强调特殊与差别待遇对保证贸易包容与平等的重要意义，声明重申四个“必须”原则：在 WTO 规则和谈判中的发展中成员的无条件特殊与差别待遇必须继续；发展中成员必须被允许自我评估其发展中成员地位；现有的特殊与差别待遇条款必须保持；在目前和未来的谈判中必须提供特殊与差别待遇。[②]

然而，在美国的施压下，发展中成员内部对于其地位的看法出现了分裂。2019 年 3 月，巴西为在加入 OECD 过程中获得美国的支持，声明愿意放弃 WTO 发展中成员的资格。作为拉美最大的经济体以及中国、印度之后全球最大的“新兴经济体”之一，巴西的这一立场变化将分化新兴经济体组成的世界，为发展中大国在此问题上的合作带来较大冲击。2019 年 7 月，新加坡声明支持更新 WTO 规则，承诺在 WTO《贸易便利化协议》生效后立即实施而不寻求过渡期。2019 年 10 月，韩国决定放弃在未来 WTO 谈判中的发展中成员特殊与差别待遇。虽然任何旨在剥夺发展中成员地位和削弱发展权的提议都将面临大多数发展中成员的强烈反对，借由 WTO 改革彻底改变现有发展中成员的特殊与差别待遇机制存在困难。但随着美国的进一步施压，不排除某些发展中成员松动立场，自愿在当前和未来 WTO 协定中放弃发展中成员的某些特殊与差别待遇。

综上所述，当前世界经济与贸易格局发生巨大变化，WTO 确实需要与时俱进做出相应改革。此次改革将会是 WTO 成立以来最大的一次结构性改革，会广泛涉及各项新旧议题，引发国际经贸规则体系的一次重大重构。中国作为加入

---

① General Council. The Continued Relevance of Special and Differential Treatment in Favour of Developing Members to Promote Development and Ensure Inclusiveness: Communication from China, India, South Africa, the Bolivarian Republic of Venezuela, Lao People’s Democratic Republic, Plurinational State of Bolivia, Kenya and Cuba. WT/GC/W/765/Rev.1, 26 February 2019.

② General Council. Statement on Special and Differential Treatment to Promote Development: Co-sponsored by the African Group, the Plurinational State of Bolivia, Cambodia, China, Cuba, India, Lao People’s Democratic Republic, Oman, Pakistan and the Bolivarian Republic of Venezuela. WT/GC/202/Rev.1, 14 October 2019.

WTO 的巨大受益者和世界主要经济体，在当前 WTO 改革进程中应更好地发挥建设性作用，通过对中国经济发展与加入 WTO 制度改革经验的分享，呼吁各成员继续将多边贸易体制作为制定与执行国际经贸规则的核心平台，重塑各成员对多边贸易体制的信心，形成推动 WTO 改革的共识。当前，从总体判断上，即使 WTO 面临美国等不确定因素，维护多边贸易体制仍然十分重要，WTO 成员间仍然有可能进一步开放市场，达成自由化承诺，仍然有可能在现有框架内对 WTO 进行一定的调整和改进。在具体方案上，中国应结合自身定位，以问题为导向提出建设性的方案，以完善 WTO 体制为目标，促进 WTO 的效率和公平，加强 WTO 的包容性、代表性和先进性。

参考文献

1. Blackhurst R，Hartridge D. Improving the Capacity of WTO Institutions to Fulfill Their Mandate［J］. Journal of International Economic Law，2004，7（3）：705－716.

2. Cathleen D Cimino－Isaacs，Rachel F Fefer，Ian F Fergusson. World Trade Organization：Overview and Future Direction［R］. Congressional Research Service，2018.

3. Cottier T. Preparing for Structural Reform in the WTO［J］. Journal of International Economic Law 2007，10（3）：497－508.

4. Hoekman B，Martin W. The New International Trade Agenda and the WTO：Introduction［J］. Review of International Economics，2003（9）：189－191.

5. Keck Alexander，P Low. Special and Differential Treatment in the WTO：Why，When and How？［J］. WTO Staff Working Papers，2004.

6. Kishore，Pallavi.Special and Differential Treatment in the Multilateral Trading System［J］. Chinese Journal of International Law，2014，13（2）：363－394.

7. Narlikar A. New Powers in the Club：the Challenges of Global Trade Governance［J］. International Affairs，2010，86（3）：717－728.

8. Prowse S. The Role of International and National Agencies in Trade–Related Capacity Building［J］. World Economy，2002，25（9）：1235－1261.

9. Streeten P. The Uruguay Round：An Assessment (by Schott J)［J］. International Affairs，1995，71（3）：613－614.

10. Shirzad F. The WTO Dispute Settlement System：Prospects for Reform［J］. Law and Policy in International Business，2000，31（3）：769－772.

11. WTO 总干事顾问委员会. WTO 的未来：应对新千年的体制性挑战［M］. 北京：中国商务出版社，2005.

12. 曹胜熙. WTO 发展中成员享受“差别待遇”理据清晰［N］. 21 世纪经

济报道，2019－03－22.

13. 陈靓，黄鹏. WTO 现代化改革——全球价值链与多边贸易体系的冲突与协调［J］. 国际展望，2019（1）：16－34+157－158.

14. 杜潇潇. 区域贸易协定与中国的战略选择——以上海自由贸易区为例［J］. 法制博览，2017，（4）：136－137.

15. 樊瑛. 多边贸易体制［D］. 北京：对外经济贸易大学，2006.

16. 傅星国. WTO 非正式决策机制“绿屋会议”研究［J］. 上海对外经贸大学学报，2010，17（2）：30－36.

17. 管涛. 全球经济形势与中国外汇政策分析［J］. 债券，2019（8）：22－27.

18. 漆彤，范睿. WTO 改革背景下发展中国家待遇问题［J］. 武大国际法评论，2019，3（1）：93－108.

19. 国家统计局释经组. 世界经济加速增长积极因素与风险并存——2017 年世界经济回顾及 2018 年展望［J］. 全球化，2018（4）：52－64+133.

20. 何七香，田丰. 2017 年世界贸易与投资形势回顾与展望［J］. 国际经济合作，2018（1）：28－32.

21. 姜跃春，张玉环. 世界经济温和复苏　中国成为重要引擎——2017 年上半年世界经济形势评析［J］. 瞭望，2017（32）：53－55.

22. 姜跃春，张玉环. 2018 年全球经济回顾与展望［J］. 海外投资与出口信贷，2019（1）：3－8.

23. 姜作利. 试析 WTO 特殊差别待遇规则“硬化”的合理性——发展中国家的视角［J］. 山东师范大学学报（人文社会科学版），2015（4）：68－79.

24. 蒋红梅. 论 WTO 决策机制改革［J］. 世界贸易组织动态与研究，2004（8）：16－20.

25. 焦君义. 世界贸易组织中发展中成员差别与优惠待遇的研究［D］. 中国政法大学，2007.

26. 李静. 多边贸易体制下特殊与差别待遇研究［D］. 大连：大连海事大学，2010.

27. 林笑. 取消农产品出口补贴影响几何？［J］. 农经，2016（2）：98－99.

28. 刘敬东. 浅析 WTO 未来之路——WTO 改革动向及思考［J］. 法学杂志，2013，34（4）：87－94.

29. 刘喜梅. 2018 年世界宏观经济形势分析与 2019 年展望［J］. 海外投资与出口信贷，2019（1）：9－12.

30. 刘雅芳，许培源. 国际贸易投资新规则的演化趋势及其影响：一个综述［J］. 经济问题探索，2019（3）：181－190.

31. 马学玲. 当前全球经济失衡与中国应对之策［J］. 时代金融，2019（21）：146－147.

32. 钱志清. 2017—2018 年全球外国直接投资回顾与展望［J］. 国际经济合作，2018（2）：43－45.

33. 屠新泉，李思奇. WTO 改革的稳与进［J］. 环球，2018（17）：17－23.

34. 徐成伦. 论 WTO 非正式决策机制“绿屋会议”改革［J］. 湖北经济学院学报（人文社会科学版），2011，8（6）：36－38.

35. 杨国华，WTO 上诉机构的产生与运作研究［J］. 现代法学，2018，40（2）：147－156.

36. 杨国华，史晓丽. 我与 WTO——法律人的视角［M］. 北京：知识产权出版社，2016.

37. 姚枝仲. 2018—2019 年世界经济形势分析与展望［J］. 经济导刊，2019（2）：12－19.

38. 詹晓宁. 全球国际直接投资回顾与展望 2017—2018［J］. 中国外资，2018（5）：28－30.

39. 张彬，李畅，杨勇. 多边化区域主义的新发展与中国的对策选择［J］. 亚太经济，2017，（5）：5－13+173.

40. 张向晨. 发展中国家与 WTO 的政治经济关系［M］. 北京：法律出版社，2002.

41. 张晓兰. 2017 年日本经济形势分析与 2018 年展望［J］. 中国物价，2018（2）：15－17.

42. 赵维田. 协调共同与特殊利益：WTO 对发展中国家的差别与优惠待遇［J］. 国际贸易，2002（11）：8－11.

43. 郑伟，管健. WTO 改革的形势、焦点与对策［J］. 武大国际法评论，2019，3（1）：75－92.

44. 中国宏观经济研究院对外经济研究所形势分析课题组. 2018 年世界经济形势分析与 2019 年展望［J］. 中国物价，2019（1）：16－18.

45. 中国银行国际金融研究所全球经济金融研究课题组. 全球货币政策面临拐点——中国银行全球经济金融展望报告（2019 年第二季度）［J］. 国际金融，2019（4）：41－50.

46. 周跃雪. WTO 决策机制法律问题研究［M］. 北京：法律出版社，2016.
47. WTO，www.wto.org.
48. 世界银行，www.worldbank.org.
49. 经济合作与发展组织，www.oecd.org.
50. 联合国贸易和发展会议，www.unctad.org.
51. 国际货币基金组织，www.imf.org.
52. 美国贸易代表办公室，www.ustr.gov.
53. 中国商务部，www.mofcom.gov.cn.
54. 中国国家统计局，www.stats.gov.cn.